Ján Lazar

EIGENTUM IN DER BÜRGERLICHEN RECHTSTHEORIE

Diese Ausgabe ist Bestandteil der internationalen Reihe
Beiträge
ZUR KRITIK DER BÜRGERLICHEN IDEOLOGIE
UND DES REVISIONISMUS

Ján Lazar

Eigentum in der bürgerlichen Rechtstheorie

Akademie-Verlag
Berlin
1980

Erschienen im Akademie-Verlag, DDR - 1080 Berlin, Leipziger Str. 3–4
Lektor: Udo Rößling

Lizenznummer: 202 · 100/14/80
Gesamtherstellung: IV/2/14 VEB Druckerei „Gottfried Wilhelm Leibniz“,
4450 Gräfenhainichen
Umschlaggestaltung: Nina Striewski
Bestellnummer: 753 808 6 (2179/7) · LSV 0495
Printed in GDR
DDR 7,80 M

Inhalt

Vorwort

Der Kampf gegen bürgerliche Auffassungen und Theorien ist gegenwärtig zweifellos eine der wichtigsten Aufgaben der sozialistischen Rechtswissenschaft. Die Erfüllung dieser Aufgabe ist hinsichtlich bürgerlicher Eigentumstheorien besonders aktuell und wichtig. Ideologische Bedeutung und Tragweite dieser Problematik geht vor allem daraus hervor, daß das Eigentum als ein grundlegendes ökonomisches und rechtliches Gesellschaftsverhältnis jeder Gesellschaftsformation immer wieder Gegenstand heftiger Konfrontation zwischen der marxistisch-leninistischen Lehre und bürgerlichen Auffassungen ist. Gerade die Auseinandersetzung in der Eigentumsfrage nimmt gegenwärtig einen vorderen Platz im weltweiten ideologischen Kampf zwischen den Kräften des Sozialismus und des Kapitalismus ein. In der Unterschiedlichkeit des sozialökonomischen Wesens des sozialistischen und des kapitalistischen Eigentums kommt in konzentrierter Gestalt der unüberbrückbare Gegensatz zwischen Sozialismus und Kapitalismus zum Ausdruck. Aus diesen Gründen ist es nötig und erforderlich, daß sich die sozialistische Rechtswissenschaft mit den bürgerlichen Eigentumstheorien auseinandersetzt. Es ist auch deshalb notwendig, weil die sozialistische Rechtswissenschaft sich mit diesen Fragen bisher nur wenig beschäftigt hat.

Mit der vorliegenden Arbeit sollen einige der heute führenden Eigentumstheorien bürgerlichen und reformistischen Charakters analysiert und kritisch durchleuchtet werden. In concreto geht es um die Analyse der bürgerlichen Anschauungen über die „Transformation" des Eigentums durch die Rechtsformen der Kapitalgesellschaften, über die „Streuung und Bildung des Eigentums in Arbeiterhand", über die „regulierende" und „lenkende" Tätigkeit des Staates bezüglich des Eigentums und um die Analyse der reformistischen Eigentumskonzeption des sog. demokratischen Sozialismus.

Bei der Analyse und Kritik bürgerlicher Eigentumsrechtstheorien werden besonders die Eigentumskonzeptionen und die Gesetzgebung in der BRD berücksichtigt. Dies deshalb, weil die genannten Theorien und Konzeptionen in der BRD zunehmende Verbreitung finden und weil es sich bei der BRD um eines der höchstentwickelten imperialistischen Länder handelt, das zudem an der Grenze zweier entgegengesetzter Gesellschaftssysteme gelegen ist. Gerade die Ideologen der BRD befleißigen sich sehr intensiv, nicht nur auf die eigene

Bevölkerung, sondern auch auf die der benachbarten sozialistischen Länder einzuwirken. Daher ist es erforderlich, ihre Konzeptionen zu kennen, zu analysieren und vom marxistisch-leninistischen Standpunkt aus konsequent zu widerlegen.

Bei der Fertigstellung der vorliegenden Arbeit wurde der Autor vor allem durch die Sektion Rechtswissenschaft der Humboldt-Universität zu Berlin und das Institut für Theorie des Staates und des Rechts an der Akademie der Wissenschaften der DDR unterstützt. Insbesondere soll an dieser Stelle Prof. Dr. sc. jur. Horst Kellner, Prof. Dr. sc. jur. Karl-Heinz Röder, Doz. Dr. sc. jur. Jochen Dötsch und Prof. Dr. habil. Gerhard Dornberger für die von ihnen gewährte Hilfe herzlich gedankt werden.

Bratislava, im September 1979 Prof. Dr. sc. jur. Ján Lazar

Einleitung

Das Eigentum ist in jeder Gesellschaftsformation ein grundlegendes ökonomisches und rechtliches Gesellschaftsverhältnis. Marx und Engels, die bei der Ausarbeitung der theoretischen Grundlagen der sozialistischen Revolution von dieser Erkenntnis ausgingen, betrachteten die Eigentumsfrage als die zentrale Frage im Kampf der Arbeiterklasse gegen die Bourgeoisie. Im Manifest der Kommunistischen Partei erklärten sie, daß die Kommunisten überall jede revolutionäre Bewegung gegen die bestehenden gesellschaftlichen und politischen Zustände unterstützen. „In allen diesen Bewegungen heben sie die Eigentumsfrage ... als die Grundfrage der Bewegung hervor."[1] An dieser Einschätzung hat sich bis heute nichts geändert.

Auch die Bourgeoisie ist sich – obwohl sie das manchmal zu verschleiern versucht – durchaus der Bedeutung des Eigentums bewußt, denn aus dem Eigentum an den Produktionsmitteln leitet sie die ökonomische und politische Macht ab, die ihr eine privilegierte Stellung in der Gesellschaft garantiert.[2] Die herrschende Bourgeoisie hat ein elementares Interesse an der Aufrechterhaltung der Positionen, die mit ihrem Monopol am Privateigentum verknüpft sind. Dies spiegelt sich nicht nur in der Ökonomie und in der Politik, sondern auch in der Ideologie wider. Das zeigt sich generell in den gegenwärtigen bürgerlichen Theorien und besonders in den theoretischen Konzeptionen, die sich direkt mit dem Wesen, dem Charakter und dem Wirken des Eigentums im gegenwärtigen staatsmonopolistischen System befassen.

Die bürgerliche Theorie beschäftigt sich mit den Fragen des Eigentums vom Standpunkt der politischen Ökonomie, der Staatswissenschaft, Rechtswissenschaft, Soziologie und Philosophie. Die rechts- und staatswissenschaftlichen Eigentumsauffassungen sind oftmals in ein System von Anschauungen anderer gesellschaftswissenschaftlicher Disziplinen eingebettet.[3] Wenn daher die marxi-

1 K. Marx/F. Engels, Manifest der Kommunistischen Partei, in: Karl Marx/Friedrich Engels, Werke (im folgenden MEW), Bd. 4, Berlin 1959, S. 493.

2 Vgl. J. Becher, Eigentum im Zerrspiegel der bürgerlichen Ideologie, Berlin 1978, S. 9, 22 f.

3 Vgl. K.-H. Röder, Theoretische und methodologische Fragen der Kritik der bürgerlichen Staats- und Rechtsideologie, in: Staat und Recht, 9/1976, S. 926.

stische Staats- und Rechtswissenschaft die bürgerlichen Eigentumskonzeptionen untersucht, so kann sie das wirkungsvoll nur auf der Grundlage einer komplexen Erforschung und Analyse machen, die gleichzeitig vom Standpunkt der politischen Ökonomie, Staats- und Rechtstheorie, Philosophie und Soziologie aus durchgeführt wird. Für die Eigentumsproblematik trifft das umsomehr zu, da das Eigentum gleichzeitig eine ökonomische und eine rechtliche Kategorie darstellt, d. h., daß man zu einer wissenschaftlichen Erklärung des Rechtsverhältnisses des kapitalistischen Eigentums und der bürgerlichen Eigentumskonzeptionen einzig und allein durch die Erläuterung seines ökonomischen und sozialen Charakters sowie des Klassencharakters gelangen kann, und zwar auf der Grundlage einer Analyse existierender bürgerlicher Produktionsverhältnisse.

So wenig, wie die bürgerlichen rechts- und staatswissenschaftlichen, ökonomischen und philosophischen Theorien einheitlich sind (was mit der Inhomogenität der Klasse der Bourgeoisie zusammenhängt)[4], sind es auch die bürgerlichen Ansichten vom Eigentum und vom Eigentumsrecht. Sie bilden eine bunte Palette von Meinungen, die oft einander entgegengesetzt und miteinander im Widerspruch sind. Ihr gemeinsamer Nenner sind die sie letztlich verbindende Klassenbasis, das übereinstimmende materielle Interesse und die idealistische Weltanschauung. Alle diese Theorien sind bestrebt, ausgehend von apologetischen Positionen mehr oder weniger intensiv zu beweisen, daß im Verlauf der Entwicklung des Kapitalismus das kapitalistische Privateigentum eine qualitative Veränderung seines ökonomischen und politischen Wesens erfahren und infolgedessen seinen ausbeuterischen Charakter verloren hat.[5]

Behauptungen bürgerlicher Theoretiker, daß der gegenwärtige Kapitalismus nichts oder nur wenig mit dem Kapitalismus der vorangegangenen Entwicklungsetappe gemeinsam habe, daß ehemalige Widersprüche beseitigt seien und daß sich selbst die Basis des kapitalistischen Gesellschaftssystems – das kapitalistische Privateigentum – geändert habe, zielen darauf ab, den gegenwärtigen Kapitalismus zu beschönigen, die reale Wirkung der kapitalistischen Eigentumsverhältnisse zu tarnen und nachzuweisen, daß der Kapitalismus mit seinem Privateigentum an den Produktionsmitteln Zukunft habe und sich erfolgreich – auch ohne revolutionäre Veränderungen – entwickeln könne.

Die internationale Weltberatung der Kommunistischen und Arbeiterparteien in Moskau 1969 stellte im Zusammenhang mit den Bestrebungen der monopolistischen Bourgeoisie, auf die Werktätigen ideologisch einzuwirken, fest: „Die Monopolbourgeoisie sucht überall Illusionen zu erwecken, daß alles, wonach die

4 Vgl. S. J. Tjulpanov/V. L. Scheinis, Aktuelle Probleme der politischen Ökonomie des heutigen Kapitalismus, Berlin 1975, S. 123.

5 Vgl. K. Luby, Buržoázne a revizionistické vlastnícke teórie, in: Kritika buržoáznich a revizionistických koncepcí státu a práva, Praha 1975, S. 564; A. J. Bregel', Kritika buržuaznych učenij ob ėkonomičeskoj sisteme sovremennogo kapitalizma, Moskva 1972, S. 3, 290; J. Lazar, Kritika niektorých buržoáznych a reformistických vlastníckych koncepcií, in: Právnicke štúdie, Bratislava 1978, S. 5.

Werktätigen streben, auch ohne revolutionäre Umgestaltung der bestehenden gesellschaftlichen Ordnung verwirklicht werden könne. Um seine Ausbeuternatur und sein aggressives Wesen zu bemänteln, greift der Kapitalismus zu verschiedenen apologetischen Konzeptionen (,Volkskapitalismus', ,Wohlfahrtsstaat', ,Wohlstandsgesellschaft' u. a.). Die revolutionäre Arbeiterbewegung entlarvt diese Konzeptionen und führt gegen sie einen entschiedenen Kampf."[6] Mit der Herausbildung und Förderung von Illusionen über den gegenwärtigen Kapitalismus trachtet man danach, das Vertrauen der Werktätigen zum kapitalistischen System zu erneuern.

Neben der bloßen Apologie des heutigen Kapitalismus und seines auf dem Privateigentum an Produktionsmitteln beruhenden Ausbeutersystems geht es der Monopolbourgeoisie und ihren Ideologen vor allem um die ideologische Offensive gegen den Marxismus-Leninismus, speziell gegen dessen Lehre vom Eigentum und deren erfolgreiche Verwirklichung in den sozialistischen Ländern, mit dem Ziel, dem sozialistischen System eine Alternative entgegenzusetzen. Somit reihen sich die erwähnten theoretischen Konzeptionen in den weltweiten ideologischen Kampf zwischen den Kräften des Sozialismus und des Kapitalismus ein, der immer mehr an Bedeutung gewinnt, weil unter den Bedingungen der friedlichen Koexistenz von Staaten unterschiedlicher Gesellschaftsordnungen und in der Zeit der internationalen Entspannung „der Kampf um die Hirne der Menschen ... letztendlich einer der entscheidenden Bereiche des Wettbewerbs der beiden Systeme ist"[7].

Auch wenn der Kampf zwischen den Kräften des Sozialismus und des Kapitalismus alle Bereiche des gesellschaftlichen Lebens erfaßt, durchdringt er jedoch die Sphären mit besonderer Intensität, in denen sich Sozialismus und Kapitalismus grundlegend konfrontieren. Dem Eigentum in der kapitalistischen und in der sozialistischen Gesellschaftsordnung und entsprechend auch der marxistischen Lehre und den bürgerlichen Auffassungen über das Eigentum gebührt hierbei zweifellos ein vorderer Platz.

Daraus folgt als charakteristische Gemeinsamkeit aller gegenwärtig existierenden bürgerlichen Eigentumskonzeptionen, ebenso wie aller imperialistischen staatswissenschaftlichen, rechtswissenschaftlichen und ökonomischen Theorien, ihre antikommunistische Grundeinstellung.[8]

6 Internationale Beratung der kommunistischen und Arbeiterparteien, Moskau 1969, Berlin 1969, S. 24.

7 B. Ponomarjow, Internationale Situation und revolutionärer Prozeß, in: Probleme des Friedens und des Sozialismus, 6/1974, S. 732.

8 Vgl. W. A. Tumanow, Bürgerliche Rechtsideologie, Berlin 1975, S. 18 ff.; K.-H. Röder/W. Weichelt, Das Dilemma des Antikommunismus in der Staatsfrage, Berlin 1974, S. 9 ff.; Marxistisch-leninistische allgemeine Theorie des Staates und des Rechts, Bd. 2, Berlin 1974, S. 294 ff.; A. J. Bregel', Kritika buržuaznych učenij ob èkonomičeskoj sisteme sovremennogo kapitalizma, a. a. O., S. 3 ff.; Politiko-pravovye doktryny sovremennogo imperializma, Moskva 1974, S. 11 ff.

Für die erfolgreiche Verkündung bürgerlicher Theorien erweisen sich die gesellschaftlichen und ökonomischen Bedingungen als ungünstig. Der Kampf zwischen den Kräften des Sozialismus und Kapitalismus entwickelt sich im Weltmaßstab immer klarer und eindeutiger zugunsten der Kräfte des Sozialismus. In der gegenwärtigen Entwicklungsetappe, die durch grundlegende gesellschaftliche Veränderungen, durch die Festigung und die Ausweitung der Positionen des Sozialismus gekennzeichnet ist, hat die Anziehungskraft sozialistischer Ideen ungewöhnlich zugenommen. Diesen Zustand im ideologischen Kampf der beiden Systeme charakterisierte L. I. Breshnew auf dem XXV. Parteitag der KPdSU: „Der Sozialismus übt schon heute einen gewaltigen Einfluß auf das Denken und Fühlen von Hunderten Millionen Menschen der Erde aus ... Und der morgige Tag wird zweifellos neue Beweise für die grenzenlosen Möglichkeiten des Sozialismus, für seine historische Überlegenheit über den Kapitalismus liefern."[9]

Dagegen hat sich die allgemeine Krise des Kapitalismus in der Gegenwart außerordentlich verschärft. Die Vertiefung der Widersprüche ist Folge starker äußerer Faktoren (Existenz und wachsende Kraft der sozialistischen Staatengemeinschaft, Siege der Volksbefreiungsbewegungen in den Ländern der „Dritten Welt") sowie Folge der ökonomisch-gesellschaftlichen Gegebenheiten, die ihren Ursprung in der kapitalistischen Gesellschaftsordnung selbst haben. Der Grundwiderspruch des Kapitalismus hat sich durch einen nie gekannten hohen Vergesellschaftungsgrad der Produktion bei weiterer Aufrechterhaltung privater Aneignung ungeheuer zugespitzt. Dieser Tatsache wird sich die Arbeiterklasse in den kapitalistischen Ländern zunehmend bewußt. Sie verstärkt den Kampf gegen das Großkapital, was sich in zahlreichen revolutionären Aktionen äußert, die direkt gegen die Basis der Machtstruktur des heutigen staatsmonopolistischen Kapitalismus gerichtet sind.

Diese Faktoren müssen auch die Verkünder bürgerlicher Theorien berücksichtigen und diese Theorien den neuen Bedingungen anpassen. Sie können sich nicht erlauben, die ökonomischen und gesellschaftlichen Gegebenheiten vollkommen zu ignorieren. Dementsprechend geht die bürgerliche Wissenschaft an die „Untersuchung" des gegenwärtigen staatsmonopolistischen Kapitalismus und seines privatkapitalistischen Eigentums oftmals so heran, daß sie bestimmte real existierende Erscheinungen anerkennt, diese jedoch in nichtadäquaten Proportionen faßt und verzerrt darbietet oder ihnen eine andere Bedeutung beimißt, als ihnen tatsächlich zukommt. Auf dieser Grundlage zieht sie dann aus den real existierenden Erscheinungen falsche und von der Realität entfernte Schlüsse. Die Basis, auf der die bürgerliche Rechtswissenschaft theoretische Eigentumskonstruktionen entwickelt, bilden solche Erscheinungen des gegenwärtigen staatsmonopolistischen Kapitalismus wie die Umwandlung des individuellen Privateigentums in kollektives kapitalistisches Eigentum – in Form von Kapital-,

9 XXV. Parteitag der KPdSU, Rechenschaftsbericht des ZK der KPdSU und die nächsten Aufgaben der Partei in Innen- und Außenpolitik, Berichterstatter: L. I. Breshnew, Berlin 1976, S. 14.

besonders von Aktiengesellschaften, von Staatseigentum usw. –, der staatliche Interventionismus in der Sphäre des Privateigentums u. a.

Bei einer Betrachtung dieser Erscheinungen stellen bürgerliche Theoretiker statt primärer sozialökonomischer Prozesse sekundäre sozialökonomische oder manchmal sogar nur formal-juristische Aspekte in den Vordergrund. Sie berücksichtigen dabei völlig unzureichend oder gar nicht den grundlegenden ökonomischen Inhalt und das Klassenwesen des kapitalistischen Eigentums. Daher gelangen sie zu einem verzerrten Bild der Wirklichkeit, zu unhaltbaren Schlüssen über den wahren Charakter des kapitalistischen Eigentums. Sie untersuchen die erwähnten und andere Erscheinungen letztendlich so, daß die Aufmerksamkeit von den Hauptfragen der gesellschaftlichen Entwicklung mittels „Analysen" von Randerscheinungen und Detailfragen abgelenkt wird, was es ermöglicht, weitgehende reformistische Schlußfolgerungen ziehen zu können.

Bereits Lenin mußte sich mit solcher Art von Taktik der imperialistischen Theoretiker auseinandersetzen. Seine Aussagen haben an Aktualität nicht verloren: „Bürgerliche Gelehrte und Publizisten treten als Verteidiger des Imperialismus gewöhnlich in etwas verkappter Form auf, indem sie die völlige Herrschaft des Imperialismus und seine tiefen Wurzeln vertuschen, dafür aber Einzelheiten und nebensächliche Details in den Vordergrund zu rücken versuchen, um durch ganz unernste ‚Reform'projekte von der Art einer Polizeiaufsicht über die Trusts oder Banken u. a. die Aufmerksamkeit vom Wesentlichen abzulenken."[10]

Unter Berücksichtigung der Anziehungskraft der Ideen des wissenschaftlichen Sozialismus in den kapitalistischen Ländern geben imperialistische Ideologen ihren Theorien einen sozialen bis scheinsozialistischen Anstrich mit dem Ziel, die Arbeiterklasse irrezuführen, sie leichter für ihre Vorhaben zu gewinnen und in die Struktur des staatsmonopolistischen Kapitalismus zu „integrieren".[11]

10 W. I. Lenin, Der Imperialismus als höchstes Stadium des Kapitalismus, in: Werke, Bd. 22, Berlin 1960, S. 291.

11 Diese Absicht zeigt sich sehr deutlich in der theoretischen Konzeption und der Gesetzgebung über die sogenannte Eigentumsbildung und Eigentumsstreuung in Arbeiterhand, wie sie vor allem in der BRD verbreitet wird (vgl. W. Petschick, „Vermögensbildung" – eine Variante der Massenmanipulierung, in: Marxistische Blätter, 5/1971, S. 28 f.).

KAPITEL I

Marxistische und bürgerliche Auffassungen von Eigentum und Eigentumsrecht

1. Unterschiedliches methodologisches Herangehen

Der grundlegende Unterschied zwischen marxistischer und bürgerlicher Auffassung der Kategorie des Eigentums ergibt sich schon aus dem unterschiedlichen methodologischen Herangehen an die Untersuchung dieser gesellschaftlichen Erscheinung.

Die marxistische Rechtswissenschaft geht bei der Analyse der Kategorie des Eigentums wie bei der Erforschung anderer gesellschaftlicher Prozesse konsequent vom Standpunkt des dialektischen Materialismus aus. Die These des Marxismus-Leninismus, daß die Produktionsverhältnisse in ihrer Gesamtheit die politischen und rechtlichen Beziehungen bestimmen,[1] ist der Grundstein des marxistischen methodologischen Herangehens an Erscheinungen des Überbaus, die theoretische Grundlage bei der Auseinandersetzung mit jeder bürgerlichen und idealistischen Theorie überhaupt, einschließlich der Eigentumsrechtskonzeptionen. Keine Rechtskategorie kann aus sich selbst heraus erklärt werden.

Rechtsbeziehungen entspringen den herrschenden Produktionsverhältnissen und der ihnen entsprechenden Klassenteilung der Gesellschaft. Auch für diese Relation hat die Lösung der philosophischen Grundfrage nach dem Primat von Materie oder Geist, äußerem materiellem Sein oder menschlichem Bewußtsein, insbesondere unter gnoseologischen Aspekten, entscheidende Bedeutung. Die Anwendung der dialektisch-materialistischen Methode ermöglicht festzustellen, welche Seite eines Prozesses oder einer Erscheinung primär, entscheidend, und welche sekundär, abgeleitet ist. Dementsprechend erklärt die dialektisch-materialistische Forschungsmethode das Wesen des Eigentums stets aus dem Charakter der Produktionsweise und aus den inneren Zusammenhängen von ökonomischen Produktionsverhältnissen der Aneignung, die auch die historische Eigentumsform, einschließlich der Rechtsformen, determiniert. Die wissenschaftliche Erklärung des Wesens der Kategorie Eigentum beruht vor allem auf der Analyse seines ökonomischen Inhalts, der für das Eigentums*recht* von bestimmender primärer Bedeutung ist.

Das Erfassen der Zusammenhänge zwischen ökonomischer und rechtlicher

1 Vgl. K. Marx, Zur Kritik der Politischen Ökonomie, in: MEW, Bd. 13, Berlin 1974, S. 8.

Kategorie des Eigentums, die im allgemeinen die Beziehung Basis – Überbau zum Ausdruck bringen, ist das grundlegende Kriterium der Wissenschaftlichkeit bei der Lösung der Eigentumsfrage. Deshalb können die bürgerliche, wie überhaupt die nichtmarxistische Rechtswissenschaft (und auch politische Ökonomie), die sich der dialektisch-materialistischen Untersuchungsmethode nicht bedienen – im Unterschied zu den Naturwissenschaften, wo die bürgerliche Wissenschaft sie benutzt –, niemals das tatsächliche Wesen des Eigentums erklären.[2] Wie in den folgenden Darlegungen noch gezeigt werden wird, ist gerade diese methodologische Frage eines der Hindernisse, weswegen die bürgerliche Wissenschaft das Eigentumsproblem nicht zu lösen vermag.

Allgemeines methodologisches Prinzip der bürgerlichen Rechtswissenschaft ist der philosophische Idealismus. In Übereinstimmung mit diesem methodologischen Herangehen sehen die bürgerlichen Theoretiker das Wesen des Eigentums nicht in den materiellen Produktionsverhältnissen der jeweiligen Gesellschaft, in den materiellen gesellschaftlichen Verhältnissen der Aneignung, sondern wenden ihre Aufmerksamkeit Erscheinungszusammenhängen, sekundären, abgeleiteten Detailaspekten der Eigentumsproblematik zu. Im Rahmen dieses prinzipiellen Herangehens allerdings gibt es innerhalb der bürgerlichen Rechtswissenschaft vielerlei Ansichten über das Eigentum und das Eigentumsrecht. Unter ihnen sind besonders zwei Richtungen bemerkenswert, denen sich im unterschiedlichen Maße mehr oder weniger fast alle bürgerlichen Auffassungen vom Eigentumsrecht nähern: Einmal hebt die bürgerliche Wissenschaft ausgesprochen formal-juristische Elemente, die abstrakten Merkmale des Eigentumsrechts (Eigentumsrechtsbefugnisse u. ä.) hervor. Dieses Herangehen kommt z. B. in konzentrierter und aufgeblähter Form im Rechtspositivismus zum Ausdruck, der sich bei der Untersuchung auf eine formal-dogmatische Beschreibung der vorhandenen Rechte sowie auf die Herausbildung rein rechtlicher Konstruktionen beschränkt.[3] Andererseits erweckt die bürgerliche Rechtswissenschaft mit ihrer Ausgangsposition zwar den Anschein, daß sie auch die sozialökonomischen Aspekte bei der Forschung berücksichtigt. Aber bei einer näheren Analyse erweist sich, daß es entweder um einige äußere Verhältnisse der kapitalistischen Produktionsweise oder um eine oberflächliche Beschreibung der Funktionsseiten des gesellschaftlichen und ökonomischen Systems geht. Zu diesen gehören z. B. die Lehre über die sog. soziale Funktion des Eigentums im Kapitalismus und die wirtschaftsrechtlichen Auffassungen über die „gesellschaftlichen" und „wirtschaftlichen" Funktionen des Privateigentumsrechts. Diese letzteren Auffassungen nehmen in der jüngsten Zeit immer mehr Raum in der bür-

2 Vgl. Z. Hába/M. Křížek, Sozialismus a vlastníctví, Praha 1975, S. 95.

3 Die grundlegende These des rechtsphilosophischen Positivismus besteht in der Behauptung, „daß das Recht eine für sich existierende Ordnung geltender Zwangsnormen sei, nach deren Wurzeln und Wirkungen zu forschen ein metajuristisches, ja metawissenschaftliches Anliegen sei" (H. Klenner, Rechtsleere – Verurteilung der Reinen Rechtslehre, Berlin 1972, S. 13).

gerlichen Jurisprudenz ein, obgleich ihre Unwissenschaftlichkeit – ähnlich wie bei der ersten Gruppe – offensichtlich ist. Ihnen liegt ebenfalls der philosophische Idealismus zugrunde, was sie hindert, die inneren primären Verhältnisse der kapitalistischen Produktion zu begreifen und zu erklären, wo die Prozesse der Realisierung des Kapitals verlaufen. Bei ihnen handelt es sich letztlich um eine einseitige und übertriebene Wertung der sekundären Aspekte bzw. Erscheinungen der Kategorie „Privateigentum".

Das verzerrte Bild über das kapitalistische Eigentum, das allen bürgerlichen Anschauungen eigen ist, resultiert auch daraus, daß die bürgerliche Rechtswissenschaft in unzureichendem Maße zwischen der Rechtsform bzw. den Rechtsbeziehungen und dem ökonomischen Inhalt des Eigentums differenziert. Auch das ist nur eine Folge des idealistischen methodologischen Herangehens.

Resultat eines solchen methodologischen Prinzips – ungeachtet dessen, daß es zahlreiche Möglichkeiten seiner Anwendung bietet – kann nur sein, daß die bürgerliche Rechtswissenschaft dadurch den tatsächlichen Charakter und das Wesen des Eigentums verschleiert. Das ist letztlich auch Sinn und Ziel jeder bürgerlichen „Forschung" zu Fragen des Privateigentums. Der bürgerlichen Wissenschaft kann es schließlich auch um nichts anderes gehen, als das Wesen des kapitalistischen Privateigentums, das in der Aneignung fremder unbezahlter Lohnarbeit besteht, zu vertuschen.[4]

2. Die marxistische Auffassung vom Eigentum in ökonomischem und rechtlichem Sinne

Die marxistische Auffassung der Kategorie Eigentum geht von der Erkenntnis aus, daß das Eigentum ein bestimmtes, historisch bedingtes gesellschaftliches Verhältnis ist, ein Verhältnis, das zwischen Menschen in bezug auf Sachen existiert. Sie wendet sich dagegen, das Eigentum nur als Verhältnis des Menschen zum Objekt, als Verhältnis des Menschen zur Natur, wie das die bürgerliche Wissenschaft tut, zu definieren.

Die Grundlage für diese Auffassung erarbeitete Karl Marx, als er die bürgerliche Produktionsweise und das bürgerliche Eigentum analysierte. In seiner Schrift „Das Elend der Philosophie" heißt es hierzu: „Das bürgerliche Eigentum definieren heißt somit nichts anderes, als alle gesellschaftlichen Verhältnisse der bürgerlichen Produktion darstellen. Eine Definition des Eigentums als eines unabhängigen Verhältnisses, einer besonderen Kategorie, einer abstrakten und ewigen Idee geben wollen, kann nichts anderes sein als eine Illusion der Metaphysik oder der Jurisprudenz."[5]

Schon in der „Deutschen Ideologie" hatten Karl Marx und Friedrich Engels

4 Vgl. W. A. Tumanow, Bürgerliche Rechtsideologie, Berlin 1975, S. 36, 37.
5 K. Marx, Das Elend der Philosophie, in: MEW, Bd. 4, Berlin 1974, S. 165.

erklärt, daß „das Eigentum unter der Herrschaft der Bourgeoisie wie zu allen Zeiten an gewisse, zunächst ökonomische, von der Entwicklungsstufe der Produktivkräfte und des Verkehrs abhängige Bedingungen geknüpft ist, Bedingungen, die notwendig einen juristischen und politischen Ausdruck erhalten"[6].

Die Begründer des wissenschaftlichen Kommunismus stellten eindeutig fest, daß das Eigentum in erster Linie gesellschaftlichen Charakter trägt. Sie unterstrichen, daß man zwischen Eigentum als gesellschaftlichem Produktionsverhältnis und zwischen Eigentum als ideologisch-rechtlichem Verhältnis unterscheiden muß. Und W. I. Lenin bemerkt dazu, „daß die gesellschaftlichen Verhältnisse in materielle und ideologische zerfallen. Die letzteren bilden lediglich einen Überbau über die ersteren, die sich unabhängig vom Willen und Bewußtsein des Menschen gestalten, als die Form (das Ergebnis) der auf den Lebensunterhalt gerichteten Tätigkeit des Menschen. Die Erklärung der politischen und juristischen Formen . . . sei in den ‚materiellen Lebensverhältnissen' zu suchen."[7]

Diese von Marx, Engels und Lenin wiederholt geäußerte Erkenntnis ist für unsere Überlegungen von grundlegender Bedeutung. *In concreto* muß das Wesen des Eigentums in bestimmten, gegebenen Produktionsverhältnissen gesucht werden, in die die Menschen im Prozeß der gesellschaftlichen Produktion unabhängig von ihrem Willen eintreten und die einem bestimmten Entwicklungsstand der Produktivkräfte adäquat sind. Die Menschen treten in den Produktionsprozeß ein, um sich die Natur (d. h. die Produktionsmittel und die Produkte) auf einer bestimmten Stufe der gesellschaftlichen Entwicklung anzueignen. Diesen Zusammenhang formuliert Karl Marx sehr genau, als er schrieb: „Alle Produktion ist Aneignung der Natur von seiten des Individuums innerhalb und vermittelst einer bestimmten Gesellschaftsform. In diesem Sinn ist es Tautologie, zu sagen, daß Eigentum (Aneignen) eine Bedingung der Produktion sei."[8]

Gerade in der Aneignung der Natur (der Produktionsmittel und der Produkte) in und vermittels einer bestimmten Gesellschaftsform ist die ökonomische Grundlage des Eigentums zu betrachten. Aus der Marxschen Auffassung der „Produktion als Prozeß der Aneignung der Natur innerhalb einer bestimmten Gesellschaftsform" ist ersichtlich, daß keine abstrakte, *a priori* und unveränderliche Aneignung existiert, sondern nur eine Aneignung, die sich im Rahmen eines konkreten, gesellschaftlich-ökonomischen Systems und in einer Weise, die diesem System immanent ist, realisiert.

Der eigentliche historische Charakter des wirtschaftlichen Systems einer Gesellschaft wird dadurch bestimmt, wer, welche Klasse sich die Produktionsmittel und die Produkte aneignet und welche Klasse bzw. welche Klassen von dieser Aneignung ausgeschlossen sind. Das darin zum Ausdruck kommende

6 K. Marx/F. Engels, Die deutsche Ideologie, in: MEW, Bd. 3, Berlin 1958, S. 339.

7 W. I. Lenin, Was sind die „Volksfreunde" und wie kämpfen sie gegen die Sozialdemokratie?, in: Werke, Bd. 1, Berlin 1961, S. 142/143.

8 K. Marx, Einleitung zur Kritik der Politischen Ökonomie, in: MEW, Bd. 13, Berlin 1961, S. 619.

Klasseninteresse ist ein wichtiger Aspekt des ökonomischen Verhältnisses des Eigentums. Dieses Klasseninteresse ist seinem Wesen nach ein ökonomisches Interesse, daß in der Klassengesellschaft durch das Recht geschützt wird. In der Feudalgesellschaft werden die Produktionsmittel im Interesse des Feudaladels genutzt, in der bürgerlichen Gesellschaft im Interesse der Kapitalisten und in der sozialistischen Gesellschaft im Interesse der Arbeiterklasse und aller anderen Werktätigen. Deshalb tragen auch die Produktionsverhältnisse, die im Produktionsprozeß bei der Aneignung der Produktionsmittel und der Produkte zwischen den Menschen entstehen, in Abhängigkeit von einer bestimmten Gesellschaftsform immer einen anderen Charakter, besitzen sie ein anderes Klassenwesen. So unterscheiden sich die Produktionsverhältnisse (Eigentumsverhältnisse) in der Sklavenhaltergesellschaft, der Feudalgesellschaft, der kapitalistischen und natürlich in der sozialistischen Gesellschaft voneinander. Im „Manifest der Kommunistischen Partei" heißt es in diesem Zusammenhang: „Alle Eigentumsverhältnisse waren einem beständigen geschichtlichen Wechsel, einer beständigen geschichtlichen Veränderung unterworfen. Die französische Revolution z. B. schaffte das Feudaleigentum zugunsten des bürgerlichen ab."[9] Eine wissenschaftliche Erklärung des Eigentums ist somit nur in Verbindung mit einer Erforschung der historisch gegebenen Produktionsverhältnisse möglich. Das Eigentum erscheint als ökonomisches Verhältnis, als ein Bestandteil der Basis, über dem sich das Eigentum als Rechtsverhältnis entfaltet und durch das das Eigentum als Rechtsverhältnis bestimmt wird. Als bestimmende Elemente fungieren hierbei die wirtschaftliche Ordnung der Gesellschaft, die Produktionsverhältnisse, somit also das Eigentum als ökonomisches Verhältnis.

Hinsichtlich der rechtlichen Seite des Eigentums knüpft die sozialistische Rechtswissenschaft an die Gedanken der Klassiker des Marxismus-Leninismus an, nach denen das Eigentumsrecht durch die ökonomische Kategorie des Eigentums bedingt ist.[10]

Das Eigentum als Rechtsinstitut und Teil des juristischen Überbaus spiegelt, wie der polnische Rechtswissenschaftler J. Wasilkowski mit besonderer Deutlichkeit hervorhob, stets historisch bestimmte Eigentumsverhältnisse im ökonomischen Sinne wider. Er betont, daß die theoretische Analyse des Eigentumsbegriffs im rechtlichen Sinne nicht auf die Interpretation des Gesetzestextes begrenzt werden kann. Die formal-dogmatische Methode erweist sich, besonders wenn es um die Fragen des Eigentumsrechts geht, als theoretisch unfruchtbar.

9 K. Marx/F. Engels, Manifest der Kommunistischen Partei, in: MEW, Bd. 4, a. a. O., S. 475.

10 Vgl. u. a. A. V. Venediktov, Státní socialistické vlastnictví, Bd. 1, Praha 1950, S. 30 ff.; V. Čižkovská, Vlastnická soustava evropských socialistických států, Praha 1975, S. 26 f.; J. Wasilkowski, Pojęcie wlasności we współczesnym prawie polskim, Warszawa 1972, S. 6 f.; K. Čapek, Právní postavení socialistických podniků, Praha 1976, S. 176 ff.; V. Knapp, Vlastnictví v lidové demokracii, Praha 1952, S. 27 ff.; D. M. Genkin, Pravo sobstvennosti v SSSR, Moskva 1961, S. 14 f.

Bei der Analyse der Eigentumsrechtsverhältnisse ist es notwendig, ihre ökonomische und gesellschaftliche Bedingtheit zu zeigen und damit an der ökonomischen Kategorie Eigentum anzuknüpfen. Trotz des engen Zusammenhangs muß dabei jedoch stets zwischen Eigentumsrechtsverhältnissen und ökonomischen Eigentumsverhältnissen deutlich unterschieden werden.[11]

Die Rechtsverhältnisse bilden sich im Unterschied zum Eigentum im ökonomischen Sinne in Abhängigkeit vom menschlichen Willen heraus, entspringen dem Bewußtsein und dem Willen der Beteiligten. Die Menschen treten in diese Verhältnisse als Träger von Rechten und Pflichten ein, die durch das Recht geregelt und geschützt werden. Obgleich die Eigentumsrechtsverhältnisse eine Widerspiegelung der ökonomischen Eigentumsverhältnisse sind, existieren sie dennoch, wie jede Erscheinung des Überbaus, relativ selbständig.

Damit soll nicht der Anschein erweckt werden, daß Eigentumsrechtsverhältnisse das Ergebnis gänzlich freien Willens seien. Eine solche Auffassung wäre Ausdruck von Voluntarismus, wie er gerade für ein nichtmarxistisches Herangehen an die Problematik des Eigentums und des Eigentumsrechts charakteristisch ist. In Wirklichkeit wird auch das Eigentumsrechtsverhältnis als Verhältnis zwischen den Menschen durch die materiellen Lebensbedingungen jeder Gesellschaft bestimmt und damit durch die wirtschaftliche Basis begrenzt. Auch diese Frage klärten bereits Marx und Engels, als sie in der „Deutschen Ideologie" schrieben: „Im Privatrecht werden die bestehenden Eigentumsverhältnisse als Resultat des allgemeinen Willens ausgesprochen. Das jus utendi et abutendi selbst spricht einerseits die Tatsache aus, daß das Privateigentum vom Gemeinwesen durchaus unabhängig geworden ist, und andererseits die Illusion, als ob das Privateigentum selbst auf dem bloßen Privatwillen, der willkürlichen Disposition über die Sache beruhe. In der Praxis hat das abuti sehr bestimmte ökonomische Grenzen für den Privateigentümer, wenn er nicht sein Eigentum und damit sein jus abutendi in andre Hände übergehn sehen will."[12]

Natürlich ist das Eigentumsrechtsverhältnis, genauso wie das ökonomische Eigentumsverhältnis mit bestimmten Sachen verbunden; der Eigentümer kann über die Sachen disponieren und sie sich zunutze machen *(jus utendi et fruendi, disponendi et possidendi)*. D. h. die konkreten Eigentümerbefugnisse sind auf bestimmte Sachen bezogen. Oberflächliche Betrachtungen führen zu der Vorstellung, daß das Eigentumsrecht nur diese dingliche Seite betreffe bzw. daß diese dingliche Seite überwiegen würde. In dieser Vorstellung ist generell die nichtmarxistische Wissenschaft befangen.

Es gehört zu den größten wissenschaftlichen Verdiensten von Karl Marx, daß er das Wesen des Aneignungsprozesses aufdeckte und dabei zeigte, daß es sich bei ihm um ein gesellschaftliches Verhältnis handelt, das lediglich dem äußeren Schein nach ein nur dingliches Verhältnis ist. Daran anknüpfend löste

11 Vgl. J. Wasilkowski, Pojęcie wlasności we współczesnym prawie polskim, a. a. O., S. 6.

12 K. Marx/F. Engels, Die deutsche Ideologie, in: MEW, Bd. 3, a. a. O., S. 63.

er auch das Problem des Verhältnisses von ökonomischem Eigentum und Eigentumsrecht. Er tat dies im Zusammenhang mit einer Analyse der Waren- und Geldbewegung, wobei er in dieser ökonomischen Bewegung der Dinge die Funktion des Menschen als Eigentümer hervorhebt. Im „Kapital" heißt es dazu: „Um diese Dinge als Waren aufeinander zu beziehn, müssen die Warenhüter sich zueinander als Personen verhalten, deren Willen in jenen Dingen haust, so daß der eine nur mit dem Willen des andren, also jeder nur vermittelst eines, beiden gemeinsamen Willensakts sich die fremde Ware aneignet, indem er die eigne veräußert. Sie müssen sich daher wechselseitig als Privateigentümer anerkennen. Dies Rechtsverhältnis, dessen Form der Vertrag ist, ob nun legal entwikkelt oder nicht, ist ein Willensverhältnis, worin sich das ökonomische Verhältnis widerspiegelt. Der Inhalt dieses Rechts- oder Willensverhältnisses ist durch das ökonomische Verhältnis selbst gegeben."[13]

Die gegenseitige Anerkennung der einzelnen Personen als Eigentümer im rechtlichen Sinne gründet sich auf ihre Stellung als ökonomische Eigentümer. Das ökonomische Verhältnis ist das primäre Verhältnis, das Eigentumsrechtsverhältnis dessen Abbild. In diesem Sinne werden die Dinge nicht aufgrund eines individuellen Willens des Eigentümers zum Gegenstand des Eigentums, sondern infolge des gesellschaftlichen Verhältnisses, dessen Objekt sie sind. Dieses gesellschaftliche Verhältnis entspringt jedoch nicht primär dem Willen der einzelnen, an dem Rechtsverhältnis Beteiligten, sondern geht aus den grundlegenden ökonomischen Verhältnissen, die auch den Inhalt des Rechtsverhältnisses bestimmen, hervor.[14] Deshalb können wir die Sache, die Gegenstand des Eigentums ist, nicht abstrakt betrachten und erforschen, sondern müssen sie immer konkret hinsichtlich der grundlegenden gesellschaftlich-ökonomischen Verhältnisse, in denen sie erscheint, erfassen.

Die Erforschung der Eigentumsrechtsverhältnisse in den konkreten gesellschaftlich-ökonomischen Zusammenhängen ermöglicht es der marxistischen Rechtswissenschaft, Objekte und Subjekte der Rechtsverhältnisse differenzierter zu beurteilen. Auf dieser Basis können die unterschiedlichen Formen des Eigentums im Rahmen einer bestimmten gesellschaftlichen Formation erkannt werden.

Die These von der ökonomischen Bedingtheit des Eigentumsrechtsverhältnisses ist eine zuverlässige theoretische Grundlage für die Bestimmung eines für alle Gesellschaftsformationen geltenden Eigentumsrechtsbegriffes. In diesem Zusammenhang sei eine Definition des subjektiven Eigentumsrechts erwähnt, die für die Auseinandersetzung mit dem bürgerlichen Begriff des Eigentumsrechts als besonders geeignet scheint. Es geht um die Definition des bekannten sowjetischen Zivilrechtlers A. V. Venediktov. Seine Definition des subjektiven Eigentumsrechts wird in der sozialistischen Rechtswissenschaft allgemein anerkannt. Venediktov, der an den Gedanken von Marx anknüpfte, daß die ge-

13 K. Marx, Das Kapital, Erster Band, in: MEW, Bd. 23, Berlin 1974, S. 99.
14 Vgl. K. Marx/F. Engels, Die deutsche Ideologie, in: MEW, Bd. 3, a. a. O., S. 63.

samte Produktion Aneignung der Natur durch das Individuum innerhalb und durch eine bestimmte Gesellschaftsformation sei, definierte das subjektive Eigentumsrecht als das Recht eines Individuums oder Kollektivs, die Produktionsmittel und die Produkte auf der Grundlage der in der jeweiligen Gesellschaft herrschenden Klassenverhältnisse und in Einklang mit ihnen durch eigene Machtbefugnisse und im eigenen Interesse zu nutzen.[15] Diese Auffassung des Eigentumsrechts als der Möglichkeit, eine Sache „durch eigene Machtbefugnisse und im eigenen Interesse zu nutzen", bringt nicht nur zum Ausdruck, daß das Eigentumsrechtsverhältnis ein gesellschaftliches Verhältnis, ein Verhältnis zwischen Menschen in bezug auf Sachen ist, sondern zeigt auch den spezifischen Unterschied zwischen dem Eigentumsrecht auf der einen und den weiteren rechtlichen Formen der Aneignung von Sachen auf der anderen Seite. Aus dieser Auffassung – und das ist für unsere Untersuchung von besonderer Bedeutung – werden die spezifischen Klassengegebenheiten der einzelnen Eigentumstypen ersichtlich. Auf ihrer Grundlage können die prinzipiellen Unterschiede in der Aneignungsweise z. B. im Kapitalismus und im Sozialismus erklärt werden.[16] Aus diesem Grunde werden wir bei den weiteren Untersuchungen von der Definition des Eigentumsrechts, wie sie A. V. Venediktov gegeben hat, ausgehen; sie ist für die Auseinandersetzung mit den bürgerlichen Auffassungen zum Eigentumsrecht geeignet.

3. Das Wesen des kapitalistischen Privateigentums

In den vorhergehenden Erörterungen ging es um eine Erklärung der ökonomischen und der rechtlichen Kategorie des Eigentums auf allgemeiner Ebene. Da sich diese Arbeit aber überwiegend mit der Kritik der bürgerlichen Interpretation des kapitalistischen Eigentums und dessen Wirken in der Gegenwart beschäftigt, ist es notwendig, sich noch kurz mit dem Wesen des kapitalistischen Eigentums zu befassen. Wir haben bereits festgestellt, daß das Wesen jedes Eigentums im ökonomischen Sinne in der Aneignung der Natur innerhalb einer bestimmten gesellschaftlichen Formation und vermittels dieser besteht, wobei Marx die Aneignung mit der Produktion gleichsetzte. Natürlich ist die Voraussetzung dafür, daß produziert wird, d. h. daß es zur Aneignung kommt, die Verbindung der unmittelbaren Produzenten mit den Produktionsmitteln im Prozeß der materiellen Produktion. Marx spricht in diesem Zusammenhang über die Verbindung der persönlichen und dinglichen Faktoren. „Welches immer die gesellschaftlichen Formen der Produktion, Arbeiter und Produktionsmittel bleiben stets ihre Faktoren . . . Damit überhaupt produziert werde, müssen sie sich verbinden. Die besondre Art und Weise, worin diese Verbindung bewerk-

15 Vgl. A. V. Venediktov, Státní socialisticke valstnictví, a. a. O., S. 31.

16 Vgl. V. Čižkovská, Vlastnícká soustava evropských socialistických států, a. a. O., S. 53.

stelligt wird, unterscheidet die verschiednen ökonomischen Epochen der Gesellschaftsstruktur."[17]

Im Unterschied zur Form des Privateigentums in der Sklavenhalter- und Feudalgesellschaft, in denen diese Verbindung nur auf der Grundlage einer unmittelbaren politischen Gewalt hergestellt wurde, ist im Kapitalismus die Basis dieses Vereinigungsprozesses der Kauf und der Verkauf von Arbeitskraft vermittels eines „freien" Arbeitsvertrages. Die Verbindung der persönlichen und dinglichen Faktoren im kapitalistischen Produktionsprozeß geschieht konkret so, daß die unmittelbaren Produzenten, die von den Produktionsmitteln getrennt sind, ihre Arbeitskraft, die im Kapitalismus zur Ware wird, verkaufen müssen.

Der Kapitalist als die andere Seite im Aneignungsprozeß kauft die Arbeitskraft und schafft die Produktionsbedingungen für die Realisierung der Arbeit; er stellt die Arbeitsmittel, Arbeitsgegenstände, die Maschinen und Rohstoffe zur Verfügung. Das Ergebnis dieser Verbindung ist das Produkt, dessen Wert im Produktionsprozeß gerade durch den Aufwand an lebendiger Arbeitskraft gestiegen ist und das deswegen nicht nur einen Wert besitzt, sondern auch einen Mehrwert in sich birgt. Dieses Produkt eignen sich jedoch nicht die unmittelbaren Produzenten, die es durch ihre Arbeit erzeugt haben, sondern die Kapitalisten an.

In diesem Prozeß muß man auch das Spezifikum der kapitalistischen Produktionsweise sehen, das Marx im Verhältnis zum Eigentum so definierte: „Eigentum erscheint jetzt, auf Seite des Kapitalisten, als das Recht, fremde unbezahlte Arbeit oder ihr Produkt, auf Seite des Arbeiters, als Unmöglichkeit, sich sein eignes Produkt anzueignen."[18] Dadurch wird auch das Wesen des kapitalistischen Privateigentums charakterisiert, das als Ausbeutungsverhältnis zwischen der Klasse der Kapitalisten und den Lohnarbeitern erscheint. Das kapitalistische Eigentum stellt somit ein Ausbeutungsverhältnis zwischen den Arbeitern, die ihre Arbeitskraft als Ware verkaufen müssen, und den Kapitalisten dar, die die Arbeitskraft als Ware kaufen, um vermittels dieser und den ihnen gehörenden Produktionsmitteln einen Mehrwert zu erzielen. In diesem widersprüchlichen aber gleichzeitig auch bedingten Verhältnis, das sich in der Produktion ständig realisiert und reproduziert, liegt auch der antagonistische Widerspruch zwischen den unmittelbaren Produzenten als einer Seite und den Kapitalisten, die sich den Mehrwert aneignen, als zweiter Seite dieses Eigentumsverhältnisses begründet.[19]

Das privatkapitalistische Eigentum ist außer durch die Trennung der Arbeit von der Aneignung noch durch eine weitere Besonderheit gekennzeichnet, die auf dem Widerspruch zwischen dem gesellschaftlichen Charakter der Produk-

17 K. Marx, Das Kapital, Zweiter Band, in: MEW, Bd. 24, Berlin 1963, S. 42.

18 K. Marx, Das Kapital, Erster Band, in: MEW, Bd. 23, a. a. O., S. 610.

19 Vgl. A. Lemmnitz/R. Reichenberg, Zur Behandlung der Kategorie Eigentum in der Lehre der politischen Ökonomie des Kapitalismus, in: Wirtschaftswissenschaft, 5/1976, S. 694.

tion und der privaten Aneignung basiert. Unter den Bedingungen des Kapitalismus kann die Arbeit im Gegensatz zu den vorhergehenden Ausbeutergesellschaften nur in Form gesellschaftlicher Arbeit bestehen. Die Kapitalisten eignen sich somit fremde unbezahlte Arbeit der Arbeitermassen im Rahmen der gesellschaftlichen Produktion an. *„Der Widerspruch zwischen gesellschaftlicher Produktion und kapitalistischer Aneignung tritt an den Tag als Gegensatz von Proletariat und Bourgeoisie."*[20]

Dieser Widerspruch in der bürgerlichen Gesellschaft vertieft sich infolge von Zentralisation und Konzentration des Kapitals und der Produktion immer mehr. Die Zahl der Lohnarbeiter wächst, und der Kreis der Privateigentümer an Produktionsmitteln wird ständig kleiner.

Auf der Basis des Privateigentums gehen auch die kapitalistischen Eigentümer untereinander Beziehungen ein. Dies erfolgt durch den Markt, wobei diese gesellschaftlichen Beziehungen durch das Wertgesetz und die gegenseitige Konkurrenz, die eine Folge der privaten Aneignung des Mehrwerts ist, geregelt werden. Das objektive Ziel des privatkapitalistischen Produktionsprozesses ist die Erlangung eines maximalen Mehrwerts, und nur ein minimaler Teil wird für die Reproduktion der Arbeitskraft zur Verfügung gestellt. Das Zusammentreffen der privaten Interessen der Kapitalisten äußert sich in der ökonomischen Sphäre als Konkurrenzkampf unter den Kapitalisten. Hierin muß man auch die Grundlage der inneren Dynamik des Privateigentums und gleichzeitig auch den Grund für die elementare und gewaltsame Umsetzung der privaten, materiellen Interessen sehen.

Deshalb ist die treibende Kraft im Kapitalismus das Mehrwertgesetz, dessen Wirken zu einer steigenden Ausbeutung führt, da man nur auf diesem Weg den Mehrwert steigern kann; dies ist natürlich auch ein fortwährender Anlaß für den sich ausweitenden Klassenkampf zwischen Lohnarbeitern und Kapitalisten.

Das grundlegende materielle Interesse der Kapitalistenklasse äußert sich in der gesamten Sphäre des Überbaus, einschließlich des Bereichs der staatlichen und rechtlichen Institute und Institutionen. Der bürgerliche Staat vertritt als Instrument der Klassenherrschaft der Bourgeoisie vor allem durch seine Gesetze die materiellen und die politischen Interessen der Klasse der privatkapitalistischen Eigentümer. Der bürgerliche Staat garantiert die Herausgabe und die Einhaltung solcher Normen, die das Privateigentum schützen, und unterdrückt mit Hilfe seiner Machtmittel jedwede individuellen oder kollektiven revolutionären Versuche, die das kapitalistische Eigentum antasten wollen.

Für den Schutz des Privateigentums der Kapitalisten haben die Rechtsnormen eine besondere Bedeutung, die direkt das Privateigentum betreffen. Das durch die bürgerlichen Rechtsnormen gesicherte subjektive Eigentumsrecht bedeutet für den Kapitalisten, wie Marx formulierte, nichts anderes als das Recht auf

20 F. Engels, Herrn Eugen Dührings Umwälzung der Wissenschaft („Anti-Dühring"), in: MEW, Bd. 20, Berlin 1972, S. 253.

Aneignung von Produkten fremder unbezahlter Arbeit. Die einzelnen Befugnisse, die die bürgerlichen Gesetzbücher dem Eigentümer gewähren, dienen dem kapitalistischen Eigentümer nur als Mittel für die Realisierung dieses Ausbeutungsverhältnisses. Unter den Bedingungen der kapitalistischen Produktion ist daher das Recht auf Aneignung fremder unbezahlter Arbeit das Wesen des subjektiven Eigentumsrechts der Kapitalisten. Es bildet keineswegs einen Komplex von abstrakten Befugnissen gegenüber Sachen, wie das die bürgerliche Wissenschaft behauptet. Würden nämlich einzelne oder die Gesamtheit von Befugnissen der Eigentümer aus den Bedingungen der kapitalistischen Produktionsweise und den kapitalistischen Ausbeuterverhältnissen herausgenommen werden, so würden sie für den Kapitalisten jede Bedeutung verlieren.[21]

Das bürgerliche Privateigentum ist nicht nur das grundlegende ökonomische Verhältnis, sondern auch das grundlegende Rechtsverhältnis in der kapitalistischen Gesellschaft. Das Prinzip des Privateigentums, dem alle anderen Prinzipien untergeordnet sind, zieht sich deshalb wie ein roter Faden durch alle Rechtsverhältnisse in einer bürgerlichen Gesellschaft und übt einen bestimmenden Einfluß auf das gesamte bürgerliche Recht aus. Gerade die Realisierung des Rechts auf Privateigentum in der bürgerlichen Gesellschaft bewirkt, daß zwar die absolute Mehrzahl der bürgerlichen Rechtsgrundsätze juristisch formal verankert, jedoch faktisch nicht realisierbar ist.

Aus dieser Sicht brauchen wir beispielsweise nur den bürgerlichen Grundsatz von der Gleichheit aller Bürger vor dem Gesetz zu betrachten und sein Wirken mit dem wirklichen Zustand der Gesellschaft zu vergleichen. Bekanntlich wird das ökonomische Verhältnis des kapitalistischen Privateigentums durch die Ungleichheit zwischen den ausgebeuteten unmittelbaren Produzenten und der Ausbeuterklasse der Kapitalisten charakterisiert. Bereits dadurch, daß dieses Verhältnis im bürgerlichen Recht in Form eines privaten Eigentumsrechts verankert und durch ein System von Rechtsnormen geschützt ist, ist es völlig ausgeschlossen, daß sich eine faktische Gleichheit zwischen allen Bürgern des bürgerlichen Staates auf dem gesamten Gebiet des juristischen Überbaus durchsetzen kann. Deshalb ist die durch die bürgerliche Gesetzgebung formal proklamierte Gleichheit für die Mehrheit der Bevölkerung illusorisch, und das nicht nur in Hinsicht auf eigentumsrechtliche Beziehungen, sondern auch im Hinblick auf die Ausübung von allgemeinen Bürger-, politischen und sonstigen Rechten.[22] Es wurde bereits angedeutet, daß die Entwicklung der Produktivkräfte und der Prozeß der kapitalistischen Akkumulation zur Konzentration und zur Zentralisation der Produktion und des Kapitals und letzten Endes auch zur Monopolisierung führen. Es ändern sich also die Bedingungen der ökonomischen Aneignung in der kapitalistischen Produktion.[23]

21 Vgl. A. V. Venediktov, Státní socialistické vlastnictví, a. a. O., S. 256 ff.

22 Vgl. H. Klenner, Gleichheitsprobleme aus marxistischer Sicht, Auszug aus dem Vortrag, in: Mitteilungen der ÖVDJ, Juni 1975, S. 13.

23 Vgl. K. Marx, Grundrisse der Kritik der politischen Ökonomie, Berlin 1953, S. 393.

Im Ergebnis dieser Entwicklung kommt es zur weiteren Vergesellschaftung der Produktion, wobei das quantitative Wachstum der Produktionsmittel auch mit dem Anwachsen der Zahl der Lohnarbeiter verbunden ist. Veränderungen treten ebenfalls auf der Seite des Kapitals ein. Die Konzentration der objektiven und der subjektiven Faktoren der Produktion rufen die Notwendigkeit einer neuen Organisation bei der Gewährleistung der Produktionsbedingungen hervor. Die in der vormonopolistischen Phase der Entwicklung des Kapitals übliche Art und Weise, mit der der einzelne Kapitalist die Produktionsbedingungen aus dem Mehrwert heraus sicherte und den er selbst durch die Ausbeutung „seiner" Arbeiter gewann, entspricht bei fortschreitender Konzentration und Zentralisation des Kapitals nicht mehr den neuen Erfordernissen. Deshalb entstehen neue Formen von Unternehmungen und eine neue Art und Weise der Sicherung der objektiven Faktoren der Produktion. Die andere Seite des kapitalistischen Eigentumsverhältnisses stellt nicht ein einzelner Kapitalist, sondern eine Vereinigung von Kapitalisten dar. „Das Kapital, das an sich auf gesellschaftlicher Produktionsweise beruht und eine gesellschaftliche Konzentration von Produktionsmitteln und Arbeitskräften voraussetzt, erhält hier direkt die Form von Gesellschaftskapital (Kapital direkt assoziierter Individuen) im Gegensatz zum Privatkapital, und seine Unternehmungen treten auf als Gesellschaftsunternehmungen im Gegensatz zu Privatunternehmungen."[24]

Durch den Einfluß der Entwicklung der kapitalistischen Produktion kommt dem Finanzkapital immer größere Bedeutung zu. Die Verschmelzung von Industrie- und Bankkapital schreitet schnell voran. Es entsteht ein neues Verhältnis zwischen fungierenden und Geldkapitalisten. Ihr gegenseitiges Verhältnis spiegelt sich im Realisierungsprozeß des kapitalistischen Eigentums wider.

Da das kapitalistische Eigentum seinem ökonomischen Wesen nach Ausbeutung fremder Arbeitskraft ist, könnte es scheinen, daß nur der fungierende Kapitalist und nicht auch der Finanzkapitalist ausbeutet, da dieser anscheinend nur zum fungierenden Kapitalisten, nicht aber zum Lohnarbeiter in Beziehung steht. Doch der Schein trügt. Tatsächlich ist der Finanzkapitalist an der Aneignung des Mehrwerts, der durch die unbezahlte Arbeit der Arbeiter entsteht, beteiligt. Am Mehrwert, den der fungierende Kapitalist im Produktionsprozeß gewinnt, ist der Finanzkapitalist in Form von Zinsen, die ihm der fungierende Kapitalist vom Mehrwert zahlt, oder in Form von Dividenden aus Wertpapieren beteiligt, durch deren Erwerb er seine Mittel in einen Betrieb investiert hat. Daher können das Verhältnis von Industrie- und Bankkapital und ein eventuell noch komplizierteres Verhältnis zwischen fungierenden und Geldkapitalisten nichts daran ändern, daß das kapitalistische Privateigentum an Produktionsmitteln Aneignung des Mehrwerts und somit eine Form der Ausbeutung von Lohnarbeitern ist. Von diesem Standpunkt aus ist es bedeutungslos, wie sich die Kapitalisten den Mehrwert aufteilen. Es ist weiterhin so, daß die unmittelbaren Produzenten vom

24 K. Marx, Das Kapital, Dritter Band, in: MEW, Bd. 25, Berlin 1968, S. 452.

Eigentum an den Produktionsmitteln und an den von ihnen kollektiv produzierten Produkten getrennt sind und somit Objekt der Ausbeutung bleiben.

Die Entwicklung der kapitalistischen Produktion und des Aneignungsprozesses unter den Bedingungen des monopolistischen Kapitalismus, die nur kurz angeschnitten wurde, spiegelt sich auch auf rechtlichem Gebiet wider. Es entstehen und entwickeln sich neue Rechtsformen des kapitalistischen Eigentums. Die Rechtsform des individuellen Eigentums tritt in den Hintergrund, und auf dem Gebiet von Industrie-, Handels- und Finanzunternehmungen überwiegen und entscheiden kollektive Formen des kapitalistischen Eigentums. Kapitalgesellschaften in Form juristischer Personen werden zu Subjekten des Eigentums. Die verbreitetsten von ihnen sind gegenwärtig die Aktien- oder ihnen ähnliche Gesellschaften, die Aktien oder andere Wertpapiere emittieren.[25]

Eine sehr weit entwickelte Form des „kollektiven" Eigentums des heutigen Kapitalismus ist das Staatseigentum. Das ist eine Rechtsform, in der sich die höchste Stufe der Vergesellschaftung der Produktion im Kapitalismus zeigt. Allerdings darf man nicht außer acht lassen, daß auch dieses Eigentum kapitalistisches Eigentum ist, denn der imperialistische Staat ist nur eine bestimmte spezifische Organisation der Klasse der Kapitalisten, und der Charakter der Aneignung, die durch ihn realisiert wird, ist somit vorher bestimmt.

Eine Vergesellschaftung, deren juristischer Ausdruck monopolistische Formen des Eigentums sind, ändert nichts an der Qualität des kapitalistischen Eigentums. Die Aneignung des Mehrwerts durch die Klasse der Kapitalisten bleibt. Im Gegenteil, der Grundwiderspruch der kapitalistischen Eigentumsverhältnisse, der Widerspruch zwischen dem gesellschaftlichen Charakter der Produktion bei privater Aneignung, spitzt sich im Verlauf einer höheren Vergesellschaftung noch zu. Auch die aus dem kapitalistischen Eigentum entspringenden anderen Antagonismen (Konkurrenz zwischen den Kapitalisten, anarchische Entwicklung der Volkswirtschaft u. a.) bleiben bestehen. Die Eingriffe des kapitalistischen Staates in die Wirtschaft können diese Widersprüche nur zeitweise mildern. Der kapitalistische Staat ist bestrebt, die Stabilität des monopolistischen Systems aus Quellen zu sichern, die durch Umverteilung des Nationaleinkommens im Interesse der stärksten Monopole erschlossen werden.[26]

4. Kritik bürgerlicher Hauptauffassungen vom Eigentumsrecht

Dem idealistischen methodologischen Herangehen der bürgerlichen Rechtswissenschaft an die Fragen des Eigentums entspricht das dabei erzielte Resultat:

25 Vgl. Marxistisch-leninistische allgemeine Theorie des Staates und des Rechtes, Bd. 2, Berlin 1974, S. 324/325; Politische Ökonomie des heutigen Monopolkapitalismus, Berlin 1972, S. 223/224.

26 Vgl. Z. Hába/M. Křížek, Sozialismus a vlastnictví a. a. O., S. 95.

die bürgerliche Auffassung vom Eigentumsrecht. Für die gegenwärtige bürgerliche Rechtswissenschaft ist kennzeichnend, daß sie bei der Bestimmung des Eigentumsbegriffs zwar die im Laufe der Entwicklung des Kapitalismus eintretenden Veränderungen des Systems, besonders die Veränderungen der Eigentumsformen und anderer rechtlicher bzw. staatlicher Erscheinungen, registriert und diese Veränderungen auch in den Eigentumsrechtsbegriff einfließen zu lassen versucht, sie unterläßt es jedoch, die wahren sozialökonomischen Ursachen, die für die Veränderungen maßgeblich sind, zu analysieren und zu erklären. Statt dessen versucht sie, diese Erscheinungsveränderungen als Veränderungen des Wesens und der Funktion des Eigentums auszugeben und zugleich zugunsten des staatsmonopolistischen Systems zu interpretieren. Infolgedessen widerspiegeln die bürgerlichen Auffassungen vom Eigentumsrecht die sozial-ökonomische Wirklichkeit in verzerrter Form. Ein solches Herangehen läßt die bürgerlichen Theoretiker zu keinem wissenschaftlich begründeten Ergebnis gelangen.

Für die heutige bürgerliche Rechtswissenschaft ist es charakteristisch, daß die Kategorie des Eigentums unter dem Aspekt verschiedener Rechtsgebiete beurteilt wird. Es gibt aus diesem Grund mehrere Begriffe des Eigentumsrechts. Diese Erscheinung hängt vor allem mit der Teilung des bürgerlichen Rechtssystems in öffentliches und privates Recht und mit dem Versuch zusammen, diese traditionelle Teilung neueren Bedürfnissen anzupassen, wobei es auch Bestrebungen gibt, bestimmte Teilungen zu überbrücken. Es geht *in concreto* um einen zivilrechtlichen, verfassungsrechtlichen und wirtschaftsrechtlichen Eigentumsbegriff. Trotz der Verschiedenheit aller bürgerlichen Konstruktionen des Eigentumsrechtsbegriffs haben alle ein gemeinsames Ziel: das Wesen des Privateigentums zu vertuschen und den Beweis zu führen, daß das subjektive Eigentumsrecht als gesellschaftliches Phänomen im Interesse der ganzen Gesellschaft wirkt. Hierfür erscheint besonders die theoretische Konstruktion geeignet, die dem subjektiven bürgerlichen Eigentumsrecht der Gegenwart zunehmend eine „soziale Funktion" unterstellt. Deshalb tendieren alle Richtungen der bürgerlichen Rechtswissenschaft zu dieser Konstruktion.

Im Rahmen der Auffassung über die „soziale Funktion" des Eigentumsrechts bewegen sich alle Erwägungen der bürgerlichen Rechtstheoretiker bei der Bestimmung des Eigentumsbegriffs. Infolgedessen ist es erforderlich, sich mit dieser Auffassung zuerst zu beschäftigen.

Die sog. soziale Funktion oder soziale Bindung des Eigentumsrechts wird in den meisten Fällen dem Individualprinzip des Eigentums, das angeblich weitestgehend überwunden sei, entgegengestellt. Das sei eine Folge davon, daß das Privateigentum, wie man behauptet, nicht mehr überwiegend den Interessen individueller Eigentümer diene, sondern im Interesse des „allgemeinen Wohls" genutzt werde.

In der Rechtstheorie der BRD treten unterschiedliche Anschauungen über die „soziale Funktion" des Eigentums auf, wobei die heutigen Konstruktionen an ältere anknüpfen, die in Deutschland besonders von J. W. Hedemann[27], O. Gierke[28], R. Ihering[29] und anderen verkündet worden war.

Das Prinzip der „sozialen Funktion" des Eigentums erschien in Deutschland zum ersten Mal in gesetzgeberischer Form im Artikel 153 der Verfassung des Deutschen Reiches von 1919, in dem das Eigentum nicht nur als Recht, sondern auch als Pflicht konstruiert war und die Anwendung durch den Eigentümer als „Dienst für das gemeine Beste" aufgefaßt wurde. In der Verfassung der BRD, dem Bonner Grundgesetz, ist die soziale Gebundenheit noch ausdrücklicher formuliert. Im Artikel 14 Abs. 2 wird gesagt: „Eigentum verpflichtet. Sein Gebrauch soll zugleich dem Wohle der Allgemeinheit dienen." Nach Meinung des Bundesverfassungsgerichts bedeutet dieses verfassungsrechtliche Prinzip „die Absage an eine Eigentumsordnung, in der das Individualinteresse den unbedingten Vorrang vor den Interessen der Gemeinschaft hat".[30]

Die Pflichten des Eigentümers in Übereinstimmung mit dem Prinzip der sozialen Gebundenheit erklärt E. Stein folgendermaßen: „Die Verpflichtung besteht darin, daß sein Gebrauch zugleich dem Wohle der Allgemeinheit dienen soll. Der Eigentümer ist also verpflichtet, beim Gebrauch des Eigentums auf die Allgemeinheit Rücksicht zu nehmen. Sozialbindung ist eine Konsequenz der Zugehörigkeit des einzelnen zur Gemeinschaft und beschränkt das Eigentum um so stärker, je mehr seine Verwertung in der Sozialsphäre, also außerhalb der Privatsphäre erfolgt."[31] Das sozial-demagogische Wesen all dieser Versuche, das bürgerliche Eigentum nicht nur als Recht, sondern mehr noch als Pflicht, als eingeschränktes Eigentum, das dem Interesse des ganzen Volkes untergeordnet sei, darzustellen, ist offensichtlich. Darum überrascht die Feststellung auch nicht, daß sich die Anschauungen über die „soziale Funktion" des Eigentums auch im faschistischen Deutschland großer Beliebtheit erfreut haben.[32]

Nach Meinung der bürgerlichen Theoretiker hat sich die „soziale Funktion" des Privateigentums unter den gegenwärtigen Bedingungen des sog. sozialen Rechtsstaates noch vertieft. Auch H.-J. Vogel behauptet, daß „das Eigentum seinem Wesen nach in einer sozialen Bindung steht; die Gebundenheit gehört zur inneren Struktur des Grundrechts"[33].

27 Vgl. J. W. Hedemann, Sachenrecht des bürgerlichen Gesetzbuches, 1924. S. 61–65.
28 Vgl. O. Gierke, Deutsches Privatrecht II, 1905, S. 358, 465.
29 Vgl. R. Ihering, Der Zweck im Recht, Leipzig 1893, S. 519.
30 BVerfGE, 21, S. 73.
31 E. Stein, Staatsrecht, Tübingen 1975, S. 173; ähnlich auch K. Larenz, Allgemeiner Teil des deutschen bürgerlichen Rechts, München 1975, S. 50/51; Kommentar zum Bonner Grundgesetz, Hamburg 1975, Art. 14, S. 21, 22; K. Hesse, Grundzüge des Verfassungsrechts der Bundesrepublik Deutschland, Karlsruhe 1975, S. 180, 181; T. Maunz/G. Düring/R. Herzog, Grundgesetz, Kommentar, München 1974, S. 22; G. Rinck, Wirtschaftsrecht, Köln 1974, S. 43, 181.
32 Vgl. W. Leisner, Sozialbindung des Eigentums, Berlin (West) 1972, S. 38 f.
33 H. J. Vogel, Kontinuität und Wandlungen der Eigentumsverfassung, Berlin (West)-New York 1976, S. 13.

Als Maßnahmen, mit denen die Sozialbildung des Eigentums konkretisiert wird, werden z. B. die Raumplanung auf dem Gebiet des Bodeneigentums, direkte und indirekte Eingriffe des Staates im Rahmen des „Wirtschaftsordnungsrechts", das Mitbestimmungsrecht der Arbeiter und Angestellten besonders in den großen Kapitalgesellschaften u. a. betrachtet.

Die Verkündung der sog. sozialen Bindung des Eigentums ist durch den Eintritt des Kapitalismus in sein höchstes Entwicklungsstadium, den Imperialismus, bedingt. Im Monopolkapitalismus entspricht die Idee der freien und unbegrenzten Disposition über das Eigentum nicht mehr den Interessen der herrschenden Bourgeoisie und das aus mehreren Gründen.

Im Imperialismus und in noch stärkerem Maße in seiner staatsmonopolistischen Entwicklungsphase wird im Unterschied zum Kapitalismus der freien Konkurrenz das Individualprinzip des privaten Eigentumsrechts zum Hemmnis der weiteren Konzentration des monopolistischen Eigentums. Im Prozeß der Expropriation nicht nur der kleinen, sondern auch der mittleren und größeren Kapitalisten kommt unvermeidlich die Gesetzmäßigkeit zum Vorschein, daß in das Eigentumsrecht der Expropriierten eingegriffen wird. Allerdings erfolgen die Eingriffe nicht nur von Seiten der privaten Monopole, sondern mehr noch von Seiten des imperialistischen Staates. Der imperialistische Staat wächst mit den Monopolen zusammen, und in ihrem Interesse schaltet er sich mehr und mehr in das gesamte Wirtschaftsleben ein.

Unter den Bedingungen wird das Eigentumsrecht des einzelnen durch verschiedene Maßnahmen (Steuer-, Planungs-, Subventions-, Enteignungs- und andere Maßnahmen) eingeschränkt. Dies liegt im Interesse derer, die die bedeutendste ökonomische und politische Kraft im imperialistischen Staat darstellen, d. h. im Interesse der mächtigsten Monopole bzw. im Interesse des staatsmonopolistischen Systems als Ganzes. Auch solche Erscheinungen wie das Mitbestimmungsrecht in seiner jetzigen Form stehen letzten Endes den Interessen der herrschenden Kreise nicht entgegen.

Das sind die wahren Gründe, die die Monopolbourgeoisie und die in ihrem Dienst stehende Jurisprudenz veranlassen, die Idee der „sozialen Funktion" des Eigentums zu verkünden, nach der das Privateigentum keine Quelle der Ausbeutung mehr sei, sondern angeblich den „Interessen der Gesellschaft" diene.

Die erwähnten Behauptungen der bürgerlichen Theoretiker sind völlig unbegründet. Die „soziale Bindung" ist nur eine einseitige Interpretation der äußeren Erscheinungen, die durch Veränderungen der Eigentumsformen und durch das vielfältige Eingreifen des Staates in die Sphäre des Privateigentumsrechts unter den Bedingungen des staatsmonopolistischen Kapitalismus charakterisiert werden. In Wirklichkeit ändern diese Erscheinungen nichts am Wesen und am Charakter des Privateigentumsrechts, das sich auch unter den neuen Umständen entsprechend den Interessen kapitalistischer Eigentümer als Aneignung unbezahlter Lohnarbeit realisiert.

Die sozial-ökonomische Wirklichkeit des gegenwärtigen Kapitalismus wird in den bürgerlichen Auffassungen vom Eigentum mit unterschiedlicher Intensität und auf verschiedene, manchmal auch widersprüchliche Weise widergespiegelt. Das hängt u. a. mit der Uneinheitlichkeit der Interessen einzelner Gruppierungen innerhalb der Bourgeoisie zusammen.

Die bürgerliche Rechtslehre verläßt im Zuge der Evolution des bürgerlichen Eigentumsbegriffs in der Epoche des Imperialismus in unterschiedlichem Grade und stufenweise den Eigentumsbegriff, der im vormonopolistischen Kapitalismus allgemein in seiner sachenrechtlichen Form dominierte. Diese Feststellung läßt sich anhand der einzelnen Eigentumsbegriffe, die uns die bürgerliche Zivil-, Verfassungs- und Wirtschaftslehre liefert, illustrieren.

Die bürgerliche Zivilrechtslehre begreift das Eigentumsrecht als Verhältnis der Menschen zu Sachen, das inhaltlich durch eine Reihe von Eigentümerbefugnissen charakterisiert ist. Laut F. Baur ist das Eigentum nichts anderes als „das umfassendste Herrschaftsrecht, das die Rechtsordnung an einer Sache zuläßt"[34]. Den Inhalt des Eigentumsrechts charakterisiert K. Larenz als Befugnis des Eigentümers, „die Sache zu besitzen, sie umzugestalten, zu gebrauchen oder zu verbrauchen, oder auch sich seines Eigentums zu entäußern, es aufzugeben oder einem anderen zu übertragen"[35]. Obwohl diese Auffassungen ihrer Formulierung nach dem Begriff des Eigentums, der z. B. noch im vergangenen Jahrhundert von der Zivilrechtslehre[36] und der Gesetzgebung[37] formuliert worden war, sehr ähnlich oder gar mit ihm identisch sind, geben sie einem Eigentumsbegriff Ausdruck, der nach Inhalt und Umfang durch die Gesetzgebung verändert ist. Die Veränderungen des Eigentumsbegriffs zeigen sich in der Rechtslehre wie auch in der Praxis, die beide bemüht sind, sich den neuen Bedingungen anzupassen. Die bürgerliche Rechtswissenschaft behauptet, daß auch die Verhältnisse, die durch den zivilrechtlichen Eigentumsbegriff erfaßt werden, gemäß Art. 14 des Grundgesetzes der BRD „sozial gebunden" sind.[38] Außerdem wird erklärt, daß dieser Begriff heute keine Allgemeingültigkeit mehr besitze, sondern nur für die Sphäre des bürgerlichen Rechts, nur im Verhältnis zwischen Eigentümern und Privatpersonen gelte.[39] Und es wird gesagt, was vom Standpunkt unserer Untersuchung aus besonders wichtig ist, daß sich sein Geltungsbereich nicht auf das Gebiet von Industrie und Handel erstrecke.

In der Epoche des monopolistischen und staatsmonopolistischen Kapitalismus

34 F. Baur, Lehrbuch des Sachenrechts, München 1975, S. 173; ähnlich auch: M. Wolff/R. Raiser, Sachenrecht, Tübingen 1957, S. 173.

35 K. Larenz, Allgemeiner Teil des deutschen bürgerlichen Rechts, a. a. O., S. 33.

36 Gierke z. B. charakterisiert das Eigentum als den „Inbegriff der an der Sache möglichen Herrschaftsrechte" (O. Gierke, Deutsches Privatrecht, II, a. a. O., S. 363).

37 Nach § 903 des Bürgerlichen Gesetzbuches kann der Eigentümer einer Sache, „soweit nicht das Gesetz oder Rechte Dritter entgegenstehen, mit der Sache nach Belieben verfahren und andere von jeder Einwirkung ausschließen".

38 Vgl. K. Larenz, Allgemeiner Teil des deutschen bürgerlichen Rechts, a. a. O., S. 50.

39 Vgl. M. Wolf, Sachenrecht, München 1976, S. 13

entspricht es besonders auf dem Gebiet von Industrie und Handel nicht mehr den Bedürfnissen der Bourgeoisie, das Eigentum als eine fast schrankenlose „Rechtsherrschaft über die Sache" zu betrachten. Der alte Eigentumsbegriff erweist sich als ungeeignet, die neuen Verhältnisse in Industrie und Handel zu fassen, denn gerade auf diesem Gebiet verbreiten sich die neuen Formen des Eigentums, in denen sich der Prozeß der kapitalistischen Aneignung nunmehr vorwiegend vollzieht, die Formen der Kapitalgesellschaften. Deshalb sucht die bürgerliche Rechtstheorie nach einem neuen „erweiterten" Eigentumsbegriff. Dieser Begriff hat auf der einen Seite die Aufteilung der Eigentümerbefugnisse in den Kapitalgesellschaften zu berücksichtigen und auf der anderen Seite die Objekte des Eigentumsrechts auf sogenannte *propriété commerciale*, die nicht ausgesprochen dinglichen Charakter besitzen, zu erweitern.

Ein führender Vertreter der geänderten Eigentumsauffassung, W. Friedmann, betrachtet die „Veränderung" im bürgerlichen Eigentumsbegriff als Folge der Entwicklung in Industrie und Handel. Seiner Ansicht nach ist in der durch moderne „Industrie und Handel geprägten Gesellschaft, Eigentum nicht ein ausschließliches Herrschaftsverhältnis eines Individuums oder einer Korporation über eine Sache oder sogar eine Reihe von ‚Quasi-Sachen' . . ., vielmehr ein Sammelname für einen ganzen Komplex von Befugnissen, Funktionen, Erwartungen und Verpflichtungen." Und an anderer Stelle fährt er fort: „In einer solchen Gesellschaft findet eine ‚Arbeitsteilung' in der ‚Strukturierung des Eigentums' statt. Nutzungsrechte, Grunddienstbarkeiten, Rentenschulden, Hypotheken und Ansprüche erwachsen aus einer Aufspaltung des Eigentumsrechts. Diese ‚partiellen' Eigentumsrechte müssen in die Definition des Eigentums aufgenommen werden, nicht nur weil sie einen Teil seiner Gesamtfunktion darstellen, sondern auch weil sie gegen Eingriffe Dritter geschützt sind und ihrem Besitzer dieselbe Macht wie das volle Eigentumsrecht verleihen."[40] Die ursprüngliche Form dieses Eigentumsgedankens entwickelte schon Anfang der dreißiger Jahre der reaktionäre dänische Rechtstheoretiker F. Vinding-Kruse, bekannt als fanatischer Feind des Sozialismus und alles Progressiven. Er erweiterte die üblichen Befugnisse des Eigentümers um die Befugnis, aus dem Eigentumsobjekt eine „Kreditbasis" zu machen.[41]

A. A. Berle, Theoretiker des amerikanischen Großkapitals, vertritt ebenfalls die Meinung, daß der Eigentumsbegriff breiter zu fassen sei. Dementsprechend definiert er das Eigentum als „ein Verhältnis zwischen Individuen (oder von Gruppen von Individuen) und materiellen oder nichtmateriellen Dingen (das römische Recht nennt es ‚res', laut bürgerlichem Gesetz wird es noch immer

40 W. Friedmann, Recht und soziale Wandlung, Frankfurt a. M. 1969, S. 78/79.

41 Vgl. F. Vinding-Kruse, Eigentumsrecht, 1. Teil, Berlin-Leipzig 1931, S. 160. Es ist nicht ohne Interesse, daß dieser reaktionäre Rechtstheoretiker eine Abhandlung über das Eigentum von fast 3000 Seiten schrieb, die gegen den Marxismus und gegen das sowjetische Recht gerichtet ist.

so genannt). Man muß das Wort ‚Sache' breiter interpretieren. Es sind nichtmaterielle, ebenso wie materielle Sachen."[42]

Trotz einer gewissen Unterschiedlichkeit besteht der gemeinsame Nenner aller dieser Erwägungen darin, daß sie das Eigentum als Verhältnis der Menschen zu materiellen oder nichtmateriellen Dingen, als ein Bündel mehr oder weniger abstrakter Befugnisse des Eigentümers fassen.

Natürlich leugnet die marxistische Wissenschaft nicht, daß das Eigentum in rechtlichem Sinne auch sein gegenständliches Substrat hat und daß für den Inhalt des Eigentumsrechts bestimmte Befugnisse charakteristisch sind. Aber das ist nur eine sekundäre Seite des Eigentumsproblems, und keineswegs kann man sich bei der Erforschung des Wesens des Eigentums nur mit ihr begnügen. Die bürgerliche Rechtswissenschaft bleibt bei der Untersuchung des Eigentums an der Oberfläche der Erscheinung und unterläßt völlig die Erforschung ihres ökonomischen Inhalts, der die Grundlage des Eigentumsrechtsverhältnisses bildet.

Das Eigentum im rechtlichen Sinne ist nur die Form des ökonomischen Prozesses der Aneignung der Dinge. Als ein rechtlich geregeltes gesellschaftliches Verhältnis ist es ein Ergebnis der ökonomischen Verhältnisse, und gerade diese ökonomischen Eigentumsverhältnisse bestimmen durch das Recht das Verhältnis der Menschen zu den Sachen. Die Priorität der ökonomischen Verhältnisse ist auch in rechtlichen Zusammenhängen offensichtlich.

Bürgerliche Theoretiker sind nicht in der Lage, zu einer wissenschaftlich begründeten Auffassung des Eigentumsrechts zu kommen, da sie auf der Grundlage einer Systemanalyse der Klassenbeziehungen in der kapitalistischen Gesellschaft und von der kapitalistischen Produktionsweise ausgehen müßten, davon, daß die Aneignung der Produktionsmittel und der Produkte sich im engen Klasseninteresse der Kapitalisten verwirklicht und daß die werktätigen Klassen von der Aneignung ausgeschlossen sind. Und das können sie nicht.

Was nun die Betrachtungen zum „erweiterten" Begriff des Eigentumsrechts anbelangt, so ist es offensichtlich, daß diese Konstruktionen ausschließlich den Interessen des Finanzkapitals dienen. Die Einführung der *proriété commerciale* in den Eigentumsbegriff entspricht dem Interesse der Finanzoligarchie, weil auf diese Weise Rechtsverhältnisse, vermittels derer sich hauptsächlich die Bewegung des Finanzkapitals vollzieht, den Charakter von Eigentumsverhältnissen bekommen. Diese Rechtsverhältnisse, die ansonsten vorwiegend schuld- und nicht eigentumsrechtlichen Charakter haben, erhalten so ein höchstmögliches Maß an Rechtsschutz. Damit wird dem Finanzkapitalisten durch die gewährten Befugnisse auch juristisch eine solche Position eingeräumt, wie sie die kapitalistischen Eigentümer an Produktionsmitteln haben. Außerdem ist noch der Umstand von Bedeutung, daß sich in Form der „Kommerzialisierung" des Eigentumsrechts und der angeblichen Entstehung weiterer Eigentumsbefugnisse dem bürgerlichen Theoretiker die Möglichkeit bietet, die Eigentumsproblematik noch weiter zu verwirren und besonders das Klassenwesen des kapitalistischen Privateigentums

42 A. A. Berle, Power without Property, New York 1959, S. 59.

zu verschleiern. Behauptungen, daß sich im Bereich von Industrie- und Handelsunternehmungen die Eigentümerbefugnisse in zwei oder mehrere Teile, die relativ selbständig sind, untergliedern, dienen der bürgerlichen Rechtswissenschaft als theoretischer Ausweg zur Herausbildung verschiedener theoretischer Konstruktionen mit weitreichenden gesellschaftlichen Auswirkungen. In der Logik des bürgerlichen Rechtsdenkens sieht es so aus, daß der Teil der Eigentümerbefugnisse, der mit den körperlichen Gegenständen (Produktionsmitteln) verbunden ist, im Unternehmen dem Verwalter, dem Direktor zusteht und daß der Teil der Eigentümerbefugnisse, der mit quasi Dingen (Aktien) verbunden ist, in den Händen anderer Subjekte, die ihre finanziellen Mittel einbringen, liegt. Von hier ist es nicht mehr weit bis zu der Behauptung, daß Verwalter und Direktor im Unternehmen die grundlegenden Eigentümerbefugnisse ausüben, daß die kapitalistischen Eigentümer dadurch weit vom Eigentum an Produktionsmitteln entfernt sind, daß die Bedeutung des Eigentums abnimmt und ähnliches mehr. Daraus geht hervor, daß auch die bürgerlichen Eigentumskonzeptionen des Managements, des „regulierenden" Kapitalismus usw. ihren eigentlichen theoretischen Ausgangspunkt in der „erweiterten" Auffassung vom Eigentum haben, die es ermöglicht, diese wirklichkeitsfremden gedanklichen Konstruktionen zu schaffen. Diese Vorstellungen bürgerlicher Theoretiker zeichnen nur ein verzerrtes Bild der objektiv laufenden Prozesse in der kapitalistischen Ökonomie, die auf der Trennung des Finanzkapitals vom fungierenden Produktionskapital beruhen. Die Anfänge dieses Prozesses entdeckte und analysierte bereits Marx.[43]

An der unwissenschaftlichen Auffassung über das Eigentum durch bürgerliche Theoretiker ändert im Wesen auch die Erwägung nichts, mit der zu beweisen versucht wird, daß auch sie das Eigentum als gesellschaftliches Verhältnis begreifen, als Verhältnis, in dessen Rahmen indirekt auch Beziehungen des Eigentümers auch zu anderen Menschen entstehen. Von diesem Standpunkt aus besteht nach Berle aufgrund der Rechtsnormen „das Wesen des Eigentums in der Fähigkeit des Eigentümers, jeden außer sich selbst vom Eigentum, seiner Nutzung oder Kontrolle auszuschließen"[44].

Larenz wiederum sieht in der gesetzlich begründeten Fähigkeit des Eigentümers jeden von der Möglichkeit des Eingreifens in sein Eigentumsrecht auszuschließen, gewisse „negative" Befugnisse des Eigentümers in Beziehung zu anderen Personen, und zwar im Gegensatz zu „positiven" Befugnissen, die sich auf Dinge beziehen. Bei Larenz heißt es wörtlich: „In dieser ‚negativen' Seite oder Ausschlußfunktion des Eigentums kommt zum Ausdruck, daß es ein Rechtsverhältnis des Eigentümers nicht nur zur Sache sondern wie jedes Rechtsverhältnis zu anderen Personen ist."[45]

Aus beiden Zitaten wird deutlich, wie ihre Autoren Platz und Charakter dieser

43 Vgl. hierzu Kapitel 2.

44 A. A. Berle, Power without Property, a. a. O., S. 60.

45 K. Larenz, Allgemeiner Teil des deutschen bürgerlichen Rechts, a. a. O., S. 34.

„Rechtsverhältnisse" des Eigentums konstruieren. In ihren Vorstellungen genießen die Beziehungen des Menschen zu den Sachen Vorrang. Auf deren Grundlage entstehen infolge der rechtlichen Regelung des Eigentums erst die Beziehungen des Eigentümers zu anderen Personen. Es ist offensichtlich, daß solch eine „tiefe Analyse" einer weiteren Seite des Eigentumsrechts die Forschung nicht um einen einzigen Schritt näher an die Klärung des Wesens des Eigentums heranbringt. Solch eine „Forschung" bewegt sich auch weiterhin in den Fesseln idealistischer Vorstellungen. Schon die von Berle verwendete Formulierung, „jeden außer sich selbst vom Eigentum ausschließen", läßt erkennen, daß die bürgerlichen Theoretiker diese Beziehung des Eigentümers zu anderen Personen als sekundär und abgeleitet betrachten, weil das Entscheidende ihrer Meinung nach die Beziehung des Eigentümers zu den Dingen ist, was selbstverständlich gar nichts erklärt. Dann erst kommt der Ausschluß der anderen von diesem Eigentum in Betracht. Diese Beziehung des Eigentümers zu dritten Personen entsteht und verwirklicht sich als sekundär und abgeleitet nur als Ergebnis der rechtlichen Regelung und der Existenz des Eigentumsrechtsverhältnisses.

Die Beziehungen des Eigentümers zu Dritten sind als Teil des Rechtsverhältnisses zugleich auch Bestandteil des Überbaus. Das bedeutet, daß sie selbst ein sekundäres Element sind. Erstrangig und bestimmend sind ganz andere Beziehungen. Nämlich die durch das Recht geregelten materiellen Eigentumsverhältnisse, die die Menschen bei der Aneignung von Produktionsmitteln und Produkten eingehen.

Als spezifische Problematik erweist sich der Eigentumsbegriff in verfassungsrechtlicher Sicht. Er wurde von den bürgerlichen Verfassungsrechtlern unter dem Aspekt der sog. Eigentumsgarantie (Artikel 14 Abs. 1 Satz 1 des Grundgesetzes der BRD) für die Beziehungen zwischen Eigentümer und Staat entwickelt.[46] In diesem Sinne faßt man den verfassungsrechtlichen Eigentumsbegriff viel weiter als den zivilrechtlichen. Dementsprechend verstehen T. Maunz, G. Düring und R. Herzog unter diesem Begriff „sämtliche vermögenswerten Rechte des Privatrechts, nicht nur die sogenannten dinglichen Rechte und den Besitz, sondern auch Immaterialgüterrechte, Aneignungsrechte, Mitgliedschaftsrechte (Aktien) und sonstige Gesellschaftsrechte, persönliche (obligatorische) Forderungen, insbesondere auch Miet- und Pachtrechte"[47]. Einige bürgerliche Theoretiker (Stein, Hesse, Doehring u. a.) erweitern den Begriff noch auf einige sog. öffentlich-rechtliche Ansprüche.[48]

Die verfassungsrechtliche Auffassung des Eigentums ist damit noch weiter als die zivilrechtliche von der sozialökonomischen Grundlage entfernt. Sie umfaßt auch solche Rechte, die ganz offensichtlich nicht zum Inhalt des Eigentumsrechts

46 Vgl. K. Doehring, Staatsrecht, Frankfurt a. M. 1976, S. 325 f.

47 T. Maunz/G. Düring/R. Herzog, Grundgesetz, Kommentar, a. a. O., S. 22.

48 Vgl. E. Stein, Staatsrecht, a. a. O., S. 171; K. Hesse, Grundzüge des Verfassungsrechts der Bundesrepublik Deutschland, Karlsruhe 1975, S. 180; K. Doehring, Staatsrecht, a. a. O., S. 325/326.

gehören. Abgesehen davon, daß der verfassungsrechtliche Eigentumsbegriff wissenschaftlich vollkommen unhaltbar ist, erfüllt seine Konstruktion doch gewisse spezifische apologetische Funktionen. Sein eigentlicher Zweck geht aus der Begründung des Begriffs durch die bürgerlichen Theoretiker hervor. P. Badura z. B. erklärt, daß das Sacheigentum oder gleichartige privatrechtliche Rechtstitel im „sozialen Rechtsstaat" weithin nicht mehr die Grundlage individueller Daseinsbehauptung sind, sondern daß dies das Arbeitseinkommen oder andere sozialrechtliche Rechtstitel seien.[49] Infolgedessen müsse man den Begriff des Eigentums auf diese Rechte erweitern.

Mit dieser und ähnlichen Behauptungen verfolgt man zwei Hauptziele: Einerseits wird die Illusion genährt, daß gegenwärtig das Sacheigentum für niemanden (auch nicht für die Kapitalisten) die individuelle Existenz sichere, was vorher allgemeine Regel gewesen sei (als ob in der vorangegangenen Epoche des Kapitalismus die Mehrheit ihre Existenz vom Sacheigentum abgeleitet hätte). Andererseits soll den Lohnempfängern glaubhaft gemacht werden, daß sie Eigentümer seien. So möchte man die in den wirklichen Eigentumsverhältnissen enthaltenen Klassengegensätze noch mehr verschleiern und verdrehen.

Bürgerliche Wirtschaftsrechtstheoretiker kritisieren die Unzulänglichkeiten des „zivil- und verfassungsrechtlichen" Eigentumsbegriffs und offerieren ihren eigenen „wirtschaftsrechtlichen", der sich sowohl in der betrieblichen als auch überhaupt in der wirtschaftlichen Sphäre durchsetzen soll. Um den Anschein von Objektivität und Wissenschaftlichkeit zu erwecken, nehmen sie gegenüber dem zivil- und verfassungsrechtlichen Eigentumsbegriff eine kritische Haltung ein, behaupten, daß beide Begriffe auf betrieblichem und wirtschaftlichem Gebiet versagt haben, und beteuern, daß die Mängel der beiden Begriffe gerade durch den von ihnen definierten Eigentumsbegriff überwunden werden. Diese Behauptung läßt erwarten, daß die Verteidiger bürgerlichen Wirtschaftsrechts, die auf eine größere Nähe zur Wirtschaft als die Theoretiker anderer Rechtszweige verweisen können, ihre Forschung mehr in den Bereich der ökonomischen Verhältnisse verlagern, wo auch das Wesen des Eigentumsrechts zu finden ist. Trotz dieser Annahme erfahren wir, daß auch die Theoretiker des Wirtschaftsrechts, wenn wir uns ihre Betrachtungen, vor allem aber ihre Schlußfolgerungen anschauen, von der wissenschaftlichen Erklärung der Kategorie des Eigentums und des Eigentumsrechts fernbleiben.

Die gegenwärtigen wirtschaftsrechtlichen Auffassungen über das Eigentum knüpfen an ältere Konstruktionen an, die schon bei der Begründung des imperialistischen Wirtschaftsrechts als eines selbständigen Rechtszweigs entwickelt worden waren. Die imperialistische Wirtschaftsrechtslehre wurde in den zwanziger Jahren vor allem in Deutschland begründet und verbreitet. Sie widerspiegelte vor allem die veränderte Rolle des Staates in bezug auf die Wirtschaft beim

49 Vgl. P. Badura, Wirtschaftsverfassung und Wirtschaftsverwaltung, Frankfurt a. M. 1971, S. 106; Zum Wandel der Auffassung vom Eigentum, in: Die öffentliche Verwaltung, 3/1974, S. 75.

Übergang zum staatsmonopolistischen Kapitalismus. Mit Hilfe des Wirtschaftsrechts sollte nach der Vorstellung seiner geistigen Väter[50] der Dualismus des öffentlichen und des privaten Rechts überwunden werden. Das Wirtschaftsrecht sollte alle die Wirtschaft betreffenden Normen ohne Rücksicht auf die traditionelle Teilung in privat- und öffentlich-rechtliche umfassen.[51]

Unter den Bedingungen zunehmender Eingriffe des imperialistischen Staates in die Wirtschaft einerseits und der massenhaften Umwandlung der individuellen Form des Eigentums in kollektive Formen mit komplizierteren inneren Rechtsverhältnissen (Kapitalgesellschaften) andererseits genügte die einfache bürgerliche Konstruktion des Privateigentums nicht mehr den Erfordernissen. Infolgedessen versuchte die imperialistische Wirtschaftsrechtslehre das Wesen des Eigentumsrechts auf neue Weise zu erklären. Sie konzentrierte sich dabei vorwiegend auf die Funktionen des Eigentumsrechts, wodurch sie beitrug, den wahren Inhalt der Eigentumsverhältnisse nur noch mehr zu verschleiern. In diesem Zusammenhang spricht J. W. Hedemann über die Aushöhlung des alten Eigentumsbegriffs des BGB. Seiner Meinung nach verlagert sich der Akzent der Eigentumsproblematik von der Eigentumsstatik zur Eigentumsdynamik, vom „ruhigen Haben" zur wirtschaftlichen Nutzung des Eigentumsobjekts.[52] Er definiert das Eigentum als „ein Bündel von wechselnden Befugnissen" und „als ein Bündel von Funktionen".[53]

Diese Auffassung vom Eigentum vertreten (wenn auch in verschiedenen Variationen) grundsätzlich auch die imperialistischen Wirtschaftsrechtler der Gegenwart.

F. Rittner, einer der führenden Vertreter des Wirtschaftsrechts in der BRD, bestimmt den wirtschaftsrechtlichen Begriff des Eigentums folgendermaßen: „Der wirtschaftsrechtliche Eigentumsbegriff meint die gesamte privatrechtliche Ordnung, soweit sie sich auf Unternehmen erstreckt. Er geht also gegenständlich weit über den bürgerlich-rechtlichen Eigentumsbegriff hinaus; er begreift auch anders als der verfassungsrechtliche Eigentumsbegriff, das Eigentum nicht primär als Schutzobjekt, sondern als Teil der Gesamtordnung. In diesem Sinne sprechen jedenfalls die Marxisten vom Eigentum." Und als „Experte" der marxistischen Theorie erklärt er den Kern der revolutionären Lehre des Marxismus-Leninismus so, daß, wenn die Marxisten nach der Aufhebung des Privateigentums streben, sie nicht nur auf die Beseitigung des sachenrechtlichen Eigentums ab-

50 Vgl. J. W. Hedemann, Grundzüge des Wirtschaftsrechts, Mannheim-Berlin-Leipzig 1922; A. Nussbaum, Das neue deutsche Wirtschaftsrecht, Berlin 1920; H. Goldschmidt, Reichswirtschaftsrecht, Berlin 1923.

51 So bestimmt prinzipiell auch die heutige Wirtschaftsrechtslehre das Wirtschaftsrecht (vgl. Begriff und Prinzipien des Wirtschaftsrechts, Frankfurt a. M. 1971, S. 170).

52 J. W. Hedemann, Grundzüge des Wirtschaftsrechts, a. a. O., S. 14; vgl. auch J. W. Hedemann, Deutsches Wirtschaftsrecht. Ein Grundriß, Berlin 1939, S. 205 ff.

53 J. W. Hedemann, Grundzüge des Wirtschaftsrechts, a. a. O., S. 14.

zielen, „sondern das gesamte System der privatrechtlichen Verkehrswirtschaft und die Kompetenz der Rechtsperson innerhalb dieses Systems" abschaffen wollen. Seine Eigentumsauffassung soll, wie er sich im weiteren Text selbst äußert, die marxistische Alternative abwenden, weil sie zeigt, welche „wesentliche gesamtwirtschaftliche Funktion in einem sozialen Rechtsstaat das Eigentum hat".[54]

Zu dieser wie auch zu allen ähnlichen Betrachtungen ist in erster Linie zu bemerken, daß allein schon der Gedanke, irgendeinen weiteren, nunmehr schon dritten „wirtschaftsrechtlichen Eigentumsbegriff" zu konstruieren, völlig absurd ist. Es kann dabei nur entweder um die Bestimmung des allgemeinen Eigentumsbegriffs, um die Bestimmung des Eigentumsrecht in einer bestimmten, historisch gegebenen ökonomischen Gesellschaftsformation oder um die Charakterisierung der in der konkreten Gesellschaftsformation auftretenden Eigentumsarten oder -formen gehen. Wenn es um die Begriffsbestimmung des Privateigentumsrechts geht (was offensichtlich die Absicht der bürgerlichen Theoretiker ist), dann muß die Struktur der kapitalistischen Eigentumsverhältnisse analysiert und auf dieser Grundlage in verallgemeinerter Form eine wissenschaftlich begründete Definition des Privateigentumsrechts deduziert werden. Ginge man so an die Wirklichkeit heran (was von den bürgerlichen Theoretikern kaum zu erwarten ist), würde man, egal ob vom Standpunkt des Zivil-, Verfassungs- oder Wirtschaftsrechts aus, in jedem Falle zur gleichen Begriffsbestimmung des Eigentumsrechts gelangen.

Schon allein aus diesem Blickwinkel kann man die Ansichten der bürgerlichen Wirtschaftsrechtler, die nach einer Bestimmung des „wirtschaftsrechtlichen Begriffs" des Eigentums trachten, nur als Versuch werten, in die Eigentumsproblematik, die für die herrschende Bourgeoisie immer fataler wird, noch mehr Verwirrung hineinzutragen. Das ist gleichzeitig Ausdruck völliger Ausweglosigkeit der bürgerlichen Rechtswissenschaft.

Die Auffassung vom Privateigentum als „Teil der privatautonomen Ordnung, welche selbst auf der Freiheit und der Gleichheit aller Menschen als Rechtspersonen beruht"[55], zeigt, daß bürgerliches Wirtschaftsrecht einer tiefen wissenschaftlichen Analyse der Eigentumsproblematik unfähig ist. Es fällt kein Wort darüber, daß die Grundlage der privatrechtlichen Ordnung die kapitalistischen ökonomischen Eigentumsverhältnisse sind, die auf der Aneignung der Ergebnisse fremder unbezahlter Arbeit beruhen. Einen Ausweg aus diesem Dilemma findet das bürgerliche Wirtschaftsrecht auch nicht durch den Verweis auf seine „gesamtgesellschaftlichen Funktionen im Rechtsstaat"[56]. Gerade dieses Zurückweichen vor der Frage nach dem eigentlichen Inhalt und dem Wesen des Eigentums und

54 F. Rittner, Unternehmensverfassung und Eigentum, in: Gesellschaftsrecht und Unternehmensrecht. Festschrift für W. Schilling, Berlin (West) 1973, S. 381.

55 Ebenda, S. 378.

56 F. Rittner nennt sieben Funktionen des Privateigentums (vgl. F. Rittner, Die Funktionen des Eigentums im sozialen Rechtsstaat des Grundgesetzes, in: Das Eigentum als Fundament der Rechts- und Gesellschaftsordnung, IW – Jahrestagung am 23. 10. 1973 in Bonn, hrsg. vom Institut der deutschen Wirtschaft, 1973, S. 20 ff.).

das Ausweichen auf seine Funktionen ist die Art, sich der Lösung des Problems zu entziehen. Bei der Beurteilung der Funktionen des Eigentums vom Standpunkt des bürgerlichen Rechtsdenkens aus geht es um eine oberflächliche und teilweise verfälschte Beschreibung der äußeren Seiten des Funktionierens des kapitalistischen Systems. In diesem Sinne seien Funktionen des Privateigentums: die Gewährleistung der Machtteilung und die Dezentralisierung in Gesellschaft und Wirtschaft, die Garantie von Gleichheit und Freiheit, von Selbstverantwortung und Selbstentfaltung u. a. Auf den ersten Blick wird ersichtlich, daß es sich um künstliche Gebilde handelt und daß die wirklichen Funktionen des Privateigentums ganz andere sind. Die Realisierung des Privateigentums an Produktionsmitteln führt zu weiterer Konzentration und Zentralisation des Kapitals und damit zu ökonomischer und – davon abgeleiteter – politischer Macht der zahlenmäßig immer kleiner werdenden Schicht der Monopolisten. Dagegen wird die Mehrheit der Bevölkerung vom Zutritt zum Eigentum an Produktionsmitteln ausgeschlossen. Dieser Prozeß erreicht im heutigen Kapitalismus ein enormes Ausmaß.[57] Die Wirkungen des Privateigentums durchdringen alle Sphären des gesellschaftlichen und wirtschaftlichen Lebens einschließlich der Rechtsordnung. Infolgedessen stehen auch solche Kategorien wie Freiheit, Gleichheit, Selbstentfaltung u. a. für die Mehrheit der Bevölkerung, die keine Subjekte des Privateigentums an Produktionsmitteln sind, nur auf dem Papier. Und das nur wegen der Realisierung des Prinzips des Privateigentums.

Was Rittners Interpretation der marxistischen Lehre vom Eigentum betrifft, so handelt es sich um eine Vereinfachung und Entstellung. Die marxistische Lehre geht von einer tiefen wissenschaftlichen Analyse der kapitalistischen Produktionsverhältnisse aus und mündet in die Erkenntnis, daß der einzige Weg zur Lösung des Grundwiderspruchs in der kapitalistischen Gesellschaft über die revolutionäre Beseitigung des Privateigentums an den Produktionsmitteln führt. Die Interpretation von Rittner, derzufolge „das gesamte System der privatrechtlichen Verkehrswirtschaft" beseitigt werden soll, entspricht nicht der marxistischen Forderung nach Aufhebung des kapitalistischen Privateigentums. Die marxistische Forderung hat einen viel tieferen Sinn. Wie schon erläutert, enthält die marxistische Lehre eine eindeutige Erklärung vor allem der ökonomischen Ursachen und Ziele, die zur Aufhebung des kapitalistischen Privateigentums führen. Die gesamte kapitalistische Produktionsweise, die bürgerlichen Produktionsverhältnisse, deren Grundlage die kapitalistischen Eigentumsverhältnisse sind, sollen abgeschafft werden. So nur ist die marxistische Forderung zu verstehen. Von der bürgerlichen Wissenschaft kann man nicht erwarten, daß sie sich präzise und klar dazu äußert, was die Marxisten beseitigen wollen, worum es ihnen dabei geht und welches die Gründe hierfür sind. Denn damit würde sie das eigentliche Wesen des kapitalistischen Eigentums zeigen; und das will sie in gar keinem Falle, deshalb entstellt sie den Sinn der marxistischen Lehre vom Eigentum.

57 Vgl. J. J. Beglov, SŠA: Sobstvennost' i vlast', Moskva 1971, S. 45 ff.

Auch weitere bürgerliche Rechtstheoretiker, die sich zwar der sozialökonomischen Seite des Problems, nicht aber den grundlegenden, sondern nebensächlichen Aspekten des Prozesses der Aneignung von Produktionsmitteln und Produkten zuwenden, gelangen nicht zu einer wirklich wissenschaftlichen Auffassung vom Eigentum.

So unterscheidet z. B. A. Podlech in der gegenwärtigen kapitalistischen Gesellschaft zwei Eigentumsordnungen: eine normative und eine faktische. Während er unter normativer Eigentumsordnung – in Übereinstimmung mit dem vorherrschenden bürgerlichen theoretischen Schema – die Regelung der Rechtsposition des Eigentümers versteht (Erwerb, Inhalt und Schutz), ist die faktische Eigentumsordnung „durch die faktische Verteilung von Eigentümerpositionen über den Gliedern der Gesellschaft und insbesondere über der Teilmenge der wirtschaftenden Subjekte bestimmt"[58]. Anders gesagt, diese faktische Eigentumsordnung besteht in der Distributation des Eigentums auf die Mitglieder der Gesellschaft. Die Eigentumsstruktur der gegenwärtigen kapitalistischen Gesellschaft (wie auch jeder anderen Gesellschaft) ist tatsächlich durch einen bestimmten faktischen Zustand bei der Aufteilung des Vermögens, des gesellschaftlichen Reichtums und so auch der Eigentumsrechtstitel charakterisiert, was Podlechs Aussage „faktische Verteilung von Eigentümerpositionen" entspricht. In der kapitalistischen Gesellschaft ist das ein Zustand der ungleichmäßigen Verteilung des Vermögens. Das ist eine so deutlich in die Augen springende Erscheinung, daß selbst die bürgerlichen Theoretiker nicht umhin können, sie zu erwähnen. Zweifellos hängt auch die ungleichmäßige Verteilung des Vermögens mit dem Privateigentum an den Produktionsmitteln zusammen und offenbart dadurch ebenfalls die Eigentumsordnung der kapitalistischen Gesellschaft. Damit ist allerdings keine Antwort auf die Frage nach den Ursachen dieser ungleichmäßigen Verteilung des Reichtums, dieser Vermögenspolarisation gegeben. Die Gründe dafür hat die marxistische Wissenschaft längst klargelegt. Die marxistische Wissenschaft hat bewiesen, daß die Distribution des Vermögens (des gesellschaftlichen Produkts) in der kapitalistischen, wie in jeder anderen Gesellschaft, direkt von den existierenden Produktionsverhältnissen und namentlich vom Eigentum an den Produktionsmitteln abgeleitet ist. Die Verteilung des Vermögens in der kapitalistischen Gesellschaft ist also direkte unvermeidliche Folge der kapitalistischen Produktionsweise, die auf dem kapitalistischen Privateigentum beruht. Diesen Zustand zwischen Produktion und Verteilung hat Engels im „Anti-Dühring" klar formuliert: „Mit der Art und Weise der Produktion und des Austausches einer bestimmten geschichtlichen Gesellschaft und mit den geschichtlichen Vorbedingungen dieser Gesellschaft ist auch gleichzeitig gegeben die Art und Weise der Verteilung der Produkte."[59]

58 A. Podlech, Eigentum – Entscheidungsstruktur der Gesellschaft, in: Der Staat, 1/76, S. 31.

59 F. Engels, Herrn Eugen Dührings Umwälzung der Wissenschaft („Anti-Dühring"), in: MEW, Bd. 20, a. a. O., S. 137.

Solange die bürgerliche Wissenschaft die Frage nach der Verteilung als selbständig bzw. primär, d. h. von den Produktionsverhältnissen und der Produktionsweise unabhängig behandelt, kann sie nicht zu wissenschaftlich begründeten Aussagen gelangen. Im Grunde genommen ist das auch bei Podlech so, der „die faktische Verteilung von Eigentümerpositionen" in der Gesellschaft nur in Beziehung zur Rechtsform des Eigentums untersucht und nicht im Zusammenhang mit der Produktion und den Produktionsverhältnissen. In der Darstellung dieses bürgerlichen Rechtstheoretikers wird die Beziehung einer lediglich sekundären ökonomischen Erscheinung als Erscheinung des rechtlichen Überbaus bewertet, wobei beide durch die ökonomischen Verhältnisse des Eigentums an den Produktionsmitteln bedingt sind – eine auf der Ebene der Basis und die andere auf der des Überbaus.

Eine solche Art und Weise der Analyse der Eigentumsproblematik kann sich die bürgerliche Theorie gerade noch erlauben, weil sie damit den Grundwiderspruch der kapitalistischen Gesellschaft, der aus den ökonomischen Eigentumsverhältnissen resultiert, umgehen kann. Deshalb ist in der bürgerlichen Rechts- und Wirtschaftswissenschaft die Kritik der „ungerechten Verteilung des Vermögens" allgemein verbreitet. Hiervon ausgehend, werden zahlreiche Reformvorschläge konstruiert, die als „zuverlässige" Mittel zur Abschaffung der „ungerechten Verteilung" des Vermögens angepriesen werden. Da alle diese Vorschläge denselben theoretischen Ausgangspunkt haben, beinhaltet keiner von ihnen die Forderung nach einer Veränderung der Produktionsweise und der Produktionsverhältnisse, vor allem der Eigentumsverhältnisse. Ihre Wirksamkeit ist entsprechend.

In der bürgerlichen Rechtslehre fehlt es an einer wissenschaftlichen Differenzierung des Privateigentums nach Objekt und Subjekt. Nach der bürgerlichen Konstruktion des Privateigentumsrechts sind die Eigentümerbefugnisse des Kapitalisten, der sich das Eigentum durch Ausbeutung aneignet, identisch mit den Befugnissen des Eigentümers, der das Eigentum durch Aneignung der Ergebnisse seiner eigenen Arbeit erwirbt.

Diese Auffassung wird auch durch die bürgerliche Regelung des Eigentums unterstützt, die nicht zuletzt durch ihre Abstraktheit eine Verschleierung des sozialökonomischen Unterschieds zwischen dem kapitalistischen Eigentum an den Produktionsmitteln und dem Eigentum des Arbeiters an Gebrauchsgegenständen ermöglicht.[60] Dementsprechend hält die bürgerliche Rechtswissenschaft in der BRD an ihrem Standpunkt des nichtdifferenzierten abstrakten Eigentumsbegriffs fest, wobei sie sich auf die Regelung des Eigentumsrechts in der Verfassung und dem BGB beruft. Zu dieser Frage äußert sich einer der führenden BRD-Theoretiker zu Eigentumsproblemen, P. Badura, unter verfassungsrechtlichem Aspekt. Er meint, daß die Verfassung schlechthin das Eigentum gewährleistet und daß „weder die soziale Lage des Eigentümers noch die gesellschaftliche Bedeutung einer einzelnen Eigentumsart ... auf den sachlichen Geltungs-

60 Vgl. A. W. Tumanow, Bürgerliche Rechtsideologie, a. a. O., S. 36.

bereich der Eigentumsgarantie" von Einfluß ist.[61] Dieselbe Meinung vertritt auch W. Leisner.[62]

Nach dieser mit dem Grundgesetz der BRD begründeten Auffassung ist es somit belanglos, ob es um das Eigentum des Kapitalisten an einer Fabrik oder an einem ganzen Industriekomplex geht oder ob es sich um das Eigentum eines Arbeiters an Kühlschrank, Radio, Fernsehgerät oder ähnlichem handelt. Das Entstehen solcher oder ähnlicher Auffassungen ist nicht zufällig.

Die bürgerliche Rechtswissenschaft ist nicht in der Lage, zwischen Eigentum, das durch Ausbeutung entsteht, und Eigentum, bei dem es nicht zur Ausbeutung fremder Arbeitskraft kommt, zu unterscheiden. Zu dieser Unterscheidung kann sie nicht gelangen, weil ihre Anschauung über das Eigentum durch den Fetischcharakter der Ware verschleiert ist, wobei ein bestimmtes gesellschaftliches Verhältnis, nämlich das Verhältnis zwischen den Menschen, in ihren Augen, wie Marx sagt, „die phantasmagorische Form eines Verhältnisses von Dingen annimmt"[63]. Deshalb sehen sie nur die Sachen und die Befugnisse des Eigentümers, sich an ihnen festzuhalten, und nicht die gesellschaftlichen Verhältnisse in der Produktion, in der die Dinge verwendet werden.

Auch die in der bürgerlichen Literatur manchmal anzutreffende Unterscheidung verschiedener sog. Eigentumsarten (z. B. Eigentum an gewerblichen Unternehmen, an Grund und Boden) überschreitet nicht diesen Rahmen. Diese Unterscheidung bleibt in den Fesseln des Fetischismus der Dinge stecken. Sie geht hauptsächlich von natürlichen Eigenschaften der Sachen bzw. von quantitativen Kriterien (kleines bzw. großes Eigentum) aus, dringt nicht bis zum Wesen der Erscheinung vor und hat daher nur symbolische, hypothetische und terminologische Bedeutung. Die sog. Eigentumsarten finden im übrigen in der bürgerlichen Gesetzgebung keine Berücksichtigung.

Demgegenüber betrachtet die marxistisch-leninistische Lehre in diesem Zusammenhang den Charakter der Sachen nicht als natürliche Eigenschaft der Dinge selbst, sondern als Folge gesellschaftlich-ökonomischer Verhältnisse der Produktion und der Verteilung. Zum Beispiel ermöglicht es der Einsatz von Produktionsmitteln in Verbindung mit Lohnarbeit dem Kapitalisten, sich im Produktionsprozeß Mehrwert anzueignen und dadurch fremde, unbezahlte Arbeit auszubeuten. Die Nutzung der gleichen Produktionsmittel erfolgt durch einen Handwerker grundsätzlich in der selben Art und Weise wie durch ein Großunternehmen, allerdings ohne Einsatz fremder Arbeitskraft und somit ohne Ausbeutung.[64]

61 P. Badura, Eigentum im Verfassungsrecht der Gegenwart, in: Verhandlung des 49. DJT, Bd. II (Sitzungsberichte), München 1972, S. 11; dazu G. Stuby, Der Eigentumsbegriff des Grundgesetzes und seine normativen Anforderungen für die Gegenwart, in: Demokratie und Recht, 2/1974, S. 157 ff.

62 Vgl. O. Issing/W. Leisner, „Kleineres Eigentum", Göttingen 1976, S. 51.

63 K. Marx, Das Kapital, Erster Band, in: MEW, Bd. 23, a. a. O., S. 86.

64 Vgl. A. Lemnitz/R. Reichenberg, Zur Behandlung der Kategorie Eigentum in der Lehre der politischen Ökonomie des Kapitalismus, in: Wirtschaftswissenschaft, 5/1976, S. 692 ff.

Die Klassiker des Marxismus haben auf der Grundlage einer Analyse der ökonomischen Struktur des Aneignungsprozesses, in dem die Produktion immer den Primat gegenüber der Konsumtion hat, zwischen dem Eigentum an den Produktionsmitteln und den Gebrauchsgegenständen unterschieden. Diese Unterscheidung hat für die Lösung der Eigentumsfrage prinzipielle Bedeutung.

Wie erwähnt, begreifen die bürgerliche Rechtswissenschaft und die Gesetzgebung grundsätzlich das ganze Eigentum als Privateigentum. Dieser Aspekt der Rechtstheorie und der Gesetzgebung in der kapitalistischen Gesellschaft ist nicht ganz so bedeutungslos, wie das auf den ersten Blick scheinen mag. Es ist gerade in der gegenwärtigen politischen Situation, die durch eine scharfe ideologische Auseinandersetzung zwischen den Kräften des Sozialismus und des Kapitalismus gekennzeichnet ist, von erheblicher ideologischer Tragweite.

Die bürgerliche Ideologie versucht, gerade die Konstruktion des einheitlichen Privateigentums als ein Argument zu mißbrauchen, mit dem bei den Werktätigen kapitalistischer Länder Angst vor der sozialistischen Revolution hervorgerufen werden soll. Man erklärt, daß die sozialistische Revolution das Privateigentum als solches zerstöre, was folglich auch ein Einschreiten gegen das nichtausbeuterische Kleineigentum bedeute. „Jeder Schlag", sagt Leisner, „gegen eine Art von Eigentum trifft im Grunde alle Eigentümer, entwertet alles Eigentum – kein kleinerer Eigentümer kann wissen, wann er an die Reihe kommt, in der Regel dann unentrinnbar."[65]

Man ist bestrebt, die werktätigen Massen auf diese Weise von der auf der Tagesordnung stehenden sozialistischen Revolution abzulenken.[66] Hierbei nutzt man die bei Teilen der Bevölkerung kapitalistischer Länder vorhandene relative Unkenntnis über den faktischen Aufbau des Sozialismus in den sozialistischen Staaten aus. Bei derartigen Betrachtungen handelt es sich um haltlose Konstruktionen, für die man weder in der Lehre des Marxismus-Leninismus noch im praktischen Aufbau des Sozialismus Anhaltspunkte findet. In keinem Werk der Klassiker des Marxismus-Leninismus begegnet man der Forderung nach Liquidierung jeglichen in der kapitalistischen Gesellschaft erworbenen Eigentums. Es geht immer nur um das kapitalistische Privateigentum an den Produktionsmitteln. Marx und Engels nahmen zu dieser Frage schon im „Manifest der Kommunistischen Partei" eindeutig Stellung, als sie schrieben: „Die Abschaffung bisheriger Eigentumsverhältnisse ist nichts den Kommunismus eigentümlich Bezeichnendes ... Was den Kommunisten auszeichnet, ist nicht die Abschaffung des Eigentums überhaupt, sondern die Abschaffung des bürgerlichen Eigentums."[67]

65 O. Issing/W. Leisner, „Kleineres Eigentum", a. a. O., S. 88.

66 Ausgehend von der Konstruktion eines einzigen und einheitlichen Privateigentums soll die Arbeiterbewegung diskreditiert und der Anschein erweckt werden, daß die Kommunisten Gegner jeglichen Eigentums seien. Es soll damit vom Kampf gegen das kapitalistische Eigentum abgelenkt werden.

67 K. Marx/F. Engels, Manifest der Kommunistischen Partei, in: MEW, Bd. 4, a. a. O., S. 475.

In diesem Sinne stellen die kommunistischen Parteien kapitalistischer Länder ein klares Kampfprogramm für tiefgreifende sozial-ökonomische Veränderungen auf, die für die Werktätigen eine immer größere Anziehungskraft haben.

„Wir Kommunisten", schrieb der französische Arbeiterführer Maurice Thorez, „haben oft auseinandergesetzt, daß wir keine Gegner jeden Eigentums sind. In einem Schreiben an den Parteitag der radikalen Partei hatten wir erklärt, ‚das Privateigentum, das die Frucht der Arbeit und Sparsamkeit ist, sei zu achten'. Nur gegen das kapitalistische Eigentum erheben wir uns, gegen das Vorrecht, das es einer Minderheit von Parasiten gestattet, die Arbeit von Millionen und aber Millionen Menschen auszubeuten und sich den Nationalreichtum anzueignen. Nicht der Kommunismus vertreibt den Bauern von seinem Grund und Boden, den Kaufmann aus seinem Laden. Nicht der Kommunismus ruiniert die kleinen und mittleren Fabrikanten, die der Konkurrenz der Truste erliegen. Nicht der Kommunismus entfacht den Klassenkampf. Sondern der Kapitalismus ist es, der das Eigentum der kleinen Leute, um sich seiner zu bemächtigen, zugrunde richtet, der die Arbeitskraft des Proletariats zu einem Spottpreis kauft und seinen Zwangs- und Unterdrückungsapparat auf ihm lasten läßt. Der Krieg, die Wirtschaftskrise, die Arbeitslosigkeit, die Enteignung und der Ruin des Mittelstandes sind nicht unsere Schuld. Sie sind Folgen des privaten Eigentums an den großen Produktionsmitteln, das früher ein Ansporn, zu einem Hemmschuh für das Wirtschaftsleben und den Fortschritt geworden ist. Das Eigentum an den großen Produktionsmitteln ist das einzige, das sozialisiert werden muß, wenn man den Grundstein zu einer vernünftigen Wirtschaft legen will."[68]

Die marxistische Lehre setzt voraus (und in den sozialistischen Ländern wird diese Voraussetzung zur Wirklichkeit), daß sich auf dem Boden sozialistischen Eigentums an den Produktionsmitteln eine qualitativ neue Art des individuellen, seines Charakters nach persönlichen Gebrauchseigentum herausbildet.[69] Im Sozialismus hat das persönliche Eigentum die Perspektive von weiterem Anwachsen und weiterer Entwicklung.

Die bürgerliche Rechtswissenschaft wird durch ein ahistorisches Herangehen an die Untersuchung des Eigentums charakterisiert. Sie erkennt die inneren Zusammenhänge zwischen den sich entwickelnden Produktivkräften und den ökonomischen Verhältnissen des Eigentums nicht und versperrt sich damit den Weg, die historischen Bedingungen der Entstehung des Privateigentums und somit auch die historische Unvermeidlichkeit seines Untergangs begreifen zu können. Ein oberflächliches und quantitatives Herangehen an die Bewertung der gesellschaftlichen Verhältnisse führt dazu, daß das Eigentum überhaupt mit dem Privateigentum gleichgesetzt wird. In dieser Hinsicht finden wir zwischen

68 M. Thorez, Ein Sohn des Volkes, Berlin 1961, S. 92/93.

69 Vgl. P. Colotka, Osobné vlastnictvo I, Bratislava 1956, S. 147 ff.; R. O. Chalfina, Das persönliche Eigentumsrecht in der UdSSR, Moskau 1976, S. 3; O. S. Ioffe, Sovetskoe grazdanskoe pravo, Moskva 1976, S. 44 ff.; J. Lazar, The Individual As Owner, in: Bulletin of Czechoslovak Law, 1978, 1/2, S. 9 ff.

den Ansichten heutiger bürgerlicher Theoretiker und ihrer Vorgänger aus dem 19. Jahrhundert keinen wesentlichen Unterschied.[70]

Sofern die heutige bürgerliche Theorie eine historische Entwicklung des Eigentums anerkennt, versteht sie diese faktisch und in erster Linie als Teil der Entwicklung der Rechtsordnung, als Entwicklung von Ideen ohne direkte Abhängigkeit von der Entwicklung der Produktivkräfte und der Produktionsverhältnisse als der ökonomischen Grundlage des Eigentums. In diesem Sinne faßt auch der BRD-Rechtstheoretiker E. Stein die Veränderung des Eigentumsrechts auf: „Das Eigentum ist von der nationalen Rechtsordnung abhängig und als geistig-geschichtliche Wirklichkeit der Entwicklung unterworfen."[71]

In der ahistorischen Auffassung vom Eigentum kommt das idealistische Herangehen der bürgerlichen Rechtswissenschaft am deutlichsten zum Ausdruck. An die Stelle des Primats der materiellen Verhältnisse wird der Primat des Geistes, des Denkens, der Idee gesetzt. Das bedeutet, daß man an die Bewertung der gesellschaftlichen Erscheinung des Eigentums einseitig herangeht, indem man ihre rechtliche (Überbau-)Seite verabsolutiert und so ein verzerrtes Bild von der objektiven Realität zeichnet.

Das Recht – eingeschlossen das Eigentumsrecht – hat jedoch keine von der allgemeinen Gesellschaftsentwicklung unabhängige Geschichte[72]; „seine Herauslösung aus den gesamtgesellschaftlichen Wechselbeziehungen . . . (führt) unweigerlich zum Wesensverlust des Untersuchungsobjekts"[73].

W. I. Lenin charakterisierte das Wesen des philosophischen Idealismus treffend, als er in den „Philosophischen Heften" bemerkte: „Dagegen ist der philosophische Idealismus vom Standpunkt des *dialektischen* Materialismus eine *einseitige*, übertriebene, /überschwengliche/ (Dietzgen)Entwicklung (Aufbauschen,. Aufblähen) eines der Züge, einer der Seiten, der Grenzen der Erkenntnis zu einem von der Materie, von der Natur *losgelösten*, vergotteten Absolutum."[74]

Das idealistische Herangehen an die objektive Realität läßt nicht erkennen,

70 Als Beispiel alter Anschauungen der bürgerlichen Rechtswissenschaft führen wir einen bekannten Ausspruch des reaktionären deutschen Theoretikers R. Ihering, an, der sagte: „Das Privateigentum und das Erbrecht werden stets bestehen bleiben, und auf die Beseitigung desselben gerichtete sozialistische und kommunistische Ideen halte ich für eitle Thorheit" (R. Ihering, Der Zweck im Recht, Leipzig 1893, S. 533). Die Enzyklika des Papstes Johannes XXIII. „Mater et Magistra" hebt hervor, daß das Recht auf Privateigentum „für alle Zeiten gültig ist" (Die Sozialenzyklika Papst Johannes XXIII. Mater et Magistra, über die jüngsten Entwicklungen des gesellschaftlichen Lebens und seine Gestaltung im Lichte der christlichen Lehre, Freiburg-Basel-Wien 1962, Artikel 109, S. 143, 144).

71 E. Stein, Zur Wandlung des Eigentumsbegriffes, in: Festschrift für Gebhard Müller, Tübingen 1970, S. 503; vgl. auch L. Raiser, Das Eigentum als Rechtsbegriff in den Rechten West- und Osteuropas, in: Rabelsz, 2/1961, S. 230.

72 Vgl. K. Marx/F. Engels, Die deutsche Ideologie, in MEW, Bd. 3, a. a. O., S. 63.

73 H. Klenner, Rechtsleere – Verurteilung der Reinen Rechtslehre, a. a. O., S. 13.

74 W. I. Lenin, Philosophische Hefte, in: Werke, Bd. 38, Berlin 1964, S. 344.

was die Ursache dieser oder jener gesellschaftlichen Erscheinung ist und worin ihre Veränderungen begründet liegen. Die Aversion, in das Wesen gesellschaftlicher Prozesse einzudringen, und die Hervorhebung nur einer Seite des Eigentums hat eindeutig apologetischen Charakter und dient dem Schutz des Eigentumsmonopols an den Produktionsmitteln für die Klasse der Bourgeoisie, die nicht begreifen will, daß der historische Moment herangereift ist, zu dem sie abtreten muß.

KAPITEL II

Die Konzeption von der „Transformation" des kapitalistischen Eigentums durch neue Rechtsformen

1. Allgemeine Voraussetzungen für das Entstehen der Konzeption

Unter den Eigentumsformen, die in dem heutigen Wirtschaftssystem der hochentwickelten kapitalistischen Länder existieren, hat sich besonders die der Aktiengesellschaft (zusammen mit weiteren Formen von Kapitalgesellschaften) als die herrschende Eigentumsform bestätigt.[1] Die Aktiengesellschaft entspricht der Natur des Monopolkapitalismus am meisten, und sie hat sich für die monopolistischen Großbetriebe und für die Konzentration des Kapitals als besonders geeignet erwiesen.[2] Die Monopole dringen mit Hilfe dieser Rechtsform in alle Bereiche der Wirtschaft ein und bemächtigen sich dort der Schlüsselstellungen.

In den Aktiengesellschaften verläuft ein Prozeß der Scheidung von fungierendem und Geldkapital und der Trennung der Funktion des Kapitals vom Eigentum. Die bürgerlichen Autoren versuchen diese Erscheinung der Monopolisierung und der Anonymisierung des Eigentums als einen Prozeß der Verschiebung der wirtschaftlichen und politischen Macht von den Kapitaleigentümern zu den Managern zu interpretieren. Sie behaupten, daß sich das Eigentum in den Aktiengesellschaften bzw. den anderen Kapitalgesellschaften „qualitativ" grundlegend geändert habe.[3] Von dieser theoretischen Konstruktion gehen beinahe alle bürgerlichen Rechtswissenschaftler, Ökonomen, Soziologen und Politologen, die sich mit der Problematik des Eigentums beschäftigen, aus.[4] Mit dem Gedanken von der „Transformation" des Eigentums durch die Rechts-

1 Vgl. Politische Ökonomie des heutigen Monopolkapitalismus, Berlin 1972, S. 231.

2 Vgl. Marxistisch-leninistische allgemeine Theorie des Staates und des Rechtes, Bd. 2, Berlin 1974, S. 326/327.

3 Eine ausführliche marxistische Analyse und Kritik vgl. J. Lazar, Zur Kritik der bürgerlichen Konzeption von der „Transformation" des Eigentums durch Rechtsformen der Kapitalgesellschaften, in: Staat und Recht, 3/1977, S. 298–299.

4 Von der Übereinstimmung der Meinung der bürgerlichen Theoretiker in dieser Frage spricht ausdrücklich E. S. Mason, The Corporation in Modern Society, Cambridge 1959, S. 4; vgl. ferner E. Benda, Industrielle Herrschaft und sozialer Staat, Göttingen 1966, S. 324 (Benda spricht in diesem Zusammenhang von der „Aushöhlung des alten Eigentumsbegriffs durch Formen der Kapitalgesellschaften, die typisch in den Großunternehmen sind"); D. Suhr, Eigentumsinstitut und Aktieneigentum. Eine verfassungsrechtliche Analyse der Grundstruktur des aktienrechtlichen organisierten Eigentums, Hamburg 1966, S. 39; H. J. Vogel, Kon-

formen der Kapitalgesellschaften traten als erste die bürgerlichen Theoretiker A. A. Berle und C. C. Means hervor. Nach ihrer Meinung wurde im modernen „korporativen" System (gemeint sind Aktiengesellschaften, J. L.) das „unteilbare Atom des Eigentums" zertrümmert, aufgrund dessen die Eigentümer bis dahin die Unternehmen im eigenen Interesse verwalteten, und die Mehrzahl der Eigentümer verwandelte sich in passive Einleger von Geld. Nach Berle und Means verliert der nominale Eigentümer, d. h. der Aktionär, immer mehr seiner Rechte, bis er zuletzt überhaupt kein Kontrollrecht über das Eigentum mehr besitzt. Dem Aktionär kann die Kontrolle über sein Eigentum auf fünffache Weise entzogen werden.[5]

Berle hat später diese Thesen um die Behauptung erweitert, daß die kapitalistische Wirtschaft im 20. Jahrhundert infolge der Entwicklung der Aktiengesellschaften eine den weiteren Aufschwung des Kapitalismus sichernde Revolution durchgemacht habe. Seiner Ansicht nach hat die Entwicklung der Aktiengesellschaften zu einer Abtrennung der Macht vom Eigentum (die Macht sei von den Eigentümern auf die Manager übergegangen) sowie zur Vergesellschaftung des Kapitals geführt, da die Aktien unter Millionen von Menschen zerstreut wurden. Damit sei das eigentliche Wesen des Kapitalismus qualitativ verändert worden. Er sagt weiter, daß das Kapital und der Kapitalismus auch weiterhin bestehen bleiben werden, obwohl der Faktor Kapitalist weitestgehend verschwunden sei.[6]

Die Konsequenzen der Trennung der Macht vom Eigentum hat J. Burnham später weiter geführt, als er behauptete, daß aufgrund der in den Aktiengesellschaften verlaufenden Entwicklung die Manager auch in gesamtgesellschaftlicher Hinsicht den Platz der privaten kapitalistischen Eigentümer eingenommen hätten und daß sich infolgedessen die kapitalistische Gesellschaft in eine Managergesellschaft verwandelt habe.[7]

tinuität und Wandlungen der Eigentumsverfassung, Berlin (West)- New York 1976, S. 17/18; F. Wilken, Die Entmachtung des Kapitals durch neue Eigentumsformen, Heidelberg 1959, S. 22 ff.; F. Negro, Das Eigentum, München 1963, S. 232; G. Rinck, Wirtschaftsrecht, Köln-Berlin (West)-Bonn-München 1974, S. 21; A. Burghardt, Eigentumsethik und Eigentumsrevisionismus, München 1955, S. 218; B. Molitor, Eigentum I, Soziologie des Eigentums, in: Handwörterbuch der Sozialwissenschaften, Bd. 3, Stuttgart-Tübingen-Göttingen 1961, S. 3; O. Nell-Breuning, Eigentum und Verfügungsgewalt in der modernen Gesellschaft, in: Gewerkschaftliche Monatshefte, August 1956, S. 474 ff.; Ist Eigentum eine Ordnungsmacht?, ebenda, August 1958, S. 463 ff.

5 Vgl. A. A. Berle/C. C. Means, The Modern Corporation and Private Property, New York 1934, S. 351 f.

6 Vgl. A. A. Berle, The 20-th Century Capitalist Revolution, New York 1954, S. 14, 24.

7 Vgl. J. Burnham, The Managerial Revolution, New York 1941, S. 70 f.

2. Die Auffassungen der bürgerlichen Rechtslehre von der „Transformation" des Eigentums

Die Grundthese der theoretischen Konzeption von der „Transformation" des kapitalistischen Eigentums geht von der Behauptung aus, daß die Entwicklung der Aktien- und anderer Kapitalgesellschaften unter den Bedingungen des technischen Fortschritts in den hochentwickelten kapitalistischen Ländern eine Umwandlung des Eigentums- und Wirtschaftssystems hervorgebracht habe, wodurch die aus dem Eigentum erwachsende Macht aus den Händen der Aktionäre in die der Manager bzw. der „Technostruktur" übergegangen sei. Letztere seien unabhängig vom Kapital und von den Kapitalisten dazu fähig, die Eigentümerbefugnisse im gesellschaftlichen Interesse auszuüben.

Nach Meinung bürgerlicher Autoren verstärkt sich unter den gegenwärtigen Bedingungen der Entwicklung des Kapitalismus, die durch die wissenschaftlich-technische Revolution und die weitere Monopolisierung der Produktion charakterisiert wird, die Tendenz der Verschiebung der wirtschaftlichen und politischen Macht von den Eigentümern auf die Manager noch weiter. J. K. Galbraith „beschreibt" diesen „Prozeß" anhand des Beispiels der riesigen Aktiengesellschaften sehr plastisch und bis in die kleinsten Details. Nach Galbraith verschieben sich die Machbefugnisse von den Eigentümern auf die „Technostruktur" deshalb, weil die Eigentümer der modernen industriellen Großunternehmen nicht mehr über die erforderlichen Fachkenntnisse verfügen. In den Unternehmen entscheiden daher nur jene, die diese Kenntnisse besitzen, und das seien die Angehörigen der „Technostruktur". Ihnen obliegen die Entscheidungen über alle Fragen der Produktion und des Einsatzes der Produktionsmittel. Die Stellung der „Technostruktur" werde darüber hinaus auch noch dadurch gefestigt, daß die Vergrößerung der Unternehmen, das Wachsen des Kapitals der Aktiengesellschaften und die damit verbundene steigende Zahl von Aktionären zur Folge haben, daß der durchschnittliche Anteil der einzelnen Aktionäre am Gesamtvermögen der Aktiengesellschaften immer kleiner wird und sich dadurch auch die Möglichkeit der Einflußnahme auf die Tätigkeit der Gesellschaften und ihrer Organe immer weiter reduziert. Deshalb anerkenne ein so wichtiges Organ der Gesellschaft wie der Aufsichtsrat, daß seine Macht vom Management und nicht von den Aktionären stamme.[8] „Auf der höchsten Entwicklungsstufe", sagt Galbraith, „wie sie von General Motors, General Electric, Shell, Unilever oder IBM verkörpert wird, ist die Technostruktur allmächtig ... Die Macht der Kapitaleigner, das heißt der Aktionäre, ist gleich null."[9]

Vom Standpunkt dieser bürgerlichen Konzeption kommt es in der Aktienform des Eigentums zu weitgehenden Veränderungen im eigentlichen subjektiven Eigentumsrecht. Laut W. Friedmann muß jede Untersuchung des Eigen-

8 Vgl. J. K. Galbraith, Wirtschaft für Staat und Gesellschaft, München-Zürich 1974, S. 107.

9 Ebenda, S. 59.

tumsrechts in bezug auf die gegenwärtigen Formen der kapitalistischen Unternehmertätigkeit davon ausgehen, daß das Eigentumsrecht in das Genußrecht und das Kontrollrecht zerfällt; die beiden Aspekte des Eigentumsrechts wären nur unter den Bedingungen der einfachen Warenproduktion, als das Eigentum noch mit der Macht über Menschen verbunden war, identisch gewesen und im vollen Umfang vom eigentlichen Eigentümer ausgeübt worden. Die Situation wäre im heutigen Kapitalismus, in dem die gesellschaftlichen Unternehmen die ganze Sphäre der Industrie und des Handels beherrschen, völlig anders. Der Eigentumstitel sei von den Kontrollbefugnissen getrennt, und in der modernen industriellen Organisation übten die Eigentümer ihre Eigentümerbefugnisse meistens nicht mehr aus. Friedmann beendet seine Betrachtungen über die Wandlungen des subjektiven Eigentumsrechts unter den Bedingungen der modernen industriellen Kapitalgesellschaften mit der folgenden, vom Standpunkt unserer Analyse bedeutsamen Feststellung: „Die früher zwangsläufig mit dem Eigentum verbundenen Befugnisse sind heute großenteils auf jene übergegangen, die – ohne notwendigerweise Eigentümer zu sein – eine Vielzahl von Aktionären oder Teilhabern eines Unternehmens kontrollieren und leiten können, mag dies nun eine Folge der Aufsplitterung des Eigentums, der Gleichgültigkeit, der geschickten Manipulation, der Zentralisation der technischen und verwaltungstechnischen Kontrolle auf die Geschäftsleitung oder eine Kombination all dieser Faktoren sein."[10]

Auch wenn die bürgerliche Rechtswissenschaft die Problematik des Eigentums aus einem weiteren Gesichtswinkel und im Zusammenhang mit der allgemeinen Wandlung der Eigentumsfunktionen im heutigen Kapitalismus untersucht, stets wird die zunehmende Bedeutung der Trennung der Eigentümerbefugnisse vom Eigentum und von den Eigentümern der Großunternehmen hervorgehoben. Nach Äußerung von H. Sendler verschwindet in jüngster Zeit ein solches Eigentum, das der Eigentümer mit eigener Leistung und auf seine eigene Verantwortung realisiert. Der frühere Zustand komme heute nur noch bei den kleinen und mittleren Unternehmen vor. „Im wirtschaftlich interessantesten Bereich der Großbetriebe", sagt er, „ist dieses Unternehmereigentum inzwischen gänzlich aufgespalten zwischen den meist anonymen Anteilsinhabern und der Unternehmensführung durch die sogenannten Manager. Die eigene Leistung, die den Unternehmer bei der Arbeit mit den ihm gehörigen Produktionsmitteln verband und gewiß auch legitimierende Funktion hatte, ist also vom Eigentümer auf einen anderen Personenkreis übergegangen."[11] Infolgedessen ist, wie E. Stein meint, aus dem Eigentum angeblich auch „das spezifische Eigentumsinteresse verschwunden"[12].

10 W. Friedmann, Recht und sozialer Wandel, Frankfurt a. M. 1969, S. 85.

11 H. Sendler, Zum Wandel der Auffassung vom Eigentum, in: Die öffentliche Verwaltung, 3/1974, S. 75.

12 E. Stein, Zur Wandlung des Eigentumsbegriffes, in: Festschrift für Gebhard Müller, Tübingen 1970, S. 505.

Auf dieser Grundlage liefern die bürgerlichen Theoretiker Konstruktionen, wonach die Manager ihre Verfügungs- und Verwaltungsbefugnisse hinsichtlich der Produktionsmittel nicht vom Eigentum ableiten. Die Manager hätten angeblich eine andere „Legitimationsbasis", die vorwiegend von den eigenen Leistungen abhängig sei. Was die Frage betrifft, in wessen Interesse die Manager ihre Macht ausüben, so behaupten sie, daß die Machtbefugnisse in den Aktiengesellschaften im Interesse aller Teilnehmer des Arbeitsprozesses bzw. – auf gesamtgesellschaftlicher Ebene – im Interesse aller Schichten der Bevölkerung realisiert würden. Laut Galbraith ist das Interesse der Manager bei der Machtausübung in den Aktiengesellschaften auf die Erreichung der Prosperität gerichtet, denn nur so sicherten sie sich den eigenen Schutz und die Selbstbestätigung. Diese Grundziele erfüllend brächten die Manager bei der Ausübung ihrer Macht allen Interessierten Nutzen: den Aktionären, Arbeitern, dem Staat und der Gesellschaft.[13]

Dieselbe Meinung vertritt auch H. J. Vogel. Er sagt, daß die Geschäftsführer (Manager) nicht nur „den Interessen der Aktionäre, sondern auch den langfristigen Interessen der Gesellschaft, den Gläubigerinteressen und dem Wohl der Arbeitnehmer und der Allgemeinheit verpflichtet sind"[14].

Die *Funktion* dieser theoretischen Konstruktionen besteht vor allem in der Apologie der kapitalistischen Eigentumsordnung und damit des kapitalistischen Gesellschaftssystems.[15] Sie sollen die Werktätigen der eigenen kapitalistischen Länder davon überzeugen, daß sich der gegenwärtige Kapitalismus in seiner Qualität gewandelt und das Privateigentum keinen ausbeuterischen Charakter mehr habe, daß es allen Schichten der kapitalistischen Gesellschaft und daher auch den Werktätigen diene. Dem gilt vor allem die Schlußfolgerung, daß zugleich mit der Tendenz der Trennung des Eigentums von seiner Verwaltung und Kontrolle in den Aktiengesellschaften die gesellschaftliche Relevanz des Eigentums an den Produktionsmitteln verschwinde. Das Eigentum trete als selbständiges Institut in den Hintergrund und verliere an Bedeutung. P. F. Drucker behauptet, daß das Eigentum heute nicht mehr wichtig sei, daß die Bedeutung der Kontrolle überwiege, die vom Eigentumsrecht[16] abgetrennt und unabhängig sei.

Sie behaupten, daß die ganze Privateigentumsordnung an den Produktionsmitteln verschwunden sei und daß das kapitalistische System nur noch scheinbar auf dem Privateigentum beruhe. Berle sagt, daß zwar der Eindruck bleibe, als ob sich das amerikanische System auf dem Privateigentum gründe, dies entspreche jedoch nicht der Wirklichkeit, da die Masse des industriellen Eigentums nicht privater sei, als ein Platz in der Untergrundbahn. Der „Kollektivis-

13 Vgl. J. K. Galbraith, Wirtschaft für Staat und Gesellschaft, a. a. O., S. 59/60, 107.

14 H. J. Vogel, Kontinuität und Verwandlungen der Eigentumsverfassung, a. a. O., S. 25.

15 Vgl. D. M. Gvišiani, Management, Berlin 1974, S. 253.

16 Vgl. P. F. Drucker, The New Society, New York 1962, S. 351.

mus" werde eine Realität, da zwei Drittel der amerikanischen Unternehmen schon nicht mehr privat, sondern kollektiv seien.[17]

Aus der Tatsache, daß neue Formen des Eigentums (Eigentum der Aktiengesellschaften) überwiegen, schlußfolgert G. Rinck, daß sich eine qualitative Umwandlung des ganzen Wirtschaftssystems vollzogen habe. Er behauptet, daß „Der Gegensatz zwischen Kapitalismus und Sozialismus, wie ihn Karl Marx gelehrt hat", nicht mehr aktuell sei; dieser gehöre „in der Bundesrepublik einer vergangenen Epoche an. Das Eigentum an den Produktionsmitteln ist nicht länger ein großes Problem, zumal die Höhe des Einkommens nicht mehr von dem Eigentum abhängt. In der Mitte des 20. Jahrhunderts haben sich neue Formen des Eigentums entwickelt. Aktiengesellschaften mit Zehntausenden von Aktionären (die Veba hat 1,2 Mio Aktionäre) besitzen einen Teil der Produktionsmittel . . . Das Eigentum an den Produktionsmitteln hat dafür keine Bedeutung mehr."[18]

Die Spitze dieser theoretischen Konstruktionen richtet sich in erster Linie gegen die Grundthese der marxistisch-leninistischen Lehre von der Unvermeidlichkeit der Vergesellschaftung der Produktionsmittel durch die revolutionäre Enteignung der Kapitalisten. Mit der Entwertung der Bedeutung des Eigentums im gegenwärtigen Kapitalismus soll der Anschein erweckt werden, daß es überflüssig sei, das Eigentumsproblem durch die Enteignung der Kapitalisten zu lösen, wie dies die Marxisten vorschlagen. Nach Auffassung der bürgerlichen Theoretiker besteht das Hauptproblem des heutigen Kapitalismus angeblich nicht mehr in der Existenz des kapitalistischen Eigentums und der darauf begründeten Ausbeutung der Arbeiterklasse durch die Klasse der Kapitalisten.[19] Entsprechend der Logik dieser Erwägungen würde sich durch die Abschaffung des kapitalistischen Eigentums die Lage der Arbeiterklasse nicht ändern, und deshalb kämen für die Arbeiterklasse andere Lösungen in Betracht, mit denen man ihr helfen könne. Das Problem der wirtschaftlichen Macht müsse man zwar lösen, aber auf ganz andere Weise, unabhängig vom Eigentum. Rinck drückt diesen Gedanken folgendermaßen aus: „An die Stelle der weithin überholten marxistischen Fragestellungen sind heute zwei andere Probleme getreten: die Spannung zwischen unternehmerischer Freiheit und staatlicher Lenkung, und als zweites der gruppenweise organisierte Kampf um den Anteil am Sozialprodukt. Das sind die Probleme unserer Zeit."[20] So wird die Forderung

17 Vgl. A. A. Berle, Power without Property, New York 1959, S. 27 f.

18 G. Rinck, Wirtschaftsrecht, a. a. O., S. 21.

19 Soweit Galbraith von der Existenz der Ausbeutung im heutigen Kapitalismus redet, gibt er ihr einen anderen Inhalt und grenzt sie auf die Sphäre der kleinen Unternehmen ein. Er kommt zu der total absurden Schlußfolgerung, daß eine grenzlose Ausbeutung nur im Ein-Mann-Betrieb vorkommt, gewissermaßen eine „Selbstausbeutung" (vgl. hierzu J. K. Galbraith, Wirtschaft für Staat und Gesellschaft, a. a. O., S. 93 f.).

20 G. Rinck, Wirtschaftsrecht, a. a. O., S. 21.

nach revolutionärer Enteignung der Kapitalisten durch zwei andere Forderungen ersetzt, die auf die „Reformierung" des kapitalistischen Systems gerichtet sind und die die kapitalistischen Produktionsverhältnisse nicht nur nicht gefährden, sondern im Gegenteil zur Festigung der kapitalistischen Herrschaftsstruktur führen. Und das ist auch der Hauptsinn und das Ziel des Denkprozesses der Autoren dieser fiktiven theoretischen Konstruktionen: sie wollen beweisen, daß die revolutionäre Vergesellschaftung unter den heutigen Bedingungen des Kapitalismus objektiv nicht geeignet sei, die grundlegenden Übel der Gesellschaftsordnung zu beseitigen; zugleich schlagen sie Lösungen vor, die dem Kapitalismus zugute kommen. Dabei ist nicht zu übersehen, daß manche dieser Lösungen ausgesprochen unrealistisch sind (Fusionskontrolle, Mißbrauchsaufsicht, gerechte „Verteilung" des Sozialprodukts usw.).

In der Endkonsequenz sollen die Arbeiterklasse und die anderen Werktätigen vom revolutionären Kampf um die Änderung der bestehenden Produktionsverhältnisse abgelenkt werden. Das Klassenbewußtsein und die kämpferische Aktivität der Werktätigen, die immer mehr die auf dem kapitalistischen Eigentum der Produktionsmittel beruhende Machtstruktur des Kapitalismus gefährden, sollen abgestumpft werden.

Die theoretische Konzeption der „Transformation" durch neue Rechtsformen der Kapitalgesellschaften erfüllt nicht nur diese apologetische Funktion in bezug auf die Werktätigen der eigenen kapitalistischen Länder. Ihr weiterer Zweck ist die ideologische Beeinflussung der Werktätigen der sozialistischen Länder und damit zugleich auch die Einflußnahme auf die sozialistische Wissenschaft. Für die ideologische Diversion gegen die sozialistischen Länder bevorzugen die bürgerliche Wissenschaft und die Propaganda theoretische Konzeptionen, die auf eine Konvergenz oder Synthese der sozialistischen und der kapitalistischen Gesellschaftsordnung und deren Eigentumssysteme gerichtet sind. Entsprechend dieser Absicht bemühen sich bürgerliche Theoretiker zu beweisen, daß in beiden Gesellschaftsordnungen ein etwa gleicher Prozeß der Trennung der wirtschaftlichen Macht vom Eigentum verläuft, der im wesentlichen auch dieselben Folgen zeitigt. Hierfür wird die Behauptung ins Feld geführt, daß die Macht der Manager die der Eigentümer übersteigt, unabhängig davon, von wem sie ernannt werden, ob von Privatpersonen oder von einer Regierung.[21]

Eine ähnliche Meinung vertritt auch Rinck. Die Manager in den kapitalistischen Großunternehmen, schreibt er, „haben weithin die gleiche Aufgabe und Denkweise wie die ‚Direktoren' volkseigener Betriebe in der DDR oder in anderen Volksdemokratien"[22]. Die bürgerlichen Theoretiker versuchen den Eindruck zu erwecken, daß die sozialistische Wirtschaftsleitung und das kapitalisti-

21 Vgl. R. Niebur/P. Sigmund, The Democratic Experience, New York 1969, S. 87, zit. in: V. E. Guliev, Sovremennoe imperialističeskoe gosudarstvo, Moskva 1973, S. 167.

22 G. Rinck, Wirtschaftsrecht, a. a. O., S. 21; vgl. auch: Begriff und Prinzipien des Wirtschaftsrechts, Frankfurt a. M. 1971, S. 183.

sche Management den gleichen Inhalt und die gleiche Aufgabe haben. Dabei gehen sie bei ihren Darlegungen offensichtlich von unwesentlichen formal-juristischen und technischen Kriterien aus. Sie ignorieren die grundlegenden Unterschiede der beiden Gesellschaftssysteme, die Eigentumsverhältnisse und die Produktionsweise. Gerade im unterschiedlichen sozialökonomischen Wesen des sozialistischen und des kapitalistischen Eigentums kommt in konzentrierter Gestalt der unüberbrückbare Gegensatz zwischen Sozialismus und Kapitalismus zum Ausdruck.[23] Aus den verschiedenen Eigentumsverhältnissen ergeben sich natürlich auch ein ganz unterschiedlicher Charakter und ein anderer Inhalt der Tätigkeit von kapitalistischem Management und sozialistischer Wirtschaftsleitung. Sie repräsentieren diametral entgegengesetzte Interessen.

3. Rechtliche und ökonomische Beschaffenheit der Realisierung des Aktieneigentums

Die marxistisch-leninistische Lehre beweist überzeugend die Unwissenschaftlichkeit der behandelten theoretischen Konstruktionen.

Von marxistischer Position aus ist es vor allem notwendig, die Entwicklungstendenzen des Aktieneigentums, insbesondere die rechtliche und die ökonomische Beschaffenheit des Realisierungsprozesses kapitalistischen Eigentums in den Aktiengesellschaften, zu analysieren.[24]

Die Entwicklung der Aktienform des kapitalistischen Eigentums, die ökonomische und die rechtliche Substanz, die Beschaffenheit und die Funktion der Aktiengesellschaften, bringt ganz andere Charaktermerkmale zum Vorschein, als dieser Form von den bürgerlichen Theoretikern zugeschrieben wird. Diese Merkmale sind durch eine weitere Vertiefung des Grundwiderspruchs des Kapitalismus, des Widerspruchs zwischen dem gesellschaftlichen Charakter der Produktion und der privaten Aneignung gekennzeichnet.

In erster Linie ist zu bedenken, daß die Aktiengesellschaften und weitere Formen von Kapitalgesellschaften im Zusammenhang mit der gewaltigen Entwicklung der Produktion große Kapitalien für Finanzierungszwecke anhäufen.[25] Die Aktiengesellschaft ist in der Lage, in kurzer Zeit Finanzmittel zusammenzutragen, die der individuell unternehmende Kapitalist aus der Akkumulation des Mehrwerts nur im Laufe größerer Zeiträume anhäufen kann. Die Aktien-

23 Vgl. Buržoázní teorie konvergence v oblasti věd o státu a právu, in: Kritika buržoázních a revizionistický koncepí státu a práva, Praha 1975, S. 448.

24 Vgl. J. Lazar, Zur Kritik der bürgerlichen Konzeption von der „Transformation" des Eigentums durch Rechtsformen der Kapitalgesellschaften, in: Staat und Recht, 3/1977, S. 302/303; ders., Kritika niektorých buržoáznych a reformistických vlastníckych koncepcií, in: Právnicke štúdie, Bratislava 1978, S. 17 ff.

25 Zur Problematik der Entwicklung der Aktiengesellschaften und der Aktiengesetzgebung vgl. M. Kotora, K historickému vývoji akciové společnosti, in: Právník, 11/1973, S. 1035 ff.

gesellschaften absorbieren nicht nur die Finanzmittel der Kapitalisten, sondern auch die Gelder anderer Schichten der Bevölkerung, Gelder, die einzeln außerstande sind, als Kapital zu wirken. Alle diese einzelnen Finanzmittel werden so in das große Kapital verwandelt.[26]

Zu dieser Funktion der Aktiengesellschaften hatte bereits Marx geschrieben: „Die Welt wäre noch ohne Eisenbahnen, hätte sie solange warten müssen, bis die Akkumulation einige Einzelkapitale dahin gebracht hätte, dem Bau einer Eisenbahn gewachsen zu sein. Die Zentralisation dagegen hat dies, vermittelst der Aktiengesellschaften, im Handumdrehn fertiggebracht."[27]

Die gewaltige Entwicklung der Produktivkräfte und die damit verbundene Konzentration und Zentralisation der Produktion und die Notwendigkeit weiterer Kapitalbildung führten also dazu, daß sich die Modalitäten der Kapitalbeschaffung grundlegend änderten, was auch die Entstehung neuer Rechtsformen von Unternehmen erzwang, die den ökonomischen Bedürfnissen der Kapitalistenklasse besser entsprachen. Diese neuen Rechtsformen waren vor allem die Aktiengesellschaften. Sie haben sich für große Unternehmen, wie sie für den monopolistischen Kapitalismus typisch sind, als besonders geeignet erwiesen. Unter den Bedingungen des staatsmonopolistischen Kapitalismus wird die Funktion der Aktiengesellschaften als juristisches Instrument der Kapitalkonzentration noch potenziert.

Die Aktiengesellschaft erwirbt die Kapitalien auf die Weise, daß die Einleger durch Zeichnung von Aktien einen gewissen Geldbetrag in das Unternehmen einbringen. Durch die Emission von Aktien ist es zum Nutzen der großen Finanzkapitalisten möglich, Finanzmittel nicht nur aus den Händen der Bourgeoisie, sondern auch aus den Händen vieler kleiner Einleger zusammenzuführen. Das alles wird dadurch möglich, daß die Aktien vom rechtlichen Standpunkt aus den Charakter eines verkäuflichen Wertpapiers haben.

Die Aktie ist ein abstraktes Papier, in der Regel auf den Inhaber (*au porteur*) lautend; ausnahmsweise kann sie auf den Namen (*au nom*) lauten. Dies bedeutet, daß bei der auf den Inhaber lautenden Aktie der Name des Befugten nicht angeführt ist und daß die Übertragung vom Verkäufer auf den Käufer durch einfache Übergabe (Traditionspapier) erfolgt. Weiter ist die Aktie ein Zirkulationspapier. Diese Eigenschaften der Aktien gewährleisten, daß die Bewegung des Kapitals bei Wahrung der Anonymität außergewöhnlich rasch erfolgen kann, womit zugleich ermöglicht wird, die Zentralisation und Konzentration des Kapitals in verschleierter Form durchzuführen. Die Zentralisation und Konzentration des Kapitals in den Aktiengesellschaften durch die Emission von Aktien führt zum Erwerb riesiger Kapitalien, über die der Kapitalist wie über eigene frei verfügen kann.[28]

26 Vgl. M. Posch, Kapitalassoziationen, Berlin 1955, S. 32–34.

27 K. Marx, Das Kapital. Erster Band, in: MEW, Bd. 23, Berlin 1974, S. 656.

28 Vgl. J. Lazar, Teórie „l'udového vlastníctva" v službe obrany kapitalizmu, Bratislava 1968, S. 122/123.

Dies sind die wirklichen Gründe, die die bürgerlichen Juristen und Ökonomen dazu führen, daß sie stets die Vorteile der Aktienform des Eigentums hervorheben.

In den Aktiengesellschaften verläuft ein Prozeß der Scheidung von fungierendem und Geldkapital, mit dem, wie Marx sagt, die Umwandlung der fungierenden Kapitalisten „in einen bloßen Dirigenten, Verwalter fremden Kapitals, und der Kapitaleigentümer in bloße Eigentümer, bloße Geldkapitalisten"[29], eng zusammenhängt. Auf dieser Grundlage kommt es in den Aktiengesellschaften zur bekannten, von der marxistischen Wissenschaft längst entdeckten Abtrennung der Funktion vom Kapital, die die bürgerlichen Theoretiker zu der Behauptung inspiriert, daß sich das Eigentum im gegenwärtigen Kapitalismus qualitativ gewandelt habe. Der Übergang vom individuellen kapitalistischen Eigentum zum Aktieneigentum und überhaupt zum kollektiven kapitalistischen Eigentum ändert nichts am Charakter der kapitalistischen Produktionsweise und berührt nicht im geringsten das Wesen der kapitalistischen Privateigentumsverhältnisse.[30] Es ändert sich nur die Art der Eigentumsverwaltung und die Art der Mehrwertaneignung durch die Klasse der Kapitalisten. Die Kontrolle über die Ausübung des kapitalistischen Eigentums bleibt weiterhin in der Sphäre der Klasse der Kapitalisten, während die werktätigen Klassen vom Eigentum der Aktiengesellschaften sowie von der Verfügung darüber wie bisher ausgeschlossen sind.[31]

Die Abtrennung der Funktion vom Eigentum des Kapitals ist nichts anderes als eine Erscheinung der Monopolisierung und der Anonymisierung des Eigentums in den Aktiengesellschaften, in denen es infolge der Entwicklung der kapitalistischen Produktion zu einer hochgradigen Vergesellschaftung des Eigentums im Rahmen des kapitalistischen Systems kommt. Diese in kapitalistischen Aktiengesellschaften verlaufende Entwicklung hat in ihrer ursprünglichen Form schon Marx entdeckt, als er die Aktienform des Eigentums analysierte. Er schrieb in diesem Zusammenhang: „In den Aktiengesellschaften ist die Funktion getrennt vom Kapitaleigentum, also auch die Arbeit gänzlich getrennt vom Eigentum an den Produktionsmitteln und an der Mehrarbeit. Es ist dies Resultat der höchsten Entwicklung der kapitalistischen Produktion ein notwendiger Durchgangspunkt zur Rückverwandlung des Kapitals in Eigentum der Produzenten, aber nicht mehr als das Privateigentum vereinzelter Produzenten, sondern als das Eigentum ihrer als assoziierter, als unmittelbares Gesellschaftseigentum."[32]

Marx sagt außerdem, daß es in den Aktiengesellschaften zu einer Abschaffung „des Kapitals als Privateigentum innerhalb der Grenzen der kapitalistischen

29 K. Marx, Das Kapital, Dritter Band, in: MEW, Bd. 25, Berlin 1964, S. 452.
30 Vgl. Politische Ökonomie des heutigen Monopolkapitalismus, a. a. O., S. 230 f.
31 Vgl. V. Knapp, Vlastnictví v lidové demokracii, Praha 1952, S. 94.
32 K. Marx, Das Kapital, Dritter Band, in: MEW, Bd. 25, a. a. O., S. 453.

Produktionsweise selbst" kommt.[33] Im selben Zusammenhang schlußfolgerte er: „In dem Aktienwesen existiert schon Gegensatz gegen die alte Form, worin gesellschaftliches Produktionsmittel als individuelles Eigentum erscheint; aber die Verwandlung in die Form der Aktie bleibt selbst noch befangen in den kapitalistischen Schranken; statt daher den Gegensatz zwischen dem Charakter des Reichtums als gesellschaftlicher und als Privatreichtum zu überwinden, bildet sie ihn nur in neuer Gestalt aus."[34] Man muß die Worte von Marx über die Abschaffung des Privateigentums im Rahmen der kapitalistischen Produktionsweise so verstehen, daß das individuelle kapitalistische Eigentum durch das kollektive Eigentum mehrerer Kapitalisten ersetzt wird.[35]

Daraus folgt, daß die Wandlung der Form des kapitalistischen Eigentums in den Aktiengesellschaften sich auch weiterhin in den Grenzen der kapitalistischen Produktionsweise bewegt, und das bedeutet, daß die Grundlage der kapitalistischen Eigentumsverhältnisse unverändert bleibt. Die Produktionsmittel verbleiben also in den Händen der Bourgeoisie, während die große Mehrzahl der Gesellschaft von diesem Eigentum ausgeschlossen bleibt. Das ist der entscheidende Faktor bei der Beurteilung des Wesens der kapitalistischen Eigentumsverhältnisse. Er bestätigt nur, daß das kapitalistische Eigentum auch im Rahmen der Rechtsform der Aktiengesellschaft seinen ausbeuterischen Klasseninhalt behält.[36]

In der Epoche des monopolistischen Kapitalismus vertieft sich die Trennung des Eigentums von seiner Funktion noch weiter. Dies hat W. I. Lenin sehr prägnant ausgedrückt: „Die Trennung des Kapitaleigentums von der Anwendung des Kapitals in der Produktion, die Trennung des Geldkapitals vom industriellen oder produktiven Kapital, die Trennung des Rentners, der ausschließlich vom Ertrag des Geldkapitals lebt, vom Unternehmer und allen Personen, die an der Verfügung über das Kapital unmittelbar teilnehmen, ist dem Kapitalismus überhaupt eigen. Der Imperialismus oder die Herrschaft des Finanzkapitals ist jene höchste Stufe des Kapitalismus, wo diese Trennung gewaltige Ausdehnung erreicht."[37]

Die Propagandisten der „Transformation" des kapitalistischen Eigentums verdrehen den Prozeß der Trennung der Funktion vom Eigentum des Kapitals absichtlich, wenn sie ihm im Verhältnis zum eigentlichen Inhalt der Eigentumsbeziehungen eine Grundbedeutung zuschreiben, obwohl auf den ersten Blick ersichtlich ist, daß der Prozeß der Trennung nur die Eigentumsform betrifft. Die Aneignung des Mehrwerts durch die Klasse der Kapitalisten, die den sozialökonomischen Inhalt des kapitalistischen Privateigentums bildet, bleibt auch

33 Ebenda, S. 452.

34 Ebenda, S. 456.

35 Vgl. V. Knapp, Vlastnictví v lidové demokracii, a. a. O., S. 94.

36 Ebenda, S. 94/95.

37 W. I. Lenin, Der Imperialismus als höchstes Stadium des Kapitalismus, in: Werke, Bd. 22, Berlin 1960, S. 242.

unter den Bedingungen der Existenz der Aktiengesellschaften unangetastet. Diese Erkenntnis wird durch die Untersuchung der rechtlichen Seite der Realisierung des kapitalistischen Eigentums in den Aktiengesellschaften eindrucksvoll bestätigt.

Vom Gesichtspunkt des Eigentumsrechts aus kommt es in der Aktiengesellschaft zu einer Aufspaltung der Eigentümerbefugnisse; dem Aktionär gehört das Eigentum der Aktie, während das Subjekt des Eigentums des tatsächlichen Kapitals die juristische Person – die Aktiengesellschaft ist.

Die Aktie selbst, als ein typisches Wertpapier, ist vom rechtlichen Standpunkt aus mit der Mitgliedschaft in der Aktiengesellschaft verbunden und schließt das Recht auf einen Teil des Mehrwerts und das Recht auf die Beteiligung an der Hauptversammlung ein. Sie ist eigentlich eine Anweisung auf einen Teil des Mehrwerts, der aus dem in die Aktiengesellschaft eingelegten Kapital fließt. In diesem Sinn geht es bei ihr um einen Mehrwerttitel und damit zugleich um einen Eigentumstitel.[38] Die Form, in der hier der Mehrwert gewährt wird, ist die Aktiendividende, als eine besondere Art des Kapitalzinses, ähnlich wie der Zinsertrag aus einer Obligation.[39]

Obwohl, wie wir sahen, dieser Titel in einer eindeutigen Beziehung zu in der Aktiengesellschaft zirkulierendem tatsächlichem Kapital steht, gewährt er weder einen Rechtsanspruch auf den entsprechenden Teil des tatsächlichen Kapitals noch einen Anspruch auf die Rückgabe des eingelegten Betrags. Der Aktionär kann diesen Titel nur auf einem besonderen Wertpapiermarkt – der Börse – veräußern. Die Aktie zirkuliert zwar wie eine Ware, hat aber nur einen fiktiven Wert, da in ihrer Form das tatsächliche Kapital nur in einer ideellen fiktiven Weise, als seine Verdoppelung zirkuliert.

Daraus kann man vom Standpunkt unserer Untersuchung die Schlußfolgerung ableiten, daß die Aktie mit dem sich aus ihr ergebenden Recht auf Dividende für das eingelegte Kapital sowie dem Recht auf Veräußerung der Aktie bzw. auf Beteiligung an der Hauptversammlung nur eine Austauschbeziehung verkörpert. Der Träger der Nutzungs- und der Machtbefugnisse in Beziehung zum produktiven Kapital (Produktionsmittel) ist von rechtlichem Standpunkt aus die Aktiengesellschaft als juristische Person.

Die Rechtsform der Aktiengesellschaft, der die angeführten Eigentümerbefugnisse zustehen, verdeckt nicht nur die Beschaffenheit und das Wesen der Spaltung der Eigentümerbefugnisse, sondern hauptsächlich auch die Weise, durch die es zur Realisierung des kapitalistischen Eigentums, zur Gewinnung des Mehrwerts kommt. Das ermöglicht den bürgerlichen Theoretikern den ausbeuterischen Charakter der Aktienform des Eigentums zu verhüllen.

Die Realisierung des kapitalistischen Eigentums in den Aktiengesellschaften erfolgt auf komplizierten Wegen. Die Besonderheit des Eigentums in Aktienform

38 Vgl. K. Marx, Das Kapital, Zweiter Band, in: MEW, Bd. 24, Berlin 1963, S. 163; ders., Das Kapital, Dritter Band, in: MEW, Bd. 25, a. a. O., S. 484/485, 474.

39 Vgl. M. Posch, Kapitalassoziationen, a. a. O., S. 29/30.

beruht darauf, daß sich bei seiner Realisierung die Macht- und Nutzungsbeziehungen, die sich auf das wirkliche Eigentum am Kapital stützen und dessen Rechtssubjekt die Aktiengesellschaft ist, mit den Austauschbeziehungen, deren Träger die Aktionäre sind, gegenseitig durchdringen.

Die mit dem Eigentum an den Produktionsmitteln verbundenen Nutzungs- und Machtbeziehungen übt die juristische Person durch ihre Organe (Vorstand, Aufsichtsrat, Hauptversammlung) im Interesse jener Gruppe von Aktionären aus, die einen genügend großen Anteil an Aktien besitzt und sich dadurch in der Aktiengesellschaft den bestimmenden Einfluß sichert. Der Aktionär oder die Aktionäre, die einen solchen Einfluß erreichen, hören auf, bloße Eigentümer von Wertpapieren zu sein. Ihr Eigentum an den Aktien bedeutet unter diesen Bedingungen mehr als das Recht auf Dividende, auf Beteiligung an der Hauptversammlung und auf Veräußerung der Aktien. Durch die Organe der Gesellschaft sichern sich solche Aktionäre die Macht über die Gesellschaft und dadurch direkt oder indirekt entweder die Beteiligung an der Ausübung aller Eigentümerbefugnisse, oder sie setzen durch, daß diese Befugnisse in ihrem Interesse realisiert werden. So werden aus Inhabern bloßer Obligationen mit Hilfe des komplizierten Mechanismus der Aktiengesellschaften und der ausgeklügelten Methoden des Aktienrechts zugleich auch Träger von Nutzung- und Machtbefugnissen. Das bedeutet, daß der Besitz eines großen Aktienanteils eine andere Qualität hat, als das Eigentum an einzelnen Aktien. Der Inhaber des sog. Kontrollpakets der Aktien ist der faktische Eigentümer des Unternehmens und der Produktionsmittel.[40] Er hat die Möglichkeit, die sich aus dem Eigentum ergebenden Befugnisse auszuüben oder die Ausübung in seinem Interesse zu beeinflussen und die Verteilung der Gewinne zu lenken. Die Größe des Kontrollpakets hängt in erheblichem Maße von der Streuung der Aktien unter den Aktionären ab; je größer die Streuung ist, d. h., je mehr die Aktien unter einer großen Anzahl kleiner Aktionäre verteilt sind, ein desto kleineres Kontrollpaket von Aktien ist nötig, damit sich die großen Aktionäre der Herrschaft über die Aktiengesellschaft bemächtigen können.

Im monopolistischen Kapitalismus ist es zu einer allgemeinen Erscheinung geworden, daß sich die Kontrollpakete der Aktien in Händen der Banken und anderer Geldinstitutionen konzentrieren. Auf diese Weise bemächtigen sich die Repräsentanten des Finanzkapitals der Macht über die Aktiengesellschaften.[41] Die Aktiengesellschaften sind somit die organisatorische und rechtliche Voraussetzung des Prozesses, mit dessen Hilfe sich die Finanzoligarchie die Vorherrschaft über die einzelnen Unternehmen und mittels der hierarchischen Struktur über die ganze Wirtschaft verschafft.

In den Aktiengesellschaften geht die Konzentration des Eigentums und der mit ihm verbundenen Macht weiter; die Rechtsform der Aktiengesellschaft er-

40 Vgl. G. Eörsi, Vývin vlastníckeho práva, II., Bratislava 1954, S. 189.

41 Vgl. A. J. Bregel', Kritika buržuaznych učenij ob ekonomičeskoj sisteme sovremennogo kapitalizma, Moskva 1972, S. 41.

möglicht den größten und erfolgreichsten Aktionären außer über ihr eigenes auch über das Kapital der anderen Mitglieder der Aktiengesellschaft zu disponieren. Infolgedessen verengt sich der Kreis derjenigen, die die Produktion beherrschen und lenken. Die Mehrzahl der Mitglieder einer Aktiengesellschaft hat nicht mehr das Recht, über die Leitung der Produktion zu entscheiden und über das produktive Kapital zu disponieren. Der Prozeß der Enteignung im Rahmen der kapitalistischen Produktionsweise gelangt hier in ein höheres Stadium. Die Expropriation erstreckt sich von den unmittelbaren Produzenten auf die kleineren und mittleren Kapitalisten selbst.[42] Die große Mehrzahl der Mitglieder der Aktiengesellschaft verliert das Eigentum zugunsten einer ziemlich kleinen Zahl von Finanzmagnaten.[43]

Angesichts der Aktiengesellschaften als der überwiegenden Form monopolistischer Unternehmertätigkeit verliert das Eigentum nicht an Bedeutung, sondern gewinnt vielmehr an Gewicht. Gerade durch die Aneignung des in der Aktienform des kapitalistischen Eigentums realisierten Mehrwerts steigt die Macht der immer kleiner werdenden Schicht der Finanzoligarchie und sichert ihr in der Konsequenz die ökonomische und die politische Vorherrschaft in der kapitalistischen Gesellschaft. Aus diesem Grund fehlt der von der bürgerlichen Wissenschaft entwickelten Konstruktion vom Bedeutungsverlust des Eigentums in den Aktiengesellschaft die wissenschaftliche Begründung. Sie ist ein Ergebnis der idealistischen Auffassung des Begriffs des Eigentums und des Eigentumsrechts. Ein solches Herangehen an das Eigentum der Aktiengesellschaften ermöglicht es den bürgerlichen Rechtstheoretikern, mit einer vermeintlich logischen Methode aus der Spaltung der Eigentümerbefugnisse unter die Aktionäre und die Aktiengesellschaft die absurde Schlußfolgerungen zu ziehen, daß die mit dem Eigentum an den Produktionsmitteln verbundenen Machtbefugnisse überhaupt verschwunden seien. Tatsächlich existieren die sich aus dem Eigentum ergebenden Machtbefugnisse nur in einer anderen, verschleierten Form, und die Finanzoligarchie realisiert diese Befugnisse in steigendem Maße zu ihren Gunsten.

Wenn die angeführte Schlußfolgerung der bürgerlichen Wissenschaft schon vom theoretischen Standpunkt aus nicht standhält, so tut sie es noch weniger in Konfrontation mit den gesellschaftlich-ökonomischen Gegebenheiten der kapitalistischen Wirklichkeit. Im heutigen Kapitalismus festigt die Finanzoligarchie gerade auf der Grundlage der Aktiengesellschaften ihre Eigentümerpositionen. Sie bemächtigt sich der Herrschaft über die Aktiengesellschaften und kontrolliert durch internationale Mammutmonopole ganze Industriezweige.[44]

42 Vgl. K. Marx, Das Kapital, Dritter Band, in: MEW, Bd. 25, a. a. O., S. 455.

43 Vgl. R. Hilferding, Das Finanzkapital, Berlin 1947, S. 165.

44 Zum Beispiel verwalten die drei größten Banken in der BRD 70 Prozent des Kapitals aller Aktiengesellschaften, was bedeutet, daß sie die ganze Schlüsselindustrie kontrollieren (vgl. Analyse und Kommentar zum zweiten Entwurf des SPD-Vorstandes eines ökonomisch-politischen Orientierungsrahmens für die Jahre 1975–85 (JMSF), Frankfurt a. M. 1975, S. 45/46).

Die multinationalen Mammutkonzerne mit Jahresumsätzen von vielen Milliarden disponieren außer über eigenes Kapital auch über Finanzmittel von hunderttausenden Kleinaktionären, und auf dem Wege des Kredits auch über das Geld von Millionen kleiner Sparer. Die sich in den monopolistischen Aktiengesellschaften vollziehende Konzentration und Zentralisation des Kapitals ist von der Einbeziehung eines immer breiteren Kreises von Menschen in den Prozeß der Ausbeutung und der kapitalistischen Enteignung begleitet. Sie stärkt und erweitert das Dispositionsrecht einer kleinen Schicht von Finanzmagnaten, die vor allem in ihrem Klasseninteresse entscheiden.[45]

Die sich aus dem Eigentum an den Produktionsmitteln ergebende ökonomische und politische Macht der Finanzoligarchie wächst, gestützt auf die Macht des imperialistischen Staates, noch weiter.[46] Der Staat greift in der Epoche des Imperialismus in gesteigertem Maße in die Wirtschaft ein, beteiligt sich an der Lenkung der ökonomischen Prozesse und übt auch selbst als Subjekt des umfangreichen staatlichen Eigentums wirtschaftliche Tätigkeit aus. Diese Tätigkeit des imperialistischen Staates vollzieht sich in enger Verbindung mit den größten Monopolen und im Interesse der stärksten monopolistischen Gruppen. Eine spezifische Äußerung dieser Tendenz ist auch die Beteiligung des Staates am Eigentum der großen Aktiengesellschaften in Form des sogenannten gemischten Eigentums. Für den heutigen Kapitalismus ist daher nicht nur die mannigfaltige Verflechtung der Aktiengesellschaften untereinander bzw. der Aktiengesellschaften mit anderen Unternehmerorganisationen typisch, sondern auch die Verflechtung der Aktiengesellschaften mit dem imperialistischen Staat. Dadurch werden die Positionen der stärksten monopolistischen Gruppen, der kleinen Schicht der Finanzoligarchie, gefestigt, und ihre ökonomische und politische Macht steigt weiter.

Alle diese Beziehungen im Rahmen der Aktiengesellschaften, die Ausdruck eines hohen Grads der wirtschaftlichen und der Kapitalkonzentration sind, widerspiegelt die bürgerliche nationale und übernationale Gesetzgebung und besonders die Aktiengesetzgebung.[47] Diese wird dadurch gekennzeichnet, daß sie es den größten Aktionären ermöglicht, auf verschiedenen raffinierten Wegen sich nicht nur „ihrer", sondern auch weiterer Aktiengesellschaften und Unternehmerorganisationen zu bemächtigen und dort ihre materiellen Interessen durchzusetzen. Diese Tendenz äußert sich deutlich auch im Aktiengesetz der BRD vom 6. September 1965 (BGBl. I, S. 1089), das eine Illustration gewisser charakteristischer Hauptzüge der gegenwärtigen bürgerlichen Aktiengesetzgebung zuläßt.

Für die Großaktionäre hat vom Standpunkt des Einflusses auf die Realisierung

45 Vgl. I. I. Beglov, SŠA: Sobstvennost' i vlast', Moskva 1971, S. 45 ff.

46 Vgl. V. P. Gluškov, Korporacii, gosudarstvo ekonomika, Moskva 1972, S. 84, 85.

47 Vgl. J. Dötsch, Bürgerliches Recht und staatsmonopolistische Regulierung, in: IPW-Berichte, 11/1976, S. 31/32; V. V. Zajceva, Nekotorye tendencii sovremennogo zakonodatel'stva buržuaznych stran ob akcionernych obščestvach, in: Sovetskoe gosudarstvo i pravo, 11/1964, S. 129.

der Eigentümerbefugnisse in der Aktiengesellschaft die Frage der Kompetenzverteilung zwischen den einzelnen Organen der Gesellschaft (Vorstand, Aufsichtsrat, Hauptversammlung) erstrangige Bedeutung. Es ist klar, daß es für sie am leichtesten ist, sich in den ständigen Organen der Gesellschaft Einfluß zu sichern, und daß sie daher daran interessiert sind, daß gerade diese Organe möglichst weitgehende Machtbefugnisse haben. Selbst unter den Bedingungen einer breiten Streuung der Aktien kann es vorkommen, daß die Kleinaktionäre unter gewissen Umständen durch Nutzung ihres Wahlrechts in der Hauptversammlung ihre Meinung äußern. Das dem Interesse der Großaktionäre entgegenkommende gültige Aktiengesetz der BRD fixiert legislativ die sinkende Aufgabe der Hauptversammlung, und zwar mit der Bestimmung, daß über alle die Gesellschaft betreffenden grundsätzlichen Angelegenheiten die ständigen Organe entscheiden. Der eventuelle Einfluß der Kleinaktionäre wird dadurch völlig eliminiert. In der Begründung dieses Gesetzes wird dazu ausdrücklich gesagt: „Das Aktiengesetz von 1937 (das bis zur Annahme dieses Gesetzes gültig war, J. L.) hat die Stellung des Vorstands und des Aufsichtsrates gegenüber der Hauptversammlung erheblich gestärkt ... eine solche Stellung der Verwaltung der Gesellschaft (erscheint) vom volkswirtschaftlichen Standpunkt wie im wohlverstandenen Interesse der Aktionäre auch heute gerechtfertigt und unerläßlich."[48]

Im § 119 Abs. 1 des Aktiengesetzes werden die Rechte der Hauptversammlung aufgezählt, wobei die Entscheidungsbefugnis in Angelegenheiten der Gesellschaftsführung durch Abs. 2 ausdrücklich beschränkt wird. („Über die Gesellschaftsführung kann die Hauptversammlung nur entscheiden, wenn der Vorstand es verlangt.")

Das Aktiengesetz der BRD bietet uneingeschränkten Raum für internationale Verbindungen der monopolistischen Aktiengesellschaften. Besonders ausführlich werden die verschiedenen Formen der gegenseitigen Beteiligung der Aktiengesellschaften untereinander und die Beziehungen zu anderen Unternehmungsformen (einschließlich der staatlichen Unternehmen) geregelt, die durch die Überordnung und Unterstellung zwischen Mutter- und Tochtergesellschaften entstehen. Die Beziehungen zwischen den Unternehmen werden meistens durch Verträge geregelt. Diese Verträge unterscheiden sich dadurch voneinander, ob sie auf die Unterstellung eines Unternehmens unter das andere (Beherrschungsvertrag) abzielen, die Verpflichtung enthalten, den ganzen Gewinn an ein anderes Unternehmen abzuführen (Gewinnabführungsvertrag), die Teilung des gemeinsamen Gewinns (Gewinngemeinschaftsvertrag) festlegen oder bestimmen, Teile des Gewinns eines Unternehmens an ein anderes abzuführen (Teilgewinnabführungsvertrag – §§ 291, 292 Aktiengesetz). Die engste Verbindung zwischen zwei oder mehreren Gesellschaften stellt die Eingliederung dar, zu der es kommt, wenn alle Aktien in die Hände einer mächtigen Aktiengesellschaft geraten (§ 319 Aktiengesetz).

48 Aktiengesetz. Zusammengestellt von B. Kropff, Düsseldorf 1965, S. 15.

Diese vom Aktiengesetz geregelten Beziehungen bringen die verschiedenen rechtlichen Arten der Entstehung von mächtigen wirtschaftlichen Gruppierungen (Konzernen) zum Ausdruck. An der Spitze der hierarchischen Struktur steht die mächtige Muttergesellschaft, beherrscht von einer sehr kleinen Gruppe von Finanzmagnaten. Ihr sind in der Regel zahlreiche Aktiengesellschaften und andere Unternehmensformen untergeordnet. Daher überrascht auch die Behauptung nicht, daß im Unterschied zur vorangegangenen rechtlichen Regelung das nunmehr geltende Aktiengesetz der BRD die Rechtslage der Konzerne breit konzipiert. In welchem scharfem Widerspruch diese Tatsache zu den Schlagworten steht, die die Verfechter der sog. freien Marktwirtschaft verkünden und die einen scheinbar antimonopolistischen Charakter haben, braucht nicht weiter erklärt zu werden. Die tatsächliche Haltung der herrschenden westdeutschen Kreise zu den Konzernen (die auch in der schon erwähnten Begründung des Regierungsentwurfes zum Ausdruck kommt: „Es muß den Konzern, dessen Verbot ernstlich nicht in Betracht gezogen werden kann, als eine gegebene Erscheinungsform unseres Wirtschaftslebens hinnehmen."), ist insofern Erklärung genug.

Das Gesetz gewährt besonders günstige Bedingungen für Fusionen als höchste Stufe der Produktions- und Kapitalkonzentration, wie sie durch Verschmelzung oder Vermögensübertragung zustandekommen. Das Unternehmen, das bei der Fusion verschmolzen wird, verliert nicht nur die wirtschaftliche, sondern auch seine rechtliche Selbständigkeit (§§ 339 ff. Aktiengesetz).

Die Fusion ist das rechtliche Mittel, mit dessen Hilfe die mächtigsten Monopole ihre schwächeren Wirtschaftspartner vereinnahmen. Diese Erscheinung hat im heutigen Kapitalismus, trotz der verschiedenen, formalen, gegen Fusionen gerichteten gesetzgeberischen Maßnahmen, riesige Dimensionen erreicht.[49]

Die zunehmende Internationalisierung der kapitalistischen Wirtschaft und die Entwicklung multinationaler Konzerne führte zu Bestrebungen, in den imperialistischen Staaten eine internationale rechtliche Grundlage für Fusionen zu schaffen. Das fand vor allem im Projekt zur Bildung sog. Europäischer Aktiengesellschaften und in den Vorarbeiten für ein Übereinkommen, das eine Angleichung des Fusionsrechts der Mitgliedstaaten der EWG vorsieht, seinen Ausdruck. Die genannten Projekte sollen dazu beitragen, alle rechtlichen Barrieren, die noch aufgrund nationaler Gesetzgebung einer reibungslosen Konzentration des Kapitals und der Produktion im Wege stehen, zu überwinden.[50]

49 Vgl. Kapitel 4.

50 Vgl. J. Dötsch, Bürgerliches Recht und staatsmonopolistische Regulierung, in: IPW-Berichte, 11/1976, S. 31/32; P. Kalenský, Některé právni problémy tzv. evropské akciové společnosti, in: Časopis pro mezinárodni právo, 2/1971, S. 120 f.

4. Die Manager – keine neue Klasse

Ebenso wie den bisher analysierten Ansichten fehlt auch den Behauptungen der bürgerlichen Theoretiker, daß sich infolge der Rechtsform des Aktieneigentums und der damit verbundenen Trennung von Kapitalfunktion und Kapitaleigentum die Klassenstruktur der kapitalistischen Gesellschaft in dem Sinne von Grund auf ändere, daß die Klasse der Kapitalisten verschwinde und eine neue Klasse von Eigentumsverwaltern (Managern) zur Macht gelange, die wissenschaftliche Begründung. Das gleiche gilt für die Behauptung, daß sich auch die Stellung der Arbeiterklasse grundlegend ändere, ja daß sie schon aufgehört habe, Objekt der Ausbeutung durch die Kapitalisten zu sein.

Alle diese Behauptungen lassen die wissenschaftlichen Kriterien für die Aufteilung der Gesellschaft in Klassen außer acht: Klassen sind das Produkt bestimmter Produktionsverhältnisse dieser oder jener Gesellschaftsformation. Deshalb ist die Stellung der Menschen im System der materiellen Verhältnisse für die Unterscheidung der Klassen entscheidend. W. I. Lenin definierte in seiner Arbeit „Die große Initiative" soziale Klassen wie folgt: „Als Klassen bezeichnet man große Menschengruppen, die sich voneinander unterscheiden nach ihrem Platz in einem geschichtlich bestimmten System der gesellschaftlichen Produktion, nach ihrem (größtenteils in Gesetzen fixierten und formulierten) Verhältnis zu den Produktionsmitteln, nach ihrer Rolle in der gesellschaftlichen Organisation der Arbeit und folglich nach der Art der Erlangung und der Größe des Anteils am gesellschaftlichen Reichtum, über den sie verfügen. Klassen sind Gruppen von Menschen, von denen die eine sich die Arbeit einer andern aneignen kann infolge der Verschiedenheit ihres Platzes in einem bestimmten System der gesellschaftlichen Wirtschaft."[51] Unter den Bedingungen des kapitalistischen Produktionsprozesses und der Existenz kapitalistischen Privateigentums gibt es weder in der Stellung der Klassen noch in den Beziehungen zwischen ihnen irgendwelche prinzipiellen Änderungen. Dies deshalb, weil die Aufteilung der Gesellschaft in Eigentümer und Nichteigentümer von Produktionsmitteln nicht zufälliges, sondern gesetzmäßiges Resultat des kapitalistischen Produktionsprozesses und der kapitalistischen Eigentumsverhältnisse ist. Marx stellte insofern fest: „Der kapitalistische Produktionsprozeß, im Zusammenhang betrachtet, oder als Reproduktionsprozeß, produziert also nicht nur Ware, nicht nur Mehrwert, er produziert und reproduziert das Kapitalverhältnis selbst, auf der einen Seite den Kapitalisten, auf der anderen den Lohnarbeiter."[52] Dieser Zustand wird so lange andauern, solange der kapitalistische Produktionsprozeß mit dem Privateigentum als Basis nicht liquidiert ist.

Bei der Anwendung moderner Rechtsformen des kapitalistischen Eigentums treten die Kapitalisten nur aus dem Produktionsprozeß heraus. Das inspiriert die bürgerlichen Theoretiker zu der Vorstellung, daß die Klasse der Kapitalisten

51 W. I. Lenin, Die große Initiative, in: Werke, Bd. 29, Berlin 1970, S. 410.
52 K. Marx, Das Kapital, Erster Band, in: MEW, Bd. 23, a. a. O., S. 604.

als solche verschwindet. Die Tatsache, daß der Kapitalist als Leiter der Produktion überflüssig wird, wurde schon von Marx und Engels festgestellt. Engels schrieb dazu: „So sehen wir, daß gerade die Entwicklung des kapitalistischen Produktionssystems den Kapitalisten ebenso überflüssig macht wie den Handweber. Nur mit dem Unterschied, daß der Handweber zum langsamen Hungertod verurteilt ist und der überflüssig gewordene Kapitalist zum langsamen Tod wegen Überfütterung. Nur in einer Hinsicht sind sich die beiden im allgemeinen gleich: weder der eine noch der andere weiß, was er mit sich anfangen soll."[53] Zu einer ähnlichen Erkenntnis kam auch Marx. „Wie der Kapitalist", so schrieb Marx, „zunächst entbunden wird von der Handarbeit, sobald sein Kapital jene Minimalgröße erreicht hat, womit die eigentlich kapitalistische Produktion erst beginnt, so tritt er jetzt die Funktion unmittelbarer und fortwährender Beaufsichtigung der einzelnen Arbeiter und Arbeitergruppen selbst wieder ab an eine besondere Sorte von Lohnarbeitern."[54] Dieser innerhalb der Aktiengesellschaften verlaufende Prozeß verwirklicht nur die innere Machtverschiebung zugunsten der Finanzoligarchie, die zwar vom Produktionsprozeß entfernt ist, aber unter den neuen Bedingungen und auf andere Weise den Produktionsprozeß weit wirkungsvoller und tatkräftiger beherrscht und seine Teilnehmer ausbeutet.

In gesamtgesellschaftlicher Hinsicht ist auch in der gegenwärtigen kapitalistischen Gesellschaft die Klasse der Kapitalisten Eigentümerin der Produktionsmittel. Das Eigentum gewährt ihren Vertretern alle entscheidende Macht und Verfügungsgewalt. Deshalb können bei Fortbestehen des Kapitalismus und seiner Ökonomie nur die Kapitalisten eine leitende Stellung einnehmen, denn diese ihre Stellung ist ein Attribut des Kapitals. Wie Lenin betonte, ist in der kapitalistischen Gesellschaft, und zwar in jedem Entwicklungsstadium, die Ökonomik der Gesellschaft derart, daß in ihr nur die Kapitalisten die herrschende Klasse sein können.

Demgegenüber stellen die Manager resp. die Technostruktur keine herrschende Klasse (bzw. überhaupt keine Klasse) dar, weil sie keine eigenständige Stellung im System der materiellen Produktion haben. Sie stehen in jeder Hinsicht in einem vollkommen untergeordneten Verhältnis zur Klasse der Kapitalisten, die durch die Finanzoligarchie repräsentiert wird, und demgemäß führen sie ihre Tätigkeit im Interesse der Kapitalisten aus, d. h. im Interesse der Erzielung von Maximalprofit. Die Manager können ihre Stellung nur so lange behaupten, als sie ihre Tätigkeit konsequent im Interesse der Finanzoligarchie ausüben. Es sind ausschließlich die Eigentümer des Kapitals, die bestimmen, wie lange das Management oder die Technostruktur die Funktion des Kapitals erfüllt.[55] Allerdings sind manche Manager direkte Repräsentanten der Finanzoligarchie.

53 F. Engels, Notwendige und überflüssige Gesellschaftsklassen, in: MEW, Bd. 19, Berlin 1962, S. 289/290.

54 K. Marx, Das Kapital, Erster Band, in: MEW, Bd. 23, a. a. O., S. 351.

55 Vgl. Kritische Analyse der Theorie und Praxis des Managements, Berlin 1973, S. 314 ff.

Die Tatsache, daß im derzeitigen Kapitalismus die Eigentümer der Produktionsmittel, also die Kapitalisten herrschen, wird auch von einigen bürgerlichen Autoren zugegeben. Davon zeugt beispielsweise die Feststellung: „Nicht die Manager haben Macht über die Eigentümer erlangt, wie dies Burnham in seiner Vision ‚Regime der Manager' einst prophezeit hatte, sondern die Eigentümer bestimmen noch immer selbst oder durch ihre Repräsentanten darüber, wie und durch wen ihr Eigentum verwaltet wird."[56]

In der kapitalistischen Gesellschaft sind die Arbeiterklasse und die übrigen Lohnempfänger der Gegenpol zur Klasse der Kapitalisten; sie sind vom Eigentum an den Produktionsmitteln gänzlich ausgeschlossen. Der Prozeß der Eigentumspolarisation in den kapitalistischen Ländern, der eine gesetzmäßige Folge der kapitalistischen Produktionsweise und des kapitalistischen Eigentums ist, ruft entsprechende unmittelbare Strukturveränderungen in der kapitalistischen Gesellschaft hervor. Die fortlaufende Konzentration und die Zentralisation des Eigentums in monopolistischen Rechtsformen des Unternehmertums bedeutet zugleich, daß in den Prozeß der kapitalistischen Ausbeutung und Enteignung allmählich auch weitere Gesellschaftsschichten einbezogen werden (besonders die Kleinproduzenten). Deshalb ist die fortschreitende Polarisierung der kapitalistischen Gesellschaft in zwei Grundklassen, die Bourgeoisie und das Proletariat, charakteristisches Merkmal des heutigen Kapitalismus. Die klassenmäßige Polarisierung in der kapitalistischen Gesellschaft wird mit der wissenschaftlich-technischen Revolution noch beschleunigt.[57]

Im Sinne dieser Erkenntnis haben auch alle Erwägungen der bürgerlichen Theoretiker über eine „Entproletarisierung" und „Transformierung" der Arbeiterklasse und über die Milderung der Klassengegensätze einen völlig illusorischen Charakter. Derartige Behauptungen finden in der gegenwärtigen Entwicklung in den kapitalistischen Ländern keinerlei reale Basis.[58] Die heutige ökonomisch-politische Situation in den hochentwickelten kapitalistischen Ländern ist durch ein Anwachsen der revolutionären Bewegung charakterisiert. Die Arbeiterklasse und die übrigen arbeitenden Menschen intensivieren ihren Kampf gegen die Monopole und das Großkapital. Nicht Klassenfrieden, sondern ein scharfer Klassenkampf verläuft im derzeitigen Kapitalismus zwischen der immer stärker und klassenbewußter werdenden Arbeiterklasse und der monopolistischen Bourgeoisie, die sich auf die staatsmonopolistischen Machtstrukturen stützt.[59]

Abschließend sei betont, daß sich in der Aktienform des Eigentums der Widerspruch zwischen dem gesellschaftlichen Charakter der Produktion und der privaten Aneignung nicht nur nicht mildert, sondern sich vielmehr noch verschärft. Unter den Bedingungen eines hohen Grads der Vergesellschaftung der Produk-

56 M. Kruk, Grenzen der Vorstandsmacht, in: Frankfurter Allgemeine Zeitung, 30. 11. 1971.

57 Vgl. Proletariat in der BRD, Berlin 1974, S. 281 f.

58 F. Schuster, Sozialpartnerschaft oder Klassenkampf?, Frankfurt a. M. 1974, S. 617.

59 Vgl. Proletariat in der BRD, a, a. O., S. 125/126.

tion vollzieht sich eine weitere Konzentration des Eigentums und der mit ihr verbundenen Macht in den Händen eines zahlenmäßig immer kleiner werdenden Kreises von Eigentümern. Dieser Zustand kann nur durch die revolutionäre Enteignung der Klasse der kapitalistischen Eigentümer an den Produktionsmitteln überwunden werden, ohne Rücksicht darauf, um welche Form des kapitalistischen Eigentums es sich handelt.

KAPITEL III

Die Theorie vom „volkskapitalistischen" Eigentum

1. Allgemeine Charakteristik der Konzeption vom „Volkskapitalismus"

Die ideologisch-ökonomische Konzeption des „Volkskapitalismus" ist durch die Aktualisierung älterer Theorien über den „neuen" oder „veränderten" Kapitalismus entstanden. Nach diesen Vorstellungen werden solche gesellschaftlich-ökonomischen Erscheinungen wie die Trennung der Volksmassen vom Produktionsmitteleigentum und das Anwachsen der Vermögensungleichheit beseitigt oder gemildert und durch eine angeblich gleichmäßigere Eigentumsverteilung ersetzt.[1] Aktien- bzw. andere Kapitalgesellschaften werden als das rechtliche Hauptinstrument und als die Hauptvoraussetzung dieser Veränderung betrachtet.

Die Konzeption des „volkskapitalistischen" Eigentums hat ihr Vorbild in der Idee, die schon zu Lenins Zeit geäußert wurde, daß Aktiengesellschaften ein Faktor der „Demokratisierung" des Eigentums und grundsätzlicher Veränderungen in der Verteilung des Nationaleinkommens seien. Diese Idee wurde dann ausführlich in den USA in den zwanziger Jahren des 20. Jahrhunderts entwickelt. Man behauptete, daß in den USA eine einzigartige ökonomische Revolution vor sich gehe, die den Unterschied zwischen Arbeitern und Kapitalisten dadurch verwische, daß sie die Arbeiter in Kapitalisten verwandele und die Kapitalisten dazu zwinge, in dieser oder jener Form zu Arbeitern zu werden.[2] Da die Arbeiter durch Erwerb von Aktien zu Kapitalisten würden, käme es zu dem Ergebnis, daß die ökonomische Gleichheit im kapitalistischen System genauso gut erreicht werden könnte wie in einem beliebigen anderen Gesellschaftssystem.[3]

1 Vgl. A. I. Bregel', Kritika buržuaznych učenij ob ekonomičeskoj sisteme sovremennogo kapitalizma, Moskva 1972, S. 3. Die bürgerliche Wissenschaft verwendet den Begriff „Volkskapitalismus" in den letzten Jahren nicht mehr, da er in den Augen der Werktätigen der kapitalistischen Länder vollkommen diskreditiert ist, die ideologischen Ziele jedoch, mit denen die Entstehung der Theorie des „Volkskapitalismus" motiviert wurde, haben sich nicht geändert. Die gegenwärtige bürgerliche Wissenschaft hat die Behauptungen und die Argumente, die den Grundinhalt der Konzeption des „Volkskapitalismus" bildeten, in ihr Arsenal übernommen. Deshalb ist ihre Kritik nach wie vor aktuell.

2 Vgl. A. N. Carver, The Present Economic Revolution in the United States, Boston 1926, S. 9.

3 Vgl. ebenda, S. 220.

Die Idee der Emission einer möglichst großen Zahl kleiner Aktien und ihres Verkaufs an die Arbeiter fand in monopolistischen Unternehmerkreisen volles Interesse. Infolgedessen wurde der Gedanke stark propagiert, und 1924/25 und in den darauffolgenden Jahren kam es zu ersten umfangreichen Versuchen, sie in die Praxis zu überführen.

Zur Entstehung und zur Verkündung der Theorie von der „Demokratisierung" des Eigentums auf diesem Wege kam es gerade in der Periode eines relativen ökonomischen Aufschwungs, als die bürgerlichen Ideologen der Meinung waren, daß sehr günstige subjektive und objektive Bedingungen für eine ideologische Beeinflussung der Werktätigen bestanden. Der illusorische Charakter der angeführten Theorie hat sich schon einige Jahre nach ihrer Entstehung deutlich gezeigt, als die ersten Anzeichen der Weltwirtschaftskrise der Jahre 1929 bis 1933 sichtbar wurden, die zu massenweisen Kursverlusten der Aktien und zu Zusammenbrüchen von Unternehmen führte. Die Arbeiter wurden nicht nur durch die Folgen der Arbeitslosigkeit getroffen, sondern verloren auch ihre Spargelder, die sie in Aktien angelegt hatten. So konnten sich arbeitslose und in Armut lebende Arbeiter plötzlich selbst von der Unwahrheit der Behauptung überzeugen, daß sich der Kapitalismus grundsätzlich verändert habe und daß die Arbeiter zu Kapitalisten würden.

Unter dem Einfluß dieser Situation wurden das Propagieren und die Versuche der Realisierung dieser theoretischen Konzeption eingestellt. In den USA kam es in der Zeit des zweiten Weltkrieges zu ihrer erneuten teilweisen Belebung. Auf breiter Basis wurde das Konzept in den fünfziger Jahren aktiviert, als sich die USA und andere hochentwickelte kapitalistische Länder in der Phase des ökonomischen Nachkriegsaufschwungs befanden. Die schwere Wirtschaftskrise, die die gesamte kapitalistische Welt im Jahre 1974 ergriff und die bis in die Gegenwart andauert, versetzte der Konzeption des „volkskapitalistischen" Eigentums erneut einen sehr ernsthaften Schlag.

Das Wesen der amerikanischen Konzeption vom „volkskapitalistischen" Eigentum wurde in zahlreichen Werken bürgerlicher Wissenschaftler und Publizisten beschrieben. Die bekanntesten von ihnen sind: A. A. Berle[4], M. Nadler[5], R. N. Blough[6], S. Kuznets[7], A. D. H. Kaplan[8], L. H. Kimmel[9]. Das Wesen der amerikanischen Konzeption des „Volkskapitalismus" beruht auf zwei Thesen: 1. Das Eigentum der amerikanischen Industrie hat einen demokratischen Charakter erlangt, da der Besitz von Aktien großer amerikanischer Gesellschaften breit unter

4 A. A. Berle, The 20th Century Capitalist Revolution, New York 1954.

5 M. Nadler, Peoples Capitalism. New York 1956.

6 R. N. Blough, Learning to Multiply and Divide Address before Economic Club of New York, January 15th 1957.

7 S. Kuznets, Shares of Uper Income Groups in Income and Savings, New York 1953.

8 A. D. H. Kaplan, Big Enterprise in a Completive System, Washington 1954.

9 L. H. Kimmel, Share Ownership in the United States, Washington 1952.

das Volk gestreut sei. 2. Es ist zu einer derartigen Einkommensumverteilung in Richtung von reich zu arm gekommen, daß sich die Einkommensgrenze der Bevölkerungsschichten mit niedrigsten Einkommen wesentlich erhöht und bei der reichsten Bevölkerungsschicht (bei den Kapitalisten) rapid gesenkt habe. Die bisherige Entwicklung hat eindeutig gezeigt, daß beide Thesen theoretisch wie praktisch unbegründet sind. Die gesellschaftlich-ökonomische Realität der USA liefert insofern ausreichenden Beweis.[10]

In den entwickelten kapitalistischen Ländern Europas verbreitete sich die Konzeption des „Volkskapitalismus" vor allem in Großbritannien, Österreich und in der BRD. Den größten Einfluß gewann sie in der BRD, wo sie bis heute am intensivsten propagiert wird. In der BRD wurde die Theorie vom „Volkskapitalismus" in der besonderen Variante der „Eigentumsbildung und Eigentumsstreuung in Arbeiterhand" verkündet. Diese Konzeption knüpft an die amerikanischen Theorien an und stimmt mit ihnen, was Wesen und Ziel betrifft, überein. Gleichzeitig weist sie aber auch zahlreiche spezifische Merkmale auf, die durch Besonderheiten der gesellschaftlich-ökonomischen Situation bedingt sind, wie sie sich nach dem zweiten Weltkrieg in der BRD herausgebildet haben.

Die Anfänge einer umfangreichen Verbreitung dieser Konzeption fällt in die Zeitspanne der fünfziger Jahre. Seitdem entwickelten die westdeutschen bürgerlichen Ideologen eine Anzahl von Systemen, Formen und Anleitungen zur praktischen Realisierung der „Eigentumsbildung und Eigentumsstreuung in Arbeiterhand", die ihren Ausdruck auch in der Gesetzgebung gefunden haben. Gerade den Fragen der „optimalen" Rechtsformen widmen die Begründer der Konzeption der „Eigentumsbildung und Eigentumsstreuung in Arbeiterhand" erstrangige Aufmerksamkeit.

An der Bildung dieser Konzeption beteiligten sich in der BRD die Neoliberalen, die Repräsentanten der katholischen Soziallehre und die Vertreter des sog. demokratischen oder freien Sozialismus. Die Vertreter aller dieser Richtungen bemühen sich, die erwähnte Konzeption in ihre bisherigen ökonomischen und ideologischen Doktrinen einzuzwängen. Die neue Konzeption soll als logische Folge ihrer bisherigen theoretischen Auffassungen erscheinen und damit zugleich den Eindruck von Glaubwürdigkeit und Wissenschaftlichkeit der gerade durch sie verkündeten Form (oder Formen) der „Eigentumsbildung und Eigentumsstreuung in Arbeiterhand" erwecken. Bei einer detaillierten Analyse wird allerdings ersichtlich, daß zwischen den einzelnen „Modellen" lediglich solche Unterschiede bestehen, die nicht den Grundinhalt betreffen.

Alle haben einen gemeinsamen, volksfeindlichen Klassencharakter und erfüllen die gleiche Funktion: das bestehende staatsmonopolistische System zu stützen.

10 Vgl. J. J. Beglov, SŠA: Sobstvennost' i vlast', Moskva 1971, S. 45 ff.; A. Norden, Legende und Wirklichkeit über den amerikanischen „Volkskapitalismus" und seine deutschen „Nachfolger", in: Einheit, 2/1957; V. Perlo „L'udový kapitalizmus" a vlastíctvo účastinného kapitalu, in: Ekonomický časopis, 1/1959, S. 87 f.

2. Rechtspolitische Aspekte der „Eigentumsbildung und Eigentumsstreuung in Arbeiterhand" in der BRD

Die Grundthese der Konzeption beruht auf der Behauptung, daß das ökonomische System des Kapitalismus aufgrund der bisherigen Entwicklung eine solche Stufe erreicht hat, daß alle Voraussetzungen dafür bestehen, das Problem der „ungerechten" Eigentums-, Vermögens- und Einkommensverteilung mittels der „Eigentumsbildung und Eigentumsstreuung in Arbeiterhand" zu lösen. Dabei betrachten die Vertreter dieser Konzeption das angeführte Problem als eine „Zentralfrage der Eigentumsverfassung".[11]

Die Befürworter der „Eigentumsbildung und Eigentumsstreuung in Arbeiterhand" gehen von der Vorstellung aus, daß eine solche „Dekonzentration" des Eigentums erreicht werden muß, die es gestattet, immer breitere Bevölkerungskreise an dem sog. produktiven Eigentum zu beteiligen.[12] Sie behaupten, daß dieser Prozeß schon begann, als sich Aktien- und andere Kapitalgesellschaften in großer Zahl verbreiteten und durch Emission von Aktien und sonstigen Wertpapieren ein immer größerer Kreis von Menschen erfaßt wurde. Heute bestünden angeblich alle Voraussetzungen dafür, daß man diesen Prozeß beschleunigen und die gesamte Bevölkerung, also auch die „Arbeitnehmer" beteiligen könne. Dadurch gäbe es angeblich die reale Möglichkeit, definitiv die Eigentumslosigkeit der Werktätigen in der kapitalistischen Gesellschaft zu beseitigen und so den Prozeß der Konzentration und der Zentralisation des Kapitals in den Händen der Kapitalisten zu stoppen. Es wird entschieden geleugnet, daß die Vermögensungleichheit ein gesetzmäßiges Produkt des Kapitalismus ist, das aus seinem Wesen hervorgeht.

Die Vertreter der „Eigentumsbildung und Eigentumsstreuung in Arbeiterhand" sind der Meinung, daß die „ungleichmäßige" Verteilung des Vermögens im Rahmen des Kapitalismus geändert werden kann und muß. Sie gehen von der These aus, daß es im heutigen Kapitalismus allen, also auch den Arbeitern, möglich sei, Kapital zu akkumulieren. Dies sei der Schlüssel zur Lösung des Gesamtproblems. Man müsse bloß die entsprechenden Formen und Methoden finden, durch die den Arbeitern der Zutritt zum Kapitalmarkt und zur Teilnahme an der Kapitalbildung ermöglicht wird. So erhielten die Arbeiter die Möglichkeit, individuelle Eigentümer von Produktionsmitteln zu werden. Den Zutritt der Arbeitnehmer zum Kapitalmarkt stellen sich die Verfechter der „Eigentumsbildung und Eigentumsstreuung in Arbeiterhand" grundsätzlich so vor, daß sich die Arbeiter mit ihren Spargeldern durch Kauf von Aktien und anderen Wertpapieren am „Eigentum" der kapitalistischen Unternehmer beteiligen. Die Anteile der Arbei-

11 E. Stein, Lehrbuch des Staatsrechts, Tübingen 1968, S. 251.

12 E. Helmstädter, Das Privateigentum an Produktionsmitteln aus wirtschaftlicher Sicht, in: Das Eigentum als Fundament der Rechts- und Gesellschaftsordnung, IW-Jahrestagung am 23. Oktober 1973, Bonn; O. Issing/W. Leisner, „Kleineres Eigentum", Göttingen 1976, S. 73.

ter sollen sich auf diese Weise ständig erhöhen und die der bisherigen Eigentümer sollten ständig relativ kleiner werden. Dadurch soll in der Endphase eine breite Streuung des sog. produktiven Eigentums erreicht werden. Der Prozeß der Eigentumsbildung und Eigentumsstreuung soll durch staatliche und durch Maßnahmen der Kapitalisten in der Hinsicht positiv beeinflußt werden, daß die Arbeiter in kürzester Zeit solche Eigentumsanteile erreichen, die ihnen soziale Sicherheit und Einkommen aus dem Kapital sichern.[13]

In der Sphäre der Klassenbeziehungen wird entsprechend dieser Konzeption infolge der dargestellten Veränderungen der Prozeß der Beseitigung von Klassenantagonismen und der Beseitigung des Klassenkampfes vollendet. Anknüpfend an die Theorie der sog. Sozialpartnerschaft sind die Vertreter dieser Konzeption der Meinung, daß, wenn die Arbeiter massenhaft zu Subjekten von Beteiligungssystemen werden, eine Interessengemeinschaft aller an der Produktion beteiligter Gruppen erreicht wird. Es falle angeblich die letzte Barriere, die die Kapitalisten von den Arbeitern trenne. Die Arbeiter würden zu „Miteigentümern", „Mitunternehmern", was sich nicht nur in ihrem Verhalten im Arbeitsprozeß, sondern auch in ihrer ideologischen Gesamteinstellung zur Gesellschaftsordnung und zum Privateigentum an den Produktionsmitteln widerspiegeln werde.[14]

In rechtlicher und rechtspolitischer Hinsicht ist die „Eigentumsbildung und Eigentumsstreuung in Arbeiterhand" von der Sozialbindung des Eigentums und

13 Vgl. dazu K. Neumann, Vermögensverteilung und Vermögenspolitik, Frankfurt a. M. 1976; G. Weisse, Förderung der Vermögensbildung der Arbeitnehmer, in: Neue Wirtschaftsbriefe, 18/1976, S. 901–914; W. Kerber, Vermögensbildung. Eine bleibende Forderung der katholischen Soziallehre, in: Stimmen der Zeit, 8/1976, S. 530–544; H.-G. Guski, Vermögensbildung. Bilanz und Perspektiven, Köln 1975; K. H. Biedenkopf, Vermögensbildung der Arbeitnehmer, in: Deutschland-Union-Dienst, 169/1973, S. 1/2; H. J. Schneider, Die partnerwirtschaftliche Kapitalbeteiligung der Arbeitnehmer am mittelständischen Industrieunternehmen, Köln-Bonn 1973; W. J. Mückl, Vermögenspolitische Konzepte in der Bundesrepublik Deutschland (Schriften der Kommission für wirtschaftlichen und sozialen Wandel, IX), Göttingen 1975; H. Ehrenberg/P. Streichan, Dokumente zur Vermögenspolitik, Bonn-Bad Godesberg 1974; H. Ehrenberg, Vermögenspolitik der siebziger Jahre, Stuttgart-Berlin(West)-Köln-Mainz 1971; H. Willgerodt/K. Bartel/U. Schillert, Vermögen für alle. Probleme der Bildung, Verteilung und Werterhaltung des Vermögens in der Marktwirtschaft, Düsseldorf-Wien 1971; C. Föhl, Pläne zur Vermögensbildung in Arbeitnehmerhand. Ein kritischer Überblick, in: Der Bürger im Staat, 20/1970, S. 207 f.; O. Klug, Vorkapitalismus durch Streuung des Eigentums, Stuttgart 1962; K. P. Frauenkron/S. Gerl, Die Vermögensbildung in der Gesetzgebung des Deutschen Bundestages, in: Aus Politik und Zeitgeschehen, 36/1977, S. 17 ff.; C. Schäfer, Zur gegenwärtigen vermögenspolitischen Diskussion, in: WSJ-Mitteilungen, 10/1977, S. 598 f.

14 Eigentum – Wirtschaft – Fortschritt, Hrsg. Walter-Raymond-Stiftung, Köln 1970, S. 15, 195 ff.

von der Sozialstaatlichkeit abgeleitet, wie sie in Art. 14 und 20 des Grundgesetzes der BRD verankert sind.[15]

Aufgrund dieser Festlegungen wird „Vermögenspolitik" zugunsten der „Nichtselbständigen" gefordert. Allerdings beschränkt die Anwendung dieser Verfassungsprinzipien auch die Grenzen der „Eigentumsbildung und Eigentumsstreuung", da sie nur unter der Voraussetzung verwirklicht werden kann, daß die bestehenden Eigentümerrechte nicht angetastet werden. Die bürgerliche Rechtswissenschaft argumentiert dahingehend, daß sich der Eigentumsschutz auf alle bisherigen Eigentümerrechte beziehe – Art. 14 und 15 GG – und daß deswegen jeder Eingriff in das „legitime", in das im Einklang mit der gültigen Rechtsordnung verschaffte Eigentum als rechts- und verfassungswidrig zu betrachten sei, denn legal erworbenes Eigentum hat „in einem Rechsstaat Recht auf Schutz".[16] „Ein Abbau von Vermögenskonzentrationen läßt sich somit nicht im Wege einer Enteignung oder Sozialisierung erreichen. Damit verbietet die Eigentumsgarantie eine Vermögensumverteilung durch Eingriffe in die Verteilung des gegenwärtigen Vermögensbestandes. Auch versteckte Eingriffe mit dem Ziel einer Korrektur der Verteilung des gegenwärtigen Vermögens sind verfassungswidrig."[17] Deswegen sollen sich alle Anleitungen zur „Verteilung" des Eigentums, gleich von welcher politischen Seite sie kommen, nicht auf das bisher erlangte Eigentum oder andere Vermögensrechte beziehen. In Betracht kommt nur die „Verteilung" des künftig erwarteten Eigentums, d. h. der Werte, die bis jetzt rechtlich niemandem gehören, des sog. Eigentumszuwachses. „Alle drei Parteien" (CDU, FDP, SPD, J. L.) – sagt E. Stein – „haben diese verfassungsrechtlichen Grenzen jeder Vermögenspolitik erkannt und beachtet: Sie beabsichtigen keine Umverteilung des gegenwärtigen Vermögens, sondern beschränken sich darauf, die Verteilung des für die Zukunft erwarteten Vermögenszuwachses neu zu regeln. Wegen dieser Beschränkung auf den Vermögenszuwachs ist das Ziel einer Vermögensverteilung auch mit dem individualrechtlichen Aspekt der Eigentumsgarantie vereinbar."[18] Aus all dem ist der wirkliche Charakter, das Wesen und die klassenpolitische Zielstellung der Konzeption der „Eigentumsbildung und Eigentumsstreuung in Arbeiterhand" und ihre innere

15 T. Maunz/G. Düring/R. Herzog, Grundgesetz, Kommentar, München 1974, Art. 14, S 11; E. Stein, Vermögenspolitik und Grundrechte, Zur verfassungsrechtlichen Beurteilung der Modelle von SPD, FDP und CDU, Köln 1974, S. 30/31; O. Issing/ W. Leisner, „Kleineres Eigentum", a. a. O., S. 76; K. Hesse, Grundzüge des Verfassungsrechts der Bundesrepublik Deutschland, Karlsruhe 1975, S. 178; H. Ehrenberg/P. Streichan, Dokumente zur Vermögenspolitik, a. a. O., S. 10.

16 Aus dem Entwurf der CDU vom November 1973, zit. in: M. Krüger, Eigentum und Konzentrationsprozeß, in: Marxistische Blätter, 5/1975, S. 49; vgl. auch E. Welty, Kommentar und Einführung in die Soziallehre der Päpste von Leo XIII. bis zu Johannes XXIII., in: Die Sozialenzyklika Papst Johannes XXIII., Freiburg-Basel-Wien 1962, S. 144.

17 E. Stein, Vermögenspolitik und Grundrechte, a. a. O., S. 30.

18 Ebenda.

Widersprüchlichkeit klar ersichtlich. Auf der einen Seite sollen das kapitalistische Privateigentum und die kapitalistische Produktionsweise in vollem Ausmaß erhalten bleiben, auf der anderen Seite soll das Vermögen gerecht verteilt werden. Tatsächlich wird eine Verteilung des Eigentums überhaupt nicht ins Auge gefaßt, nicht einmal jenes Eigentums, das erst geschaffen wird. Ein Beweis dafür liefern unter anderem die Prinzipien, auf welche alle Modelle der „Vermögensbildung" aufgebaut sind.

Vor allem sei das Prinzip genannt, daß das Vermögen den Arbeitern nicht „geschenkt werden sollte", weil dadurch die Ziele scheitern würden, die durch „Eigentumsbildung und Eigentumsstreuung" verfolgt werden. Durch Schenkung würde die erwartete Erziehungswirkung nicht erreicht werden, die Arbeiter würden so gewonnenes Vermögen „nicht schätzen". Deswegen müßten sich die Arbeiter das Vermögen „durch ihre Arbeit verdienen".[19] Anderenfalls würde die Gefahr einer psychologischen Entwertung der Vermögensbildung – „was nichts kostet, ist nichts wert" – entstehen.[20] Den Gesamtprozeß der „Eigentumsbildung und Eigentumsstreuung in Arbeiterhand" stellen sich seine theoretischen Begründer konkret so vor, daß die Arbeiter dem Kapitalmarkt einen gewissen Teil des vorenthaltenen Lohnes anbieten, wofür sie in Höhe der eingelegten Finanzteile Wertpapiere erhalten. Von der Einführung einer solchen Methode werden weitgreifende wohltätige volkswirtschaftliche Folgen erwartet: vor allem die Ansammlung von freien Finanzmitteln, die in ein Unternehmen oder in die Wirtschaft investiert werden können, bei gleichzeitiger Konsumbeschränkung der Arbeiterklasse. „Sinn der Vermögensbildung ist es", führt W. Leisner aus, „Konsumverzicht zu erzwingen, zugunsten von späterem Eigentum. Langfristige Anlage kann also erzwungen werden."[21] Investitionszuwachs und Konsumbeschränkung bei den Arbeitern bilden ihrer Behauptung nach optimale wirtschaftliche Bedingungen dafür, daß sich die kapitalistische Wirtschaft auf die Dauer stabilisiert, damit die Konjunktur, Arbeitsplätze und hoher Lebensstandard erhalten bleiben.

Die Vertreter dieser Konzeption erwarten von deren Realisierung den Erwerb sog. echten Eigentums an Produktionsmitteln in den Händen der bisherigen „Nichteigentümer". Das bedeutet, daß nach diesen Vorstellungen den „kleinen" Eigentümern alle Eigentümerbefugnisse (Verwaltung, Verfügung und Nutzung) in vollem Maße und mit der Möglichkeit vollkommener Realisierung zustehen

19 T. Thiemayer, Die gegenwärtige Diskussion über die Vermögensbildung in der Bundesrepublik, in: Eigentum in der industrialisierten Gesellschaft, Göttingen 1968, S. 59; vgl. auch O. Nell-Breuning, Wirtschaft und Gesellschaft I, Grundfragen. Eine Thesenfolge, Freiburg 1956, S. 444; ders., Eigentumsbildung in Arbeitnehmerhand, Paderborn 1953, S. 10; A. Burghardt, Eigentumsethik und Eigentumsrevisionismus, München 1955, S. 115.

20 Vgl. W. Drechsler, Konsequente Vermögenspolitik: Aktien für alle und Beteiligungen für Mitarbeiter, Stuttgart 1976, S. 70.

21 O. Issing/W. Leisner, „Kleineres Eigentum", a. a. O., S. 76.

sollen.[22] Sie bemühen sich, im vollen Widerspruch zu anderen Behauptungen der bürgerlichen Wissenschaft über die „Entfunktionalisierung" des Eigentums, den Arbeitern einzureden, daß sie als Eigentümer kleiner Aktien bzw. anderer Wertpapiere alle Eigentumsbefugnisse ausüben können, die die entsprechenden Produktionsmittel betreffen. Die Arbeiter werden nach diesen Darstellungen zu Eigentümern von Produktionsmitteln, nicht nur vom rechtlichen Standpunkt aus, sondern auch aus faktischen Gründen, denen zufolge sie im entsprechendem Maße auch Träger der wirtschaftlichen Macht seien, die aus dem Produktionsmitteleigentum abgeleitet wird.

Dem Wesen, Charakter und Ziel der Konzeption über die „Eigentumsbildung und Eigentumsstreuung in Arbeiterhand" entsprechen auch die Methoden ihrer Realisierung. In der Gegenwart werden in der BRD grundsätzlich drei Methoden angewendet: die Sparförderung, der Investivlohn und Gewinn- (bzw. Ertrags-) beteiligung.[23] Die angeführten Methoden werden getrennt oder in gegenseitiger Kombination verwendet. Es sind keine prinzipiell neuen Methoden. Im Kapitalismus werden sie schon seit längerer Zeit zur verstärkten Ausbeutung der Werktätigen eingesetzt.[24] In rechtlicher Hinsicht soll den Zielen der „Eigentumsbildung und Eigentumsstreuung in Arbeiterhand" vor allem die Aktiengesetzgebung dienen. In der Begründung zum Regierungsentwurf des Aktiengesetzes 1965 in der BRD bezeichnet man es als seinen Zweck, der gesellschaftspolitischen Aufgabe zu dienen, „immer weitere Kreise und Schichten unseres Volkes an dem Produktionsvermögen der Wirtschaft zu beteiligen und einer Massierung des Kapitals in Händen weniger Personen entgegenzuwirken." Das Gesetz soll (nach dieser Vorstellung) die entscheidende Voraussetzung „für die Verwirklichung der Forderung breitester Streuung des Eigentums auf dem Gebiet des Aktienwesens" schaffen.[25]

Die Konzeption über „Eigentumsbildung und Eigentumsstreuung in Arbeiterhand" erfüllt eine ideologische und eine ökonomische Funktion. In ideologischer Hinsicht zielt sie vor allem auf die Beschönigung des heutigen Kapitalismus und dient der Tarnung der Auswirkungen der kapitalistischen Eigentumsverhältnisse. Das spiegelt sich in konzentrierter Form in der Behauptung wider, daß die Vermögensungleichheit ihren Ursprung nur in einer falschen Distribution des Eigentums und des Vermögens habe, die im Rahmen des Kapitalismus durchaus korrigierbar sei. Durch eine Veränderung in der Vermögens- und Einkommensverteilung könne den Werktätigen zu Produktionsmitteleigentum verholfen wer-

22 Ebenda.

23 Vgl. W. J. Mückl, Vermögenspolitische Konzepte in der Bundesrepublik Deutschland, a. a. O., S. 4 ff.

24 Die ausführliche marxistische Analyse und Kritik dieser Systeme geben z. B.: G. Hiller, Gewinnbeteiligung der Arbeiter im Kapitalismus?, Berlin 1957; G. Fabiunke, Investivlohn ist Betrug, Berlin 1958.

25 Begründung zum Regierungsentwurf eines Aktiengesetzes, in: Aktiengesetz. Zusammengestellt von B. Kropff, Düsseldorf 1965, S. 16.

den. Davon erhofft man sich, daß das Vertrauen der Werktätigen zum Kapitalismus erneuert und die Arbeiterklasse letzten Endes in das staatsmonopolistische System integriert wird.[26]

Die Bestrebungen der Autoren dieser Konzeption zielen darauf hin, bei der Arbeiterklasse die Illusion hervorzurufen, daß der Kapitalismus auf die Dauer lebensfähig sei und daß er für sie einen allseitigen Wohlstand zu sichern vermag. Die Versprechungen einer besseren Zukunft, die mit Hilfe des Erwerbs einiger Aktien oder anderer Wertpapiere erreicht werden könne, haben die Aufgabe, die Arbeiterklasse vom revolutionären Kampf gegen den Kapitalismus und das kapitalistische Privateigentum abzubringen. Dabei wird von der Annahme ausgegangen, daß die Arbeiter der Illusion verfallen, Eigentümer von Produktionsmitteln zu sein, daß sie der Privateigentümerpsychologie unterliegen und als „Miteigentümer, Mitunternehmer, Wirtschaftsbürger" zu Anhängern und Verteidigern des Privateigentums werden.

Von dieser Zielstellung der Konzeption der „Eigentumsbildung und Eigentumsstreuung in Arbeiterhand" gehen zahlreiche ihrer Befürworter aus. K. Schiller erwartet von der Teilnahme am „Vermögenszuwachs", daß „unsere Bevölkerung auch ein immer näheres und besseres Verhältnis zur Marktwirtschaft gewinnen wird. Gerade der Arbeitnehmer mit einem gewissen Vermögen wird dann allergischer auf Pläne zur Verstaatlichung und Vergesellschaftung reagieren".[27] Noch weitergehende ideologische Absichten verbindet G. Leber mit der Vermögensbildung. Er hält es „gerade in dieser Zeit für die beste Medizin gegen Infektion durch revolutionäre Ideologien. Das könnte sogar als Voraussetzung für den Dialog mit dem Osten unsere Position stärken."[28] Genau in die gleiche Richtung denkt auch Leisner im Zusammenhang mit der Entwicklung seines Konzepts des sog. kleinen Eigentums. Er setzt voraus, daß das Subjekt dieses Eigentums „ein echtes Eigentumsgefühl" gewinnt, welches ihn mit dem ganzen Eigentumskomplex, also auch mit dem großen Eigentum, verbindet.[29]

Alle diese und ähnliche Ansichten widerspiegeln das Streben, auf das Bewußtsein der Arbeiterklasse in dem Sinne einzuwirken, daß sie eine positive Beziehung zum Institut des Privateigentums und – zu der Gesamteigentumsstruktur – vor allem zum monopolistischen Eigentum gewinnen und dadurch auch eine positive Beziehung zum staatsmonopolistischen Kapitalismus selbst. Weiterhin geht es um die Herausbildung einer negativen Einstellung zu jeder revolutio-

26 Vgl. Stellungnahme der DKP zur sogenannten Vermögenspolitik. November 1973; W. Petschick, „Vermögensbildung" – eine Variante der Massenmanipulierung, in: Marxistische Blätter, 5/1971, S. 28 ff.; M. Krüger, Eigentum und Konzentrationsprozeß, in: Marxistische Blätter, 5/1975, S. 49/50; H. Jung, Arbeiterklasse – Eigentum – Mitbestimmung – Systemveränderung, in: Arbeiterseminar 71, Frankfurt a. M. 1971, S. 31/32.

27 K. Schiller, Marktwirtschaft in der Bewährung, in: Handelsblatt, 4./5. 12. 1970.

28 G. Leber, Interview, SPD-Pressemitteilungen und Informationen, Bonn 1970.

29 Vgl. O. Issing/W. Leisner, „Kleineres Eigentum", a. a. O., S. 88.

nären Tat oder Idee, die auf eine demokratische Umgestaltung der bestehenden Eigentums- und Machtverhältnisse gerichtet wären.

Die Aufgabe dieser bürgerlichen Konzeption im Klassenkampf besteht in der Verwischung des unversöhnlichen Widerspruchs zwischen Proletariat und Bourgeoisie sowie darin, durch die Illusion einer Eigentümergemeinschaft mit den Kapitalisten einen Zustand „sozialen Friedens" hervorzurufen. Die „Eigentumsbildung und Eigentumsstreuung in Arbeiterhand" soll nach den Vorstellungen ihrer Verfechter dazu beitragen, daß sich „die Spannungen zwischen Bevölkerungsschichten" nicht zu „Klassengegensätzen" auswachsen. Die bürgerlichen Ideologen sind der Ansicht, daß Arbeiter, die Eigentumstitel in Form von Wertpapieren in Händen haben, in ihrem Klassenbewußtsein so geschwächt sein würden, daß sie bereit seien, mit den Kapitalisten zusammenzuarbeiten. Dementsprechend schreiben die Autoren dieser Konzeption der „Vermögensbildung" bei der Durchsetzung der Idee der „Sozialpartnerschaft" eine große Bedeutung zu.[30] So erklärte ein Sprecher der CDU, E. Pieroth, vor dem Bundestag, die Arbeiter müßten zur „Entscheidung für soziale Partnerschaft und gegen Klassenkampf"[31] veranlaßt werden. Mit einer aktiven „Vermögenspolitik" will man die Verschärfung von Lohn- und sozialpolitischen Kämpfen verhindern. Dazu erklärte R. Friederichs: „Es kommt darauf an, daß die im Aufschwung möglicherweise neu entstehenden Verteilungsprobleme, die wir nicht übersehen dürfen – denn die werden kommen –, nicht neue Verteilungskämpfe zu Lasten zukünftiger Arbeitsplätze entfachen, sondern durch eine verstärkte vermögenspolitische Beteiligung der Arbeitnehmer von vornherein wenigstens entschärft werden."[32]

Die ökonomische Funktion aller Modelle der „Eigentumsbildung und Eigentumsstreuung in Arbeiterhand" besteht darin, den Arbeitern einen Teil ihres Lohnes vorzuenthalten und so zusätzliche Finanzmittel zu sammeln, die den Monopolen für Investitionszwecke zur Verfügung stehen.[33] Der Bedarf der Monopole an solchen Mitteln wächst im Zusammenhang mit erweiterten Investitionen, umfangreichen Forschungen usw. wie auch aufgrund der Konkurrenz zwischen den Monopolen und angesichts des wirtschaftlichen Wettbewerbs mit den sozialistischen Ländern ständig.[34]

Zur Erlangung zusätzlicher Mittel erweist sich die Emission von Aktien und anderer Wertpapiere und ihr Verkauf an einen breiten Interessentenkreis als besonders geeignet. Deswegen überrascht es nicht, daß die Unternehmerkreise in der Gegenwart weitere Möglichkeiten „der Beteiligung der Arbeitnehmer an

30 F. Schuster „Sozialpartnerschaft" oder Klassenkampf, Frankfurt a. M. 1974, S. 6 ff.

31 Deutscher Bundestag, 7. Wahlperiode, 227. Sitzung, Bonn 11. 3. 1976.

32 Ebenda.

33 Vgl. J. Nitsche, „Vermögenspolitik" zur Sicherung der Profite und der Macht der Monopole, in: IPW-Berichte, 5/1978, S. 48 ff.

34 Vgl. W. Petschick, Vermögensbildung – eine Variante der Massenmanipulierung, in: Marxistische Blätter, 5/1971, S. 31.

dem in der Wirtschaft arbeitendeen Kapital" fordern, um die Finanzierung von Investitionen in der Wirtschaft zu sichern.[35]

Diese Absicht wurde auch in der Debatte im Bundestag am 11. März 1976 deutlich sichtbar, wo die CDU/CSU den Gesetzentwurf über die „Förderung der betrieblichen Gewinn- und Kapitalbeteiligung" einbrachte. Pieroth erklärte zur Begründung des Gesetzentwurfs: „Wir sind uns andererseits einig, daß unsere Wirtschaft mehr als bisher investieren muß. Diese gewaltigen Zukunftsinvestitionen können nicht von wenigen Unternehmen und dürfen in unserer marktwirtschaftlichen Grundordnung nicht weitgehend vom Staat finanziert werden. Die Investitionskraft der deutschen Wirtschaft kann nur durch die Beteiligung vieler Arbeitnehmer an der Investitionsfinanzierung gestärkt werden."[36]

Im Einklang damit hieß es in dem Entwurf der CDU/CSU, daß „die betriebliche Beteiligung den Eigenfinanzierungsspielraum der Unternehmen, die sich nicht direkt an den Kapitalmarkt wenden können", verbessere.

Zur Erreichung dieses Zieles wird in dem CDU/CSU-Entwurf vorgeschlagen, zur Förderung der Beteiligung von Arbeitern neben bisherigen auch noch andere Rechtsformen vorzusehen. Ins Auge gefaßt werden insofern Beteiligungen als stille Gesellschafter, als GmbH-Gesellschafter und als persönlich haftende Gesellschafter.[37] Diese Vorschläge in bezug auf die neuen Rechtsformen wurden noch mehr konkretisiert und bekräftigt im Gesetzentwurf zur stärkeren „Förderung der Beteiligung von Arbeitnehmern am Produktionsvermögen" vom Februar 1978, den die CDU/CSU-Fraktion in den Bundestag einbrachte.[38] Dieses Projekt korrespondierte völlig mit den Plänen der BRD-Regierung zur Förderung der „Vermögensbildung in Arbeitnehmerhand" vom Dezember 1977.[39] Nach diesen Plänen sollte eine „Beteiligung" der Arbeiter in jeder Unternehmensform möglich werden, wodurch wiederum sich die Basis für Wirtschaftsfinanzierungen von seiten der Arbeiter verbreitern sollte.

Die Systeme der „Vermögensbildung" sollen den Unternehmern auch als Instrument der Lohnpolitik gegenüber den Arbeitern dienen. Sie sollen Lohnforderungen der Gewerkschaften abwenden. Vermögenswirksame Lohnbestandteile sollten, wie K. H. Biedenkopf sagt, „bevorzugtes Element einer künftigen Lohnpolitik werden"[40], um Lohnansprüche zu verhindern, „die zu einer weiteren Gefährdung der marktwirtschaftlichen Ordnung führen". Durch Konsumverzicht

35 Vgl. Grundzüge der Bundesvereinigung der Deutschen Arbeitgeberverbände für eine weiterführende Vermögenspolitik vom 7. 10. 1976, in: Gesellschaftspolitischer Informationsdienst, Bonn, Nr. 30, 14. 10. 1976, Anhang S. I/II.

36 Vgl. Deutscher Bundestag, 7. Wahlperiode, 227. Sitzung, Bonn, 11. 3. 1976.

37 W. Drechsler schlägt vor, noch weitere Rechtsformen der „Kapitalbeteiligung" der Arbeitnehmer zu benutzen (vgl. W. Drechsler, Konsequente Vermögenspolitik: Aktien für alle und Beteiligung für Mitarbeiter, a. a. O., S. 73).

38 Vgl. Handelsblatt, 21. 2. 1978.

39 Vgl. Frankfurter Allgemeine, 5. 12. 1977.

40 K. Biedenkopf, Vermögensbildung der Arbeitnehmer, in: Deutschland-Union-Dienst, 169/1973.

und durch Teillohnabgabe für die Kapitalmarktbedürfnisse sollen die Arbeiter zur Wiedergewinnung der Stabilität der kapitalistischen Wirtschaft beitragen, sie sollen sich also an der Beseitigung der Folgen der Wirtschaftskrise beteiligen: „Wer Vermögen bildet, trägt nicht durch überhöhte Nachfrage zur Preissteigerung bei, sondern arbeitet mit an der Wiedergewinnung der Stabilität."[41]

Der Marxismus-Leninismus hat die Grundthese dieser Konzeption, daß auch das Proletariat im kapitalistischen System eine reale Möglichkeit habe, durch seine Arbeit Eigentum an Produktionsmitteln zu erwerben und sich so Wohlstand zu sichern, längst widerlegt. Aus der Stellung des Proletariats und der anderen werktätigen Klassen und Schichten, die vom Produktionsmitteleigentum getrennt sind und denen nichts anderes als ihre Arbeitskraft gehört, geht hervor, daß sie durch ihre Arbeit kein Privateigentum an Produktionsmitteln erwerben können. Sie sind vielmehr dazu berufen, solches Eigentum für die Kapitalisten zu schaffen und so immer wieder die Grundlage zu bilden, auf der sie ausgebeutet werden.

Bereits die Begründer des wissenschaftlichen Sozialismus setzten sich mit der Grundthese dieser Konzeption auseinander, die bereits zu ihren Lebzeiten in einfacher Form in die Lehre kleinbürgerlicher Ökonomen Eingang gefunden hatte. Es ist interessant zu lesen, wie Marx und Engels vor mehr als hundert Jahren auf die Behauptung reagierten, daß die Arbeiter die Möglichkeit hätten, Eigentum an Produktionsmitteln für sich selbst zu erwerben. Zu dieser Zeit trat nämlich der kleinbürgerliche Ökonom Proudhon, der als der Urheber der Idee von der „Eigentumsbildung" der Arbeiter betrachtet werden kann, mit der Ansicht hervor, daß die Arbeiter durch Abführung eines Teils ihres Lohns an eine Sonderbank die Voraussetzung dafür schaffen müßten, den Kapitalisten ihre Produktionsmittel abzukaufen. Engels wies in einem Brief an Marx auf die Unhaltbarkeit dieser Ansicht hin und fügte ironisch hinzu: „Ist so ein famoser Plan je erdacht worden, und ist es nicht ein viel kürzerer Weg, wenn man einmal einen tour de force machen will, lieber gleich aus dem Silber-schein des Mondes Fünffrankentaler zu prägen."[42] Schon das Herangehen der bürgerlichen Wissenschaft an die Frage der sog. Eigentumsbildung ist unwissenschaftlich, weil sie sie als selbständige, von den Produktionsverhältnissen, vor allem den Eigentumsverhältnissen unabhängige Frage betrachtet.

Evident und durch die marxistische Wissenschaft längst bewiesen ist die Tatsache, daß die Einkommens- und die Vermögensverteilung als eine sekundäre Erscheinung von den bestehenden Produktionsverhältnissen und namentlich von dem Produktionsmitteleigentum abgeleitet ist. Eine „ungerechte" Einkommens- und Vermögensverteilung ist dabei in der kapitalistischen Gesellschaft eine objektiv notwendige Folge der kapitalistischen Produktionsweise selbst. Eingriffe in die Distribution des gesellschaftlichen Produkts (selbst wenn sie

41 Ebenda.

42 F. Engels, Brief an Karl Marx vom 18. September 1846, in: MEW, Bd. 27, Berlin 1963, S. 50.

realisiert würden) können ohne wesentliche Veränderungen in den Eigentumsverhältnissen keine dauerhaften Wirkungen zeitigen. Das kapitalistische Privateigentum würde immer wieder zur Vermögenspolarisation führen.[43]

Der Idee der „Eigentumsbildung in Arbeiterhand" fehlt auch deshalb die wissenschaftliche Begründung, weil die bürgerlichen Theoretiker unter Kapital (Eigentum) die „bloße Sache" bzw. Geld verstehen. Sie verlieren aus den Augen, daß dann, wenn die sachlichen Produktionsbedingungen im kapitalistischen Produktionsprozeß mit der Lohnarbeit verbunden werden, sich das Kapital als gesellschaftliches Verhältnis reproduziert, wobei Lohnarbeit und Kapital im Produktionsprozeß, obwohl sie sich gegenseitig bedingen, eine einander vollkommen entgegengesetzte Stellung einnehmen. Die Lohnarbeit des Proletariers verschafft ihm niemals Kapital. Bereits im „Manifest der Kommunistischen Partei" haben Marx und Engels auf die Frage, ob die Lohnarbeit, die Arbeit des Proletariers, ihm Eigentum verschafft, eindeutig geantwortet: „Keineswegs. Sie schafft das Kapital, d. h. das Eigentum, welches die Lohnarbeit ausbeutet, welches sich nur unter der Bedingung vermehren kann, daß es neue Lohnarbeit erzeugt, um sie von neuem auszubeuten."[44]

Gleichmäßige oder „gerechte" Vermögens- und Einkommensverteilung ist im Kapitalismus aus diesen prinzipiellen Gründen unmöglich. Vollkommen ungeeignet sind insofern solche Mittel wie die „Streuung" von Aktien, Investmentzertifikate usw. und weitere Maßnahmen zur Förderung sog. Eigentumsbildung in Arbeiterhand.

Zu diesem Problem nahm bereits W. I. Lenin in seiner Polemik mit zeitgenössischen Verteidigern der „Demokratisierung" des Kapitals mit Hilfe von Kleinaktien treffend Stellung. „Die ‚Demokratisierung' des Aktienbesitzes, von der bürgerliche Sophisten und opportunistische ‚Auch-Sozialdemokraten' eine ‚Demokratisierung des Kapitals', eine Zunahme der Rolle und Bedeutung der Kleinproduktion usw. erwarten (oder zu erwarten vorgeben), ist in Wirklichkeit eines der Mittel, die Macht der Finanzoligarchie zu vermehren. Aus diesem Grunde läßt übrigens in den fortgeschritteneren oder älteren und ‚erfahreneren' kapitalistischen Ländern die Gesetzgebung kleinere Aktien zu."[45] Die Zersplitterung von Aktien oder anderer Wertpapiere unter eine große Zahl von Kleinaktionären bringt für das Finanzkapital mehrere Vorteile mit sich. Deshalb hat der Nennwert der Aktien für die Finanzoligarchie eine besondere Bedeutung[46] und gestattet die bürgerliche Gesetzgebung, Aktien mit niedrigem Nennwert zu emit-

43 Vgl. P. Colotka, Osobné vlastnictvo, Bratislava 1956, S. 52/53.

44 K. Marx/F. Engels, Manifest der Kommunistischen Partei, in: MEW, Bd. 4, Berlin 1959, S. 475.

45 W. I. Lenin, Der Imperialismus als höchstes Stadium des Kapitalismus, in: Werke, Bd. 22, Berlin 1960, S. 231/232.

46 Vgl. V. V. Zajceva, Nekotorye tendencii sovremennogo zakonodatel'stva buržoaznych stran ob akcionernych obščestvach, in: Sovetskoe gosudarstvo i pravo, 11/1964, S. 125.

tieren. Im Einklang damit senkte z. B. das in der BRD 1965 erlassene Aktiengesetz den Mindestnennbetrag der Aktie von 100,– DM auf 50,– DM (§ 8 Aktiengesetz). Die amerikanische Gesetzgebung erlaubt, Aktien für 10, 5 und sogar für 1 Dollar auszugeben.

Die Argumente, mit denen sich die Verteidiger der „volkskapitalistischen" Eigentumskonzeption zu beweisen bemühen, daß durch kleinere Aktien und andere Wertpapiere für einen größeren Kreis von Werktätigen individuelles Produktionsmitteleigentum gesichert werden kann, treffen nicht zu. Die verschiedenen „Beteiligungssysteme" sind ungeeignet, einen größeren Kreis von Produktionsmitteleigentümer zu bilden. Lediglich der Kreis kleiner Sparer, die man weder vom rechtlichen noch vom ökonomischen Standpunkt aus als Eigentümer des „produktiven Eigentums" bezeichnen kann, wird vergrößert. Das Produktionsmitteleigentum wird auf diese Weise in den Händen der kleinen Schicht monopolistischer Magnaten nur weiter konzentriert.

Auf die Frage, ob der kleine Sparer zum „Besitzenden" oder zum „Eigentümer" wird, antwortete W. I. Lenin: „Nein, er bleibt ein Proletarier, der gezwungen ist, seine Arbeitskraft zu verkaufen, d. h. zu den Eigentümern der Produktionsmittel in Knechtschaft zu gehen . . . Durch seine Beteiligung an einem Großunternehmen wird der kleine Sparer zweifellos mit diesem Unternehmen *verflochten.* Wer zieht nun Nutzen aus dieser Verflechtung? Das Großkapital, das seine Operationen ausdehnt, das dem kleinen Sparer nicht mehr (häufig sogar weniger) als jedem beliebigen anderen Gläubiger zahlt und das *um so unabhängiger* vom kleinen Sparer ist, je *kleiner* und zersplitterter diese Sparer sind."[47]

Die wirtschaftliche und die rechtliche Stellung der Kleinaktionäre sieht so aus, daß sie weder auf Organe der Aktiengesellschaft, noch auf die der Eigentümerbefugnisse hinsichtlich der Eigentumsobjekte Einfluß ausüben können. Zur Anerkennung dieser Tatsache sind auch die bürgerlichen Theoretiker des öfteren gezwungen, wenngleich sie auch die Ursachen dieses Zustands willkürlich erklären. Zum Beispiel stellt M. Lutter fest: „Dieser Einfluß ist in der Vereinzelung des Arbeitnehmer-Kleinaktionärs ausgeschlossen."[48]

Daß die Kleinaktionäre in den Aktiengesellschaften keinen Einfluß haben, hat mehrere Ursachen. In diesem Zusammenhang ist es vor allem bedeutsam, daß selbst bei einer großen Zahl von Kleinaktionären das Gesamtverhältnis des Kleinaktienanteils am gesamten Aktienkapital in den monopolistischen Aktiengesellschaften so beschaffen ist, daß die Mehrheit des Aktienkapitals nach wie vor in Händen weniger Finanzmagnaten und monopolistischer Gruppen konzentriert bleibt.[49]

47 W. I. Lenin, Aus dem Wirtschaftsleben Rußlands, in: Werke, Bd. 6, Berlin 1956, S. 82.

48 M. Lutter, Der Aktionär in der Marktwirtschaft, Berlin(West) 1973, S. 36.

49 Vgl. E. G. Bregel', Kritika buržoaznych učenij ob ėkonomičeskoj sisteme sovremennogo kapitalizma, a. a. O., S. 37/38.

Die bürgerliche Gesetzgebung paralysiert den möglichen Einfluß von Kleinaktionären u. a. auch dadurch, daß sie die Ausgabe verschiedenartiger Aktien (vor allem solcher ohne Stimmrecht, wie der sog. privilegierten Aktien – § 139 Aktiengesetz), die lediglich ein Recht auf die festgelegte Dividende bieten, ermöglicht. Eigentümer solcher Aktien haben kein Recht, sich an den Generalversammlungen zu beteiligen.

Abgesehen von der allgemeinen Tendenz der bürgerlichen Aktiengesetzgebung, die Kompetenz der Generalversammlung zugunsten der Exekutivorgane der Gesellschaft zu beschränken, ist der Einfluß der Kleinaktionäre auf die Geschicke der Gesellschaft schon deshalb gleich null, weil sie auf die in der Generalversammlung angenommenen Entscheidungen in keiner Weise einwirken können. Das beginnt bereits damit, daß die Mehrheit der Kleinaktionäre an den Generalversammlungen überhaupt nicht teilnimmt.[50] Ihr Stimmrecht nehmen Banken, Kreditinstitute und andere Einrichtungen wahr (Depotstimmrecht),[51] die bei den Generalversammlungen formell im Namen einer großen Anzahl von Kleinaktionären auftreten, in Wirklichkeit aber ihre Stellung zur Durchsetzung der Interessen der Finanzoligarchie ausnutzen.[52]

Die Aktiengesetzgebung bietet weiterhin die Gewähr dafür, daß die Kleinaktionäre selbst dann auf wichtigere Gesellschaftsbelange keinen Einfluß ausüben können, wenn sich in ihren Händen ein relativ großes Aktienpaket (was faktisch unmöglich ist) konzentrieren würde und sie persönlich in der Generalversammlung ihr Stimmrecht ausüben würden. Für die Annahme bedeutender Entscheidungen durch die Generalversammlung wird vom Aktiengesetz der BRD die qualifizierte 3/4-Mehrheit gefordert. Demzufolge repräsentiert derjenige dem 25 Prozent plus eine Stimme gehören, in der Aktiengesellschaft eine große Macht, denn ohne seine Zustimmung kann die qualifizierte Mehrheit nicht erreicht werden. Die Stellung des Inhabers von 25 Prozent plus eine Stimme ist in der Gesellschaft um so stärker, je mehr die verbleibenden Prozente der Aktien unter eine Vielzahl von Aktionären verstreut sind.

Aus der Sicht all dieser Umstände wird ersichtlich, daß den Behauptungen bürgerlicher Rechtswissenschaftler, daß Kleinaktionäre die Stellung „eines wirtschaftlichen Eigentümers des Unternehmens" hätten, jede Begründung fehlt.

Die Tendenz der Aktiengesetzgebung in der BRD verfolgend, war H. Mayer-Wegelin gezwungen festzustellen, „daß das Bild des Kleinaktionärs als Inhaber

50 M. Lutter, Der Aktionär in der Marktwirtschaft, a. a. O., S. 25.

51 Ausführlich regelt § 135 Aktiengesetz die Möglichkeit der Ausübung des Stimmrechts durch Kreditinstitute, Banken usw.

52 Im Jahre 1974 hatten in der BRD 343 Kreditinstitute in 425 Gesellschaften 49,3 Prozent Stimmen, dabei entfielen 41,2 Prozent auf Depot-Stimmrechte und 8,1 Prozent auf Stimmrechte der eigenen Aktien. 70 Prozent der vertretenen Stimmen entfielen auf die drei größten Banken, bei denen sich insgesamt 55 Prozent aller von Banken verwalteten Aktien befinden (vgl. M. Krüger, Eigentum und Konzentrationsprozeß, in: Marxistische Blätter, 5/1975, S. 46).

eines Anteils und eines Stimmrechts verblaßt." Und aufgrund seiner Analyse schlußfolgert er: „Der Kleinaktionär als Einzelgänger wird mehr und mehr Zuschauer."[53]

Die geltende bürgerliche Aktiengesetzgebung trägt somit dazu bei, die Aufgabe der Kleinaktionäre ausschließlich darauf zu reduzieren, zusätzliche Mittel zusammenzutragen, ohne ihnen einen effektiven Einfluß auf die Ausübung der Eigentümerbefugnisse einzuräumen. Die Kleinaktionäre nehmen lediglich die Position kleiner Sparer ein, die den Aktiengesellschaften ihre Ersparnisse zur Verfügung stellen und damit letztlich die Macht der Finanzoligarchie stärken, die ihrerseits über alle diese Mittel verfügt.

Die Finanzoligarchie, die den wesentlichen Einfluß auf die Exekutivorgane und damit auf die Tätigkeit der Gesellschaft ausübt, bestimmt Höhe und Verteilungsweise des Gewinns. Der Mechanismus der Gewinnverteilung in der Gesellschaft ermöglicht es den Besitzern großer Aktienpakete und anderen einflußreichen Mitgliedern der Exekutivorgane der Gesellschaft, den wesentlichen Gewinnanteil ohne Rücksicht auf die Dividendenhöhe unter sich zu verteilen. Ihnen stehen hierfür viel wirksamere Mittel der Gewinnverteilung als die Dividenden zur Verfügung (z. B. Ausgleichszahlungen, Reservefonds, Tantiemen usw.). Deswegen trifft eine Dividendensenkung nur die Kleinaktionäre. Das alles zusammen trägt nicht zur Milderung, sondern nur zur Verschärfung der Vermögenspolarisierung bei. Der Besitz einiger kleiner Aktien ändert nichts – und kann auch nichts ändern – an der Stellung des Lohnarbeiters im Kapitalismus. Der Gewinn aus mehreren kleinen Aktien in Form von Dividenden ist so gering, daß er die Existenzbedingung des Lohnarbeiters nicht verbessern und seine soziale Stellung nicht sichern kann.[54] Außerdem ist immer ungewiß, ob die Aktie als ein typisches Wertpapier überhaupt Gewinn oder Verlust bringt, da sie dem „freien Spiel" von Angebot und Nachfrage unterliegt, das sich auf der Börse abspielt. Wirtschaftliche Erschütterungen und Krisen und manchmal auch reine Spekulationen und Machenschaften der Börsenmakler rufen oftmals Schwankungen der Wertpapierkurse und Börsenpaniken hervor, in deren Ergebnis vor allem die Kleinaktionäre aus Angst vor noch größeren Kurssenkungen ihre Aktien mit Verlust abstoßen. Dies nutzen dann die großen Finanzmagnaten. Es kommt zu dem, was schon Marx über die Aktienbewegung auf der Börse sagte: „Da das Eigentum hier in der Form der Aktie existiert, wird seine Bewegung und Übertragung reines Resultat des Börsenspiels, wo die kleinen Fische von den Haifischen und die Schafe von den Börsenwölfen ver-

53 H. Mayer-Wegelin, Das Aktienpaket. Teilaspekt einer Veränderung des Rechts, in: Wirtschaftsfragen der Gegenwart. Festschrift für Carl Hans Barz, Berlin(West)-New York 1974, S. 37.

54 Vgl. J. Lazar, Kritika niektorých buržoáznych a reformistických vlastníckych koncepcií, in: Právnicke štúdie, 1978, S. 57.

55 K. Marx, Das Kapital, Dritter Band, in: MEW, Bd. 25, Berlin 1968, S. 456.

schlungen werden."[55] Die Kleinaktionäre verlieren damit in Zeiten wirtschaftlicher Erschütterungen und Krisen (und diese sind im Kapitalismus die Regel) auch ihre kleinen Ersparnisse.

3. Rechtliche Hauptformen der Eigentumsbildung und „Eigentumsstreuung in Arbeiterhand" in der BRD

Traditionell wird von den Theoretikern der „volkskapitalistischen" Eigentumskonzeption in der BRD die Ausgabe von *Belegschaftsaktien* für die typische Form der „Eigentumsbildung und Eigentumsstreuung in Arbeiterhand" gehalten.[56] Sie besteht im Verkauf von Kleinaktien an Angehörige der jeweiligen Unternehmen.

Da die Kapitalisten mit derartigen Belegschaftsaktien die Erwartung verbanden, daß sie den Unternehmen eine ganze Reihe von Vorteilen bringen würden, begannen einige große Gesellschaften schon Anfang der fünfziger Jahre aus eigener Initiative solche Aktien zu Vorzugskursen zu verkaufen. Und dies, obwohl es das Aktienrecht zu dieser Zeit noch nicht erlaubte, eigene Aktien der Gesellschaft zu erwerben und den Unternehmensangehörigen zum Kauf anzubieten. Die Unternehmen halfen sich auf die Weise, daß sie als Zwischenglied Treuhandgesellschaften oder Kreditinstitute benutzten. Dieser Zustand dauerte bis zur sog. kleinen Aktienrechtsreform in Gestalt des Gesetzes über die Kapitalerhöhung aus Gesellschaftsmitteln und über die Gewinn- und Verlustrechnung vom 23. 12. 1959 (BGBl. I, S. 789). Dieses Gesetz (§ 19 Abs. 1) sollte u. a. die Ausgabe und den Erwerb von Belegschaftsaktien unterstützen. Das nunmehr geltende Aktiengesetz regelt die Ausgabe von Belegschaftsaktien ausdrücklich in den §§ 71 Abs. 1 Ziff. 2, 192 Abs. 2 Ziff. 3.

Die Monopole sind an der Ausgabe von Belegschaftsaktien aus mehreren Gründen interessiert. Belegschaftsaktien, sagt O. Klug, werden zu dem Zwecke ausgegeben, die Arbeiter ideell und materiell stärker an das Unternehmen zu binden.[57] Vor allem sollen auf diese Weise das Interesse der Arbeiter an einer Produktionserhöhung stimuliert und ihr Kampf um höhere Löhne geschwächt werden. Im Geiste der Ideen der „Sozialpartnerschaft" sollen die sozialen Konflikte zwischen Unternehmern und Arbeitern abgeschafft werden. Alles in allem soll aus der Belegschaft „eine Einheit" gebildet werden, die sich vom Verantwortungsgefühl für das Unternehmen leiten läßt. Letzten Endes soll auch eine vom Standpunkt der Unternehmensführung günstige politische Atmosphäre geschaffen werden.[58]

Da die Arbeiter es in ihrer überwiegenden Mehrzahl ablehnen, Belegschaftsaktien zu kaufen, wenden die Monopole außer Vorzugskursen noch verschiedene weitere raffinierte, äußerlich sehr attraktive Methoden an, den Erwerb

56 K. Petersen, Die Belegschaftsaktie, Berlin(West) 1968, S. 54 ff.
57 Vgl. O. Klug, Volkskapitalismus durch Streuung des Eigentums, a. a. O., S. 60.
58 K. Petersen, Die Belegschaftsaktie, a. a. O., S. 69.

schmackhaft zu machen. Z. B. wird eine gewisse Zahl von Belegschaftsaktien als Jahresprämie oder als Vergütung für Sonderleistungen vergeben. Weiter wird ermöglicht, Belegschaftsaktien auf Raten zu kaufen usw.

Trotz der Tatsache, daß Belegschaftsaktien zu stark begünstigten Kursen ausgegeben werden, bringen die kapitalistischen Unternehmen keine finanziellen Opfer. Im Gegenteil. Die Unternehmen machen auch noch durch die Ausgabe von Belegschaftsaktien Gewinn. Denn diese unterliegen nicht der Kapitalertragssteuer. Außerdem bleibt das Kapital, das auf Belegschaftsaktien entfällt, als Betriebskapital im Betrieb. Ohne die Ausgabe von Belegschaftsaktien würde dem Betrieb angesichts der dann üblichen Besteuerung nur etwa die Hälfte der Mittel bleiben, die er so erhalten kann. W. Drechsler bezeichnet die Einsparung an Ertragsteuer als „einen zusätzlichen Anreiz" für Unternehmen, „die Mitarbeiter am Kapital zu beteiligen".[59]

Um sofortige Veräußerungen von Belegschaftsaktien zu verhindern, legen die Unternehmer in der Regel eine Sperrfrist fest, vor deren Ablauf über die Aktien nicht verfügt werden kann. Es ist kein Wunder, daß besonders die Unternehmerkreise unter diesen für sie günstigen Umständen gerade in den letzten Jahren diese Form – gemeinsam mit anderen „betrieblichen Beteiligungsformen" – so stark propagieren.[60] Anfang 1977 gab es in 134 Aktiengesellschaften in der BRD 676 300 Belegschaftsaktionäre. Konkrete Angaben über die soziale Schichtung und über die zahlenmäßige Streuung der Aktien unter den Aktionären fehlen. Deswegen kann auch nicht genau gesagt werden, wieviel Aktionäre Arbeiter und wieviel Aktien von Arbeitern erworben worden sind. Ein nicht unbedeutender Teil von Arbeitern wird sich nur mit einigen wenigen Aktien oder sogar mit nur einer Aktie, die sie möglicherweise als Jahresprämie oder ähnliches erhalten haben, begnügen müssen. Auch ist der Anteil der Belegschaftsaktionäre am gesamten Grundkapital der Aktiengesellschaften relativ gering (von 77,22 Mrd. DM etwa 2,3 Mrd. DM, was etwa 3 Prozent entspricht).[61] Dabei ist kennzeichnend, daß die überwiegende Mehrheit aller Belegschaftsaktionäre auf nur einige der größten Aktiengesellschaften entfallen.

Davon, daß Belegschaftsaktien den Arbeitern keine soziale Sicherheit geben können, konnten sich diese gerade in den letzten Jahren – in der Krisenperiode – überzeugen. Viele von ihnen verloren nicht nur ihre „Anteilsrechte", sondern auch ihre Arbeitsstellen. Das hat sicherlich dazu beigetragen, Illusionen der Arbeiter über Eigentumsgemeinschaften mit den Unternehmern zu beseitigen.

Der Plan zur Einführung von *„Volksaktien"* sollte nach seinen Vätern eine doppelte Mission erfüllen: erstens sollte mit ihm ein Durchbruch erzielt werden,

59 W. Drechsler, Konsequente Vermögenspolitik; Aktien für alle und Beteiligungen für Mitarbeiter, a. a. O., S. 70.

60 Vgl. J. Nitsche, „Vermögenspolitik" zur Sicherung der Profite und der Macht der Monopole, in: IPW-Berichte, 5/1978, S. 51/52.

61 Vgl. H.-G. Guski/H. J. Schneider, Betriebliche Vermögensbeteiligung in der Bundesrepublik Deutschland, Köln 1977; IPW-Berichte, 5/1978, S. 51/52.

die BRD-Bevölkerung für den „Volkskapitalismus" zu gewinnen, und zweitens sollte er der Privatisierung eines Teils des staatlichen Eigentums dienen.

Die Privatisierung mittels Verkauf sog. Volksaktien wurde bei der Preußischen Berg- und Hüttenwerke AG (Preussag),[62] bei den Volkswagenwerken[63] und bei der VEBA (Vereinigte Elektrizitäts- und Bergwerks-Aktiengesellschaft)[64] durchgeführt.

Die Rechtsform der „Volksaktie" erwies sich nicht nur für die „Eigentumsbildung und Eigentumsstreuung in Arbeiterhand" und damit für die Durchsetzung eines „Volkskapitalismus" als ungeeignet, mit ihrer Hilfe wurden vielmehr rentable staatliche Unternehmen zu einem überwiegenden Teil in Privateigentum überführt, das sich nach und nach in den Händen der Monopole und der Finanzoligarchie konzentrierte.[65] Dazu hat auch die konkrete rechtliche Regelung der Emission von „Volksaktien" beigetragen. Sie befindet sich in vollem Maße im Einklang mit der Haupttendenz der bürgerlichen Aktiengesetzgebung, ist auf denselben Prinzipien aufgebaut und erfüllt auch die gleiche Funktion. Dies kann anhand der Konzeption und der Auswirkungen des Gesetzes über die Überführung der Anteilrechte an die Volkswagenwerk-GmbH in private Hand demonstriert werden.

Nach § 1 dieses Gesetzes wurde das Unternehmen Volkswagenwerk-GmbH in eine Aktiengesellschaft umgewandelt (Abs. 1), die Aktien im Nennbetrag von 100 DM (Abs. 3) ausgibt. Mit § 1 Abs. 3 in der Fassung des Gesetzes von 1966 (BGBl I, S. 460) wurden das Anonymitätsprinzip und das Prinzip der Aktienstreuung weiter vertieft. Nach der neuen Formulierung dürfen Aktien „nicht auf einen höheren Nennbetrag als einhundert DM und nicht auf Namen lauten". Damit wurden Ausnahmen ausdrücklich ausgeschlossen.

Auf den Inhaber lautende Aktien entsprechen nämlich den Bedürfnissen des

62 Mit der Privatisierung und dem Verkauf von Preussag-Aktien hat man aufgrund der Entscheidung der Bundesregierung am 24. März 1959 begonnen. Die Bundesregierung brauchte für die Entscheidung über die Privatisierung nicht die Zustimmung des Bundestages, da sich dieses Unternehmen nicht in direkter Verwaltung des Bundes befand.

63 Rechtliche Grundlage der Privatisierung der Volkswagenwerke und der Ausgabe von „Volksaktien" bildete das Gesetz – Über die Überführung der Anteilsrechte an die Volkswagenwerk-GmbH in private Hand vom 21. Juli 1960 (BGBl. I. S. 585). Siehe auch die Gesetze vom 2. August 1966 (BGBl. I, S. 461) und vom 31. Juli 1970 (BGBl. I, S. 1149).

64 „Volksaktien" der VEBA wurden aufgrund der Zustimmung des Deutschen Bundestages gemäß § 47 der Reichshaushaltsordnung zur Veräußerung weiterer Aktien der Vereinigten Elektrizitäts- und Bergwerks-Aktiengesellschaft-VEBA (Bundestagsdrucksache IV/3616) ausgegeben.

65 Vgl. W. Breuer, Eigentumsverhältnisse, Vermögensbildung und Gewerkschaften, in: Gewerkschaften zur Vermögensbildung, Frankfurt a. M. 1974, S. 31; Vom „Volksaktien"-Rummel blieb nur bitterer Nachgeschmack, in: Nachrichten zur Wirtschafts- und Sozialpolitik, August 1975, S. 6.

modernen Kapitalismus viel besser. Die Veräußerung der Aktien wird erleichtert und die Kapitalbewegung vollzieht sich in völlig verdeckter Form.

Eine interessante und sehr lehrreiche Entwicklung haben die Gesetzesbestimmungen über das Stimmrecht und über die Vertretung bei der Stimmrechtsausübung genommen. Der Text dieser Bestimmungen aus dem Jahre 1960 wurde so gefaßt, daß er den Anschein erweckt, als sei es das Bestreben des Gesetzgebers, die Tendenz der Aktienkonzentration in Händen großer Aktionäre zu paralysieren. Dies geschah wahrscheinlich unter dem sozialdemagogischen Aspekt des „Volkskapitalismus" und mit dem Ziel, größere Kreise kleiner Sparer zum Ankauf von „Volksaktien" anzuregen. Das Gesetz aus dem Jahre 1970 (BGBl. I. S. 1149) bringt dagegen bereits eine Veränderung mit sich, mit der den Besitzern großer Aktienpakete, in erster Linie den Banken, Kreditinstituten usw., ganz offen die Möglichkeit geboten wird, ihren Einfluß durch das Stimmrecht bzw. durch Vertretung bei der Stimmrechtsausübung wesentlich zu stärken.

Nach § 2 Abs. 1 des Gesetzes aus dem Jahre 1960 beschränkte sich das Stimmrecht eines Aktionärs auf Aktien im Gesamtnennbetrag des zehntausendsten Teils des Grundkapitals. Damit wurde natürlich nicht verhindert, daß ein Aktionär auch einen größeren Aktienanteil besaß.

Im Jahre 1970 wurde diese Bestimmung dahingehend geändert, daß sich das mögliche Stimmrecht eines Aktionärs auf höchstens 20 Prozent des Grundkapitals erhöhen kann. Das bedeutet, daß ein Aktionär statt mit ursprünglich 600 Stimmen nunmehr mit 1 200 000 Stimmen auftreten kann. Aktien kann er dagegen noch mehr besitzen.

Dieselbe Tendenz kommt noch deutlicher in der Regelung der Vertretung bei der Stimmrechtsausübung zum Ausdruck. Diese ist übrigens für das Großkapital noch wichtiger als das Stimmrecht der Aktionäre selbst. Die Grenze verschob sich hier von dem fünfzigsten auf den fünften Teil des Grundkapitals (§ 3 Abs. 5 des Gesetzes von 1970). Das bedeutet, daß Vertreter in der Hauptversammlung das Stimmrecht für bis zu 1 200 000 Stimmen ausüben können. Wenn wir die erwiesene Tatsache in Betracht ziehen, daß sich bei großer Aktienstreuung die Mehrzahl kleiner Aktionäre durch Banken, Investmentgesellschaften und andere Finanzinstitutionen vertreten läßt, bekommen wir ein klares Bild davon, in wessen Interesse das Stimmrecht, das auf die Mehrzahl der Aktien entfällt, ausgeübt wird.

Aus dieser Sicht ist eine solche Gesetzbestimmung wie die, daß Vertreter der „Volksaktionäre" diese nur dann vertreten können, wenn ihnen jeder Aktionär zugleich „mit der Vollmacht schriftlich Weisungen zu den einzelnen Gegenständen der Tagesordnung" erteilt (§ 3 Abs. 3), ausgesprochen illusorisch. Denn abgesehen davon, daß es höchst unwahrscheinlich ist, daß die Repräsentanten der Banken und Finanzinstitute andere als die Interessen des Finanzkapitals durchsetzen wollen, ist die Bestimmung des § 3 Abs. 3 überhaupt nicht realisierbar. Es ist nicht möglich, daß sich ein solcher Repräsentant auf der Generalversammlung an die verschiedenen Hinweise von zehntausenden von Aktionären zu den einzelnen Punkten der Tagesordnung hält und sie auch durchzusetzen bemüht ist.

Die Beschränkungen des Stimmrechts bezogen sich von Anfang an nicht auf den Bund und das Land Niedersachsen, denen zusammen 40 Prozent des Grundkapitals gehören. Aufgrund der engen Verbindung des Staatsapparats mit den Privatmonopolen und der Finanzoligarchie nutzen die Repräsentanten beider Regierungen ihre Rechte aus dem Aktieneigentum zur Unterstützung der Monopolinteressen und nicht der Interessen der Kleinaktionäre. Die konkreten Ergebnisse bei der Anwendung des gesamten Gesetzes zeigen schließlich deutlich, daß die „Volksaktien" zu keinem irgendwie gearteten „Volkseigentum" geführt haben.

Von der Gesamtzahl der Zeichner von Preussag-Aktien waren ihrer sozialen Zusammensetzung nach nur 5,1 Prozent Arbeiter, 58 Prozent Büroangestellte, Unternehmer und Angehörige freier Berufe. Die soziale Zusammensetzung der VW-Aktionäre war etwa die gleiche: 30,3 Prozent waren Angestellte, 23,6 Prozent Hausfrauen, 14,3 Prozent Rentner, 10,4 Prozent Angehörige freier Berufe, 7,5 Prozent Arbeiter, 7,2 Prozent staatliche Beamte und 6,7 Prozent Geschäftsleute, Gewerbetreibende und Bauern.

Dieser Zustand dauerte allerdings nur sehr kurze Zeit, da schon bis 1965 50 Prozent Preussag-Aktien und 40 Prozent VW-Aktien ihre Eigentümer wechselten.[66]

Zu einem Massenverlust an „Volksaktien" auf Seiten der „Volksaktionäre" kam es infolge eines Börsenkrachs im Jahre 1962. Drechsler schrieb darüber: „Waren die Jahre 1959 und 1961 noch durch die Privatisierung von Preussag und VW begünstigt, so hat der danach einsetzende Verfall der Börsenkurse dem Aktiensparer einen Rückschlag gebracht, von dem er sich bis heute nicht mehr erholen konnte."[67] Betroffen waren vor allem die Kleinaktionäre. Einen schweren Schlag versetzt der „Volksaktionärsbewegung" auch die gegenwärtige Wirtschaftskrise. Die VW-Werke sind unter ihrem Einfluß gezwungen, eine Reihe von „Rationalisierungsmaßnahmen" vorzunehmen. Schon Mitte 1975 wurden 15 000 Arbeiter entlassen, unter ihnen viele „Volksaktionäre". Zugunsten weiterer Investitionen und Rationalisierungen kam es zu einer starken Senkung der Dividenden, in deren Ergebnis die Kleinaktionäre am meisten draufzahlten. Die Gewinne der großen Finanzmagnaten wurden davon nicht betroffen. Im Gegenteil, sie sind weiter gestiegen.[68]

Die geistigen Väter und Propagandisten des *Investmentsparens* behaupten von dieser Form der „Eigentumsbildung und Eigentumsstreuung in Arbeiterhand", daß mit ihm alle Nachteile und Risiken anderer Formen beseitigt werden und dabei gesichert wird, daß die Beteiligten des Investmentsparens zu Subjek-

66 Vgl. Der Spiegel, 31/1969, S. 46; Frankfurter Allgemeine Zeitung, 26. 4. 1961.

67 W. Drechsler, Konsequente Vermögenspolitik. Aktien für alle und Beteiligung für Mitarbeiter, a. a. O., S. 98.

68 Vgl. Vom „Volksaktien"-Rummel blieb nur bitterer Nachgeschmack, in: Nachrichten zur Wirtschafts- und Sozialpolitik, August 1975, S. 6/7.

ten eines sog. vermittelten Miteigentums an Produktionsmitteln in zahlreichen Unternehmen würden.

Das Interesse der herrschenden Kreise an einer allgemeinen Durchsetzung des Investmentsparens spiegelt sich auch in der Annahme eines Sondergesetzes wider.[69]

Das durch dieses Gesetz geregelte Investmentsparen ist eine sehr effektive Methode, die ständig wachsenden Bedürfnisse des Kapitalmarktes eines modernen kapitalistischen Landes zu befriedigen. Das Ziel des Gesetzes besteht nach einer Äußerung des Abgeordneten der CDU A. Neuburger darin, noch breitere Schichten des Volkes als bisher dafür zu gewinnen, sich an der Ansammlung des Investitionskapitals, das die Wirtschaft brauche, zu beteiligen.[70] Das Gesetz und seine einzelnen Bestimmungen sind konzeptionell so konstruiert, daß sie auf optimale Art und Weise die bereits genannte wichtigste Funktion des Investmentsparens erfüllen helfen.

Die Tätigkeit der Kapitalanlagegesellschaften ist darauf gerichtet, „bei ihnen eingelegtes Geld im eigenen Namen für gemeinschaftliche Rechnung der Einleger nach dem Grundsatz der Risikomischung in Wertpapieren gesondert von dem eigenen Vermögen anzulegen und über die hieraus sich ergebenden Rechte Einleger (Anteilinhaber) Urkunden (Anteilscheine) auszustellen" (§ 1 Abs. 1). Die Investmentgesellschaft verkauft sog. Investmentzertifikate zum Preis von 50,– oder 100,– DM und legt die so gewonnenen Beträge in Wertpapierfonds an.

Im System des Investmentsparens nehmen Institutionen des Finanzkapitals – die Banken – eine vorrangige Stellung ein. Die Abhängigkeit der Investmentgesellschaften vom Bankkapital ergibt sich daraus, daß die Banken die Investmentgesellschaften gründen[71] und deren Vermögen verwahren und verwalten. Daraus ergeben sich für die Banken umfangreiche Rechte (§ 11). Das Vermögen der Investmentgesellschaften bilden Wertpapiere, die für das Geld der Einleger erworben und dann in Sonderfonds angelegt werden (§ 6 Abs. 1).

Für die Rechtsstellung des Inhabers eines Investmentzertifikats ist es charakteristisch, daß ihm gemäß § 8 Abs. 1, was die zu den Fonds gehörenden Wertpapiere anbelangt, keine Rechte zustehen, mit Ausnahme des Rechts, den relativen Ertrag zu erhalten, den sie in Form von Dividenden bringen. Das bedeutet, daß der Investmentsparer weder auf die Tätigkeit der entsprechenden Kapitalgesellschaften, deren Wertpapiere zum Fonds der Investmentgesellschaft gehö-

69 Gesetz über Kapitalanlagegesellschaften vom 16. April 1957, i. d. F. der Bekanntmachung vom 14. 1. 1970 (BGBl. I, S. 127).

70 Vgl. A. Neuburger, in: Gesetz über Kapitalanlagegesellschaften, Kommentar, Frankfurt a. M. 1957, S. 9.

71 Zum Beispiel gründete die Dresdner Bank den Deutschen Investment-Trust, Gesellschaft für Wertpapieranlagen GmbH, Frankfurt a. M.; die Deutsche Bank die Deutsche Gesellschaft für Wertpapiere mbH, Frankfurt a. M.; die Rheinische Girozentrale und Provinzialbank die Deutsche Kapitalanlage-Gesellschaft mbH, Düsseldorf, usw.

ren, noch auf die finanziellen und Handelsoperationen der Investmentgesellschaft selbst den geringsten Einfluß hat.

Dem Inhaber eines Investmentzertifikats steht nämlich kein Stimmrecht zu. Das Stimmrecht ist mit den sich in den Fonds befindlichen Wertpapieren verbunden und steht der Investmentgesellschaft zu. Diese kann die Ausübung des Stimmrechts auch anderen – zumeist Banken – übertragen.

Investmentsparen beseitigt für den Inhaber des Investmentzertifikats entgegen den Behauptungen seiner Propagandisten keinesfalls das Risiko, das mit der Teilnahme am Wertpapiermarkt verbunden ist. Der Investmentsparer hat nur dann einen Ertrag zu erwarten, wenn die Wertpapiere Dividende bringen. Wenn es zu ernsteren Wirtschaftserschütterungen und Krisen kommt, die die gesamte Wirtschaft ergreifen, ist auch die Tatsache, daß die Investmentgesellschaft nicht nur an einem, sondern an mehreren Unternehmen beteiligt ist, wenig wirksam.

Der Zertifikatinhaber hat nicht den geringsten Einfluß darauf, in welche Wertpapiere eines Unternehmens oder Industriezweigs sein Geld angelegt wird. Darüber entscheiden die Organe der Investmentgesellschaft, in denen der Einfluß der Banken überwiegt. Die Investmentpolitik der Gesellschaft orientiert sich daher an den Interessen des Finanzkapitals; das wichtigste ist hierbei, daß die Geldeinlagen der kleinen Investmentsparer in den Wirtschaftszweig investiert werden können, der diese Investitionen entsprechend den Interessen der Monopole am dringendsten benötigt.

Die herrschenden Kreise der BRD bemühten sich vom Anfang der Kampagne für den „Volkskapitalismus" an, die Eigentumspolitik im Einklang mit ihren grundsätzlichen ökonomischen und ideologischen Zielen durchzuführen. Ihr Anliegen war es, mit der „Eigentumsbildung" möglichst alle Werktätigen zu erfassen und dabei unter Beachtung der klassenpolitischen und ökonomischen Situation in der BRD möglichst die Interessen aller Gruppen der Bourgeoisie zu berücksichtigen. Diese Bestrebungen erreichten ihren Höhepunkt mit dem *Gesetz zur Förderung der Vermögensbildung der Arbeitnehmer* vom 12. Juli 1961.[72]

Dieses Gesetz, das die „Bildung" sog. produktiven und nichtproduktiven Eigentums zum Ziel hat, kann als ein Versuch gewertet werden, eine generelle rechtliche Regelung der „Eigentumsbildung in Arbeiterhand" zu schaffen. Trotz der diesbezüglichen weiteren Gesetze aus den Jahren 1965 und 1970 hat sich die Konzeption der Regelung im Grunde genommen nicht geändert. Sie geht von dem Prinzip aus, daß das Eigentum den Arbeitern nicht geschenkt werden soll, sondern daß sie es sich „verdienen" müssen. Eigentum in Händen der Arbeiter soll nur in dem Maße gebildet werden, wie durch ihre Sonderleistungen, z. B. in Form höherer Produktivität, von Materialeinsparungen, durch Verbesserung des Produktionsprozesses usw. ein höheres Betriebsergebnis erreicht wird.[73]

72 Das Gesetz wurde im Jahr 1965 und 1970 novelliert (vgl. den Text in der Fassung vom 15. Januar 1975 (BGBl. I, S. 258).

73 Vgl. G. Schelp/K. Schmidt/W. Haase, Kommentar zum Gesetz zur Förderung der Vermögensbildung der Arbeitnehmer, Heidelberg 1961, S. 15.

Im Einklang mit diesem Prinzip werden den Arbeitern aufgrund von Verträgen mit den Unternehmern (Betriebsvereinbarungen oder Tarifverträgen) „vermögenswirksame Leistungen" bis zu 624 DM jährlich gewährt. Falls ihr jährliches Einkommen 24 000 DM nicht überschreitet, erhalten sie eine staatliche Sparzulage in Höhe von 30 Prozent der „vermögenswirksamen Leistungen". Die Sparzulage erhöht sich auf 40 Prozent, wenn der Arbeitnehmer drei oder mehr Kinder hat (§ 12 Abs. 1).

Die wichtigste Frage in diesem Zusammenhang ist, aus welchen Quellen „die vermögenswirksamen Leistungen" gedeckt werden. Das Gesetz läßt keinen Zweifel daran, daß die Leistungen nicht zum Nachteil des Unternehmergewinns erfolgen, sondern daß sie in der Regel aus Lohnanteilen der Arbeiter geschöpft werden, die diese durch außergewöhnlichen Arbeitsaufwand erzielt haben. Obwohl die allgemeinen Bestimmungen des Gesetzes (§§ 1–4) so formuliert sind, daß ihre Interpretation theoretisch die Existenz verschiedenster Gründe zuläßt (ohne daß welche ausdrücklich erwähnt werden), auf Grund deren „vermögenswirksame Leistungen" gewährt werden, führen die konkretisierenden Gesetzesbestimmungen (§§ 7–11) als Grund und Quelle der Gewährung von Leistungen nur die Ergebnisbeteiligung an.

Daraus geht hervor, daß im Sinne des Gesetzes gerade auf diese Weise verfahren werden soll. Das bestätigen auch die Autoren des Kommentars zum genannten Gesetz. Sie sagen, daß der Gesetzgeber wünscht, daß die vermögenswirksamen Aufwendungen die Form der Ergebnisbeteiligung haben, d. h., daß sie sich auf die Leistungen der Arbeit beziehen.[74]

Die Ergebnisbeteiligung definiert § 6 Abs. 1 als die Beteiligung der Arbeiter an dem „durch ihre Mitarbeit erzielten Leistungserfolg" durch Produktions- und Produktivitätssteigerungen. In Wirklichkeit geht es nicht um Ergebnisbeteiligungen, sondern um ein bestimmtes im Kapitalismus schon früher verwendetes spezifisches Lohnsystem, bei dem der Gesamtlohn der Arbeiter in zwei Teile geteilt wird: fester Grundlohn und beweglicher Lohnanteil.

Der bewegliche Lohnanteil ist seinem Charakter nach ein Teil vorenthaltenen Lohns, der dem Arbeiter nachträglich ausgezahlt wird.[75] Dieses Lohnsystem soll die Initiative der Arbeiter anregen und die Arbeitsproduktivität erhöhen. Das höhere Ergebnis wird nun durch zusätzliche Leistung der Arbeiter erreicht, obwohl dem Kapital keine zusätzlichen Kosten entstehen, „beteiligen" sich an den Ergebnissen des erhöhten Arbeitsaufwandes der Arbeiter beide Produktionsfaktoren: Kapital und Arbeit. Selbstverständlich kommt dabei der wesentliche Teil auf das Kapital, während die Arbeitnehmer bloß einen Bruchteil bekommen. Die Gewinne der Unternehmer werden nur weiter erhöht.

Im Zusammenhang mit den „vermögenswirksamen Leistungen" wird den Unternehmern noch zusätzlich die Möglichkeit gegeben, den beweglichen Lohnanteil

74 Ebenda, S. 18.
75 Vgl. G. Hiller, Gewinnbeteiligung der Arbeiter im Kapitalismus?, a. a. O., S. 18 ff.

nicht bar auszuzahlen, sondern ihn auf zweckgebundene Konten anzulegen oder ihn zum Aktienkauf zu verwenden.

Das angeführte Verfahren soll außerdem der Idee der „Partnerschaft" Ausdruck geben. Sie wurde in der Debatte über das Gesetz im Bundestag als die „prägende Idee" bezeichnet. Damit wurde die Absicht ausgedrückt, bei den Arbeitern die Illusion hervorzurufen, daß das Ergebnis gemeinsamer Tätigkeit von Arbeit und Kapital unter beiden Seiten gerecht verteilt wird. Es hat das praktische Ziel, den Arbeitsaufwand der Arbeiter noch stärker zu stimulieren und ihr Klassenbewußtsein zu unterdrücken.

Die durch „vermögenswirksame Leistungen" angesammelten Mittel stehen eine gewisse Zeit lang entweder dem eigenen Unternehmen (Aktien) oder einem anderen Betrieb bzw. einer anderen Einrichtung, bei denen die „vermögenswirksame" Anlage erfolgt, zur Verfügung. Die Arbeitnehmer können während einer Sperrfrist über die angelegten Mittel nicht frei verfügen. Das bringt den Kapitalisten weitere ökonomische Vorteile. Unter dem Einfluß der rechten Führung der Gewerkschaften ist es gelungen, in diese relativ günstige Spartätigkeit 1966 3,2 Millionen Arbeiter und Angestellte einzubeziehen; 1976 erhöhte sich diese Zahl auf 15,6 Millionen.[76]

Zusammen mit der staatlichen Unterstützung (in Form von Sparzulagen, Sparprämien, Bausparprämien usw.) wurden z. B. nur 1975 insgesamt mehr als 11 Milliarden Mark angelegt.[77] Während es sich für die einzelnen Arbeiter um relativ kleine Summen handelt (die unter Inflationsbedingungen obendrein noch ständig an Wert verlieren), geht es für die Monopole, die über den Gesamtbetrag verfügen, um riesige finanzielle Mittel.

Genauere Angaben zeigen deutlich, daß die Kapitalbildung in Unternehmerhand in den letzten Jahren ungewöhnlich zugenommen und daß sich der Prozeß der Konzentration und der Zentralisation des Kapitals in Händen einer immer kleineren Schicht der Finanzoligarchie weiterhin beschleunigt hat.[78] Diese Tatsache wird auch von einigen BRD-Rechtstheoretikern durchaus realistisch beurteilt. Z. B. bezeichnete G. H. Roth die Hoffnung auf Eigentumsbildung aus erspartem Arbeitseinkommen als naiv. „Nicht umsonst" schreibt er, „vermochten auch 25 Jahre staatlicher Vermögenspolitik die Konzentration privater Vermögen nicht um einen Prozentpunkt zu verringern." Und er zieht daraus die Schlußfolgerung, daß man von Eigentumsbildung nicht „die Lösung des Problems Privatkapitalismus" erwarten dürfe.[79] Auch wenn sich die Basis der „vermögenswirksamen Leistungen" noch mehr ausdehnen sollte, prinzipiell kann das am

76 Wirtschaft und Statistik. Hrsg. Statistisches Bundesamt Wiesbaden, Stuttgart-Mainz, 10/1977, S. 647–650; IPW-Berichte, 5/1978, S. 50.

77 Vgl. H. Buschfort, Die Vermögensbildung in Arbeitnehmerhand, in: Sozialdemokratischer Pressedienst, Volkswirtschaft vom 14. 12. 1976, S. 1–3.

78 Vgl. M. Krüger, Eigentum und Konzentrationsprozeß, in: Marxistische Blätter, 5/1975; vgl. auch Gewerkschaften zur Vermögensbildung, a. a. O., S. 33.

79 G. H. Roth, Das Eigentum. Versuch einer Integration sozialwissenschaftlicher

für den Kapitalismus charakteristischen Verteilungsmechanismus nichts ändern. Zu seiner Veränderung bedarf es grundsätzlicher Veränderungen der Macht- und Eigentumsverhältnisse.[80]

Überlegungen in den juristischen Unterricht, in: Jus-Didaktik, H. 3, Bd. I., Zivil- und Wirtschaftsrecht, München 1977, S. 80.

80 Vgl. Stellungnahme der DKP zur sogenannten Vermögenspolitik, Frankfurt a. M., November 1973; W. Petschick, Vermögensbildung – eine Variante der Massenmanipulierung, a. a. O., S. 28 ff.

KAPITEL IV

Eigentumstheorie des „lenkenden" und „regulierenden" Kapitalismus

1. Verstärktes Eingreifen des imperialistischen Staates in Wirtschaft und Privateigentumssystem

Die bürgerlichen theoretischen Konstruktionen über die Lenkungs- oder Regulierungsfunktion des Staates, deren Bestandteil das System der Anschauungen über das Eigentum und das Eigentumsrecht ist, sind die Widerspiegelung der wachsenden Rolle des Staates in der imperialistischen Epoche, wie sie objektiv durch die diesem entwickelten Stadium des Kapitalismus eigenen Bedingungen hervorgerufen wird.

Nach der durch die Praxis bewiesenen Leninschen Imperialismustheorie verschärft der Monopolkapitalismus alle Widersprüche des Kapitalismus.[1] Der imperialistische Staat ist nicht mehr die Diktatur der gesamten Bourgeoisie schlechthin, sondern vornehmlich die der Monopolbourgeoisie.[2] Im Interesse der Erhaltung dieser Diktatur erfordern die in der kapitalistischen Gesellschaft und die im Staat wirkenden gesellschaftlichen und ökonomischen Bedingungen die ständige Stärkung der Rolle des kapitalistischen Staates.[3] Das zeigt sich besonders markant in den Eingriffen des Staates in die Wirtschaft.[4] Es ist offensichtlich, daß unter den neuen veränderten Bedingungen das kapitalistische Privateigentum auf der Basis der „freien Unternehmerinitiative", ohne staatliches Eingreifen weder die weitere Entwicklung noch das weitere Funktionieren der Wirtschaft gewährleisten kann. Das bedeutet allerdings nicht, daß die wirtschaftliche Tätigkeit des Staates auf eine Schwächung des Systems des Privateigentums hinstrebt. Ganz im Gegenteil. Das materielle Interesse der Monopolbourgeoisie, das sich aus den Privateigentumsverhältnissen ergibt, realisiert sich mit Hilfe des kapitalistischen Staates, der mit zahlreichen rechtlichen und außerrechtlichen Mitteln in verstärktem Maße danach strebt, das Privateigentumssystem zu erhal-

1 Vgl. W. I. Lenin, Der Imperialismus als höchstes Stadium des Kapitalismus, in: Werke, Bd. 22, Berlin 1960, S. 305.

2 Vgl. Marxistisch-leninistische allgemeine Theorie des Staates und des Rechtes, Berlin 1974, S. 233 f.

3 Vgl. V. E. Guliev, Sovremennoe imperialističeskoe gosudarstvo, Moskva 1973, S. 59/60.

4 Auf die Tatsache, daß die Existenz der Monopole das Eingreifen des Staates erfordert, hat schon Marx hingewiesen (vgl. K. Marx, Das Kapital, Dritter Band, in: MEW, Bd. 25, Berlin 1968, S. 460).

ten und zu schützen. Unter den Bedingungen des Verschmelzens der Macht des Staates mit der der Monopole strebt der imperialistische Staat danach, das bestehende Eigentumssystem, die Akkumulation und die Konzentration des Kapitals im Interesse des Finanzkapitals, noch effektiver zu nutzen. Dies insbesondere durch Erschließung zusätzlicher Quellen für die Stärkung der Eigentümerpositionen der höheren Schichten der Finanzoligarchie.[5]

Die Eingriffe des imperialistischen Staates in die Wirtschaft sind zugleich durch die hohe Stufe der Vergesellschaftung der Produktion objektiv bedingt. Aus ihr ergibt sich die Notwendigkeit, die Produktion, die internationalen Beziehungen usw. gesamtgesellschaftlich zu lenken.[6] Diese objektive Tendenz, die durch die wissenschaftlich-technische Revolution noch verstärkt wird, kann auch der imperialistische Staat nicht ignorieren. Er greift infolgedessen zu Methoden der Planung, der Regulierung und der Programmierung.[7] Außer durch innere Gründe ist die Monopolbourgeoisie zur Einführung dieser Methoden auch unter dem Einfluß der ständigen Konfrontation mit dem sozialistischen Gesellschaftssystem gezwungen, das sich auf der Basis des sozialistischen Eigentums und der Planung und Leitung der Produktion und der Wirtschaft erfolgreich entwickelt.[8]

Die Monopolbourgeoisie strebt mit Hilfe der staatlichen Planung, Regulierung und Programmierung die Sicherung der Stabilität der Wirtschaft, bis zu einem bestimmten Grade die Einschränkung der spontanen Wirkungsweise des Marktmechanismus, die Aufhebung der vernichtenden Wirkung von Konkurrenz und Anarchie der Produktion sowie die Vermeidung von Krisen an. Mit anderen Worten, sie möchte die negativen Erscheinungen des Kapitalismus beseitigen, die aus dem Privateigentum an den Produktionsmitteln resultieren. Es entsteht ein tiefer Widerspruch zwischen dem Wirken des Privateigentums und den sich objektiv durchsetzenden Bedürfnissen, die Produktionsprozesse zu regulieren, zu planen und zu programmieren. Deshalb sind Regulierung, Planung und Programmierung als objektiver Ausdruck der Integrationstendenz und der durch die sehr hohe Stufe der Vergesellschaftung der Produktion hervorgebrachten Notwendigkeiten im Kapitalismus begrenzt: durch den Rahmen der gegebenen, dem Kapitalismus eigenen Produktionsweise und ihrer Basis, dem Privat-

5 Vgl. H. Kolbe/K. H. Röder, Staat und Klassenkampf, Berlin 1969, S. 146/147; S. J. Tjulpanow/V. L. Scheinis, Aktuelle Probleme der politischen Ökonomie des heutigen Kapitalismus, Berlin 1975, S. 64 f.

6 Lenin schrieb in diesem Zusammenhang: „Die Vergesellschaftung der Arbeit durch den Kapitalismus ist so weit fortgeschritten, daß sogar in der bürgerlichen Literatur laut von der Notwendigkeit einer ‚planmäßigen Organisation der Volkswirtschaft' gesprochen wird" (W. I. Lenin, Der ökonomische Inhalt der Volkstümlerrichtung und die Kritik an ihr in dem Buch des Herrn Struve, in: Werke, Bd. 1, Berlin 1961, S. 463).

7 Vgl. W. G. Afanasjew, Wissenschaftliche Leitung der Gesellschaft, Berlin 1969, S. 79, 97/98.

8 Vgl. H. Kolbe/K. H. Röder, Staat und Klassenkampf, a. a. O., S. 141.

eigentum. Die wirtschaftliche Tätigkeit des kapitalistischen Staates kann diesen Widerspruch nicht überwinden, sondern vertieft ihn nur. Hieran zeigt sich zugleich, daß das Prinzip des Privateigentums überholt ist, daß es der weiteren ökonomischen und gesellschaftlichen Entwicklung im Wege steht.

Die bürgerliche Staats- und Rechtslehre reagiert auf die wachsende ökonomische Rolle des imperialistischen Staates und versucht, sie theoretisch zu begründen. Infolge ihrer klassenmäßigen Beschränktheit kann sie die wirklichen Ursachen seines Eingreifens in die Ökonomie jedoch nicht in vollem Umfang erklären.[9] Deshalb bieten die auf dieser Basis entstehenden Gedankenkonstruktionen auch nur ein verzerrtes Abbild vom wachsenden Eingreifen des Staates in die Wirtschaft und in andere Gebiete des gesellschaftlichen Lebens. Die bürgerlichen Theoretiker geben uns ein illusorisches Bild von der Funktion des imperialistischen Staates.[10] Nach der Auffassung bürgerlicher Staatswissenschaftler, Rechtswissenschaftler, Ökonomen, Politologen und Soziologen reguliert der imperialistische Staat durch seine Tätigkeit ökonomische Prozesse im Interesse des Wohlergehens aller Schichten der Bevölkerung („Wohlfahrts- oder Sozialstaat"). Damit schreiben sie dem Staat die Fähigkeit zu, alle grundsätzlichen „negativen" Erscheinungen des Kapitalismus, als da sind Krisen, Arbeitslosigkeit, Konzentration des Eigentums, Polarisierung des Vermögens u. ä., beseitigen zu können. Es handelt sich jedoch um Erscheinungen, die dem Kapitalismus letztlich immanent und Folgen des Wirkens der kapitalistischen Eigentumsverhältnisse sind. Sie schreiben dem imperialistischen Staat weiterhin die Fähigkeit zu, eine harmonische Entwicklung der Wirtschaft und Frieden zwischen den Sozialpartnern sichern zu können, juristische Maßnahmen des imperialistischen Staates auf dem Gebiet der Planung, Regulierung und Programmierung erstrecken sich auf die Investitionspolitik, das System der Steuern, Kredite und Preise, auf die Formen der Planung, die Prognostizierung u. a. Eine spezielle Problematik betrifft die sog. Anti-Trust- (bzw. Anti-Kartell-) Gesetzgebung.[11]

Mit ihrer Konzeption versuchen die bürgerlichen Theoretiker, weiterhin Anleitungen für Reformen zu geben. Ihre „Reformvorschläge" sind auf Erreichung dauernder Stabilität, sozialer Sicherheit und krisenfreier Entwicklung des Kapitalismus gerichtet, wobei stets davon ausgegangen wird, daß die vorgeschlagenen Reformen vom imperialistischen Staat verwirklicht werden. Ein Beispiel für diese Anschauungen liefert insofern der Standpunkt J. K. Galbraiths, der in diesem Zusammenhang sagt: „Es muß ein staatlicher Mechanismus geschaffen werden, der Divergenzen voraussieht und dafür garantiert, daß die Entwick-

9 Vgl. A. Winkler „Die Stellung der bürgerlichen Staats- und Rechtslehre zur staatsmonopolistischen Regulierung der westdeutschen Wirtschaft, in: Staat und Recht, 7/1967, S. 1092, 1093.

10 Vgl. V. E. Guliev, Sovremennoe imperialističeskoe gosudarstva, a. a. O., S. 129/130.

11 Vgl. dazu J. Dötsch, Bürgerliches Recht und staatsmonopolistische Regulierung, in: IPW-Berichte, 11/1976, S. 29 ff.

lung in verschiedenen Teilen der Wirtschaft aufeinander abgestimmt bleibt."[12] Im System der vorgeschlagenen Reformen hebt er besonders die Notwendigkeit einer autoritativen Planung hervor.

Heute findet sich unter den bürgerlichen Juristen, Ökonomen und Politologen kaum jemand, der die Eingriffe des imperialistischen Staates in die Wirtschaft zurückweist.[13] Die Ansichten der bürgerlichen Theoretiker unterscheiden sich nur dadurch voneinander, welches Maß des Eingreifens des Staates in die Wirtschaft befürwortet wird.[14]

2. Wesen, Funktion und Kritik der Eigentumstheorie des „lenkenden" und „regulierenden" Kapitalismus

In ihren Eigentumsauffassungen knüpft die Theorie des „lenkenden" oder „regulierenden" Kapitalismus an die Konzeption der „Transformation" des kapitalistischen Eigentums an und führt sie weiter. Sie passt sich insbesondere den Bedingungen des staatsmonopolistischen Kapitalismus an. Dabei geht sie von der Grundthese aus, daß sich unter den Bedingungen einer dynamischen wissenschaftlich-technischen und ökonomisch-gesellschaftlichen Entwicklung die wirtschaftliche und die gesellschaftliche Macht vom Eigentum an den Produktionsmitteln trennen und daß infolgedessen Organisation und Leitung der Wirtschaft auf den Staat übergehen. Bestandteil der These ist, daß der Staat allein bzw. unter Beteiligung der Monopole die gesamte Wirtschaft organisiert und leitet und damit die negativen Seiten des Wirkens der Privateigentumsverhältnisse „neutralisiert" und eine „sozial gerechte" bzw. „Wohlstandsgesellschaft" sichert.[15]

Der Kern der Konzeption stützt sich auf die Feststellung, daß der heutige imperialistische Staat durch ständig weiterreichende Planungs- und Lenkungsmaßnahmen im Bereich der Disposition über die Produktionsmittel das kapitalistische Eigentum immer mehr gesamtgesellschaftlichen Zielen unterordnet. So ändere sich grundlegend dessen Platz, Bedeutung und Rolle im wirtschaftlichen und sozialen System, und zwar in dem Sinne, daß es den Interessen der gesamten Gesellschaft dient. K. Hesse sagt darüber: „Das bestehende Privateigentum wird zunehmend eingespannt in ein umfassendes System von Maßnahmen der Planung, Lenkung und Koordinierung, in dem kaum noch die Rede davon sein kann, daß das heutige Sozial- und Wirtschaftssystem primär auf dem Privat-

12 J. K. Galbraith, Wirtschaft für Staat und Gesellschaft, München-Zürich 1974, S. 364.

13 Zu diesen gehört z. B. L. v. Mises, der diese Problematik unter neoliberalistischem Aspekt betrachtet und dementsprechend Planung und Kapitalismus für unvereinbar hält.

14 Eine treffende Differenzierung dieser Ansichten nach dem Maß des zulässigen Eingreifens des Staates in die Wirtschaft nahm V. E. Guliev, Sovremennoe imperialističeskoe gosudarstvo, a. a. O., S. 130, vor.

15 Š. Luby, Buržoázne a revizionistické vlastnicke teorie, in: Kritika buržoáznich a revizionistických koncepci státu a práva, Praha 1975, S. 575/576.

eigentum, auf Vertragsfreiheit und auf Selbststeuerung beruhe."[16] Auf dieser Grundlage kommt man zu dem Schluß, „daß unter den Bedingungen der modernen Industriegesellschaft soziale Sicherheit weniger eine Frage privatrechtlicher Verwendung des produktiven Eigentums sei, als eine solche der öffentlichen Austeilung von Bezugsrechten, und daß die publizistischen Eigentumssurrogate entscheidend geworden seien"[17].

Die bürgerliche Rechtswissenschaft verdreht und verdeckt das wirkliche Wesen und den Charakter der staatlichen Eingriffe in die Sphäre des Eigentums. Als besonders geeignet dafür erweist sich die demagogische Argumentation, nach der sich die Maßnahmen des „Wohlfahrtsstaates" nur gegen das Eigentum resp. gegen diese seine Erscheinungen richten, die die Herstellung sozialer Gerechtigkeit behindern und die Macht- und die Ausbeutungstendenzen aufrecht erhalten.[18] In diesem Sinne wird die „gesamtgesellschaftliche Funktion" des sog. produktiven Eigentums hervorgehoben.[19] H. J. Vogel sagt, daß der imperialistische Staat, der für die Wirtschaft Rahmenbedingungen festlegt, die Wirtschaft lenken muß, „wenn nicht die selbstzerstörerischen Tendenzen der Eigentumsdynamik die Oberhand gewinnen sollen"[20].

Der Charakter und die Zielstellung dieser und ähnlicher „wissenschaftlicher" Argumente sind sehr durchsichtig: Obwohl sie auf der einen Seite anerkennen, daß das Privateigentum auch „unsoziale" und „zerstörerische" Tendenzen enthält, wecken sie auf der anderen Seite die Illusion, daß im heutigen staatsmonopolitischen Kapitalismus durch Maßnahmen des imperialistischen Staates gesichert werden kann, daß das Eigentum letztlich nicht auf wirtschaftlich und sozial unerwünschte Weise wirksam wird. Die Maßnahmen, die in Wirklichkeit unter den wechselnden Bedingungen des staatsmonopolistischen Kapitalismus die private Aneignung des Mehrwerts durch die Monopole gewährleisten, werden so als staatliche Akte ausgegeben, deren Ziel und Inhalt es ist, auf der Basis des Privateigentums „gesamtgesellschaftliche" Interessen zu realisieren.

Dasselbe Wesen und denselben Charakter haben auch andere theoretische Konstruktionen, die den Einfluß der Maßnahmen des imperialistischen Staates im Bereich privater Disposition über das produktive Eigentum in aller Ausführlichkeit „analysieren". Mit ihnen bemüht man sich zu beweisen, daß auf dem Gebiet der großen monopolistischen Unternehmen, die die Rechtsform von

16 K. Hesse, Grundzüge des Verfassungsrechts der Bundesrepublik Deutschland, Karlsruhe, 1975, S. 181.

17 A. Köttgen, Eigentumspolitik als Gegenstand von Tarifverträgen in verfassungsrechtlicher Sicht, in: G. Leber, Vermögensbildung in Arbeitnehmerhand, Frankfurt a. M. 1965, S. 178; vgl. auch P. Badura, Verwaltungsrecht im liberalen und sozialen Rechtsstaat, a. a. O., S. 26 f.

18 P. Badura, Wirtschaftsverfassung und Wirtschaftverwaltung, Frankfurt a. M. 1971, S. 34.

19 Ebenda, S. 34.

20 H. J. Vogel, Kontinuität und Wandlungen der Eigentumsverfassung, Berlin (West)-New York 1976, S. 19.

Kapitalgesellschaften haben, besonders günstige Bedingungen für staatliche Eingriffe geschaffen wurden, mit deren Hilfe sich die Prinzipien der „sozialen" Gerechtigkeit und der „allgemeinen" Interessen durchsetzen lassen. Der bekannte BRD-Theoretiker E. Benda sagt dazu: „Er (der Staat, J. L.) findet bei den Großunternehmen eine Situation vor, die seinen Zielen nicht entgegengesetzt ist, sondern schon in die gleiche Richtung weist."[21] Dabei stellt Benda die Dinge so dar, als ob die Tätigkeit des Staates eine Nutzung des Eigentums, die egoistischen Zielen dient, unmöglich macht. Bei dieser Konstruktion gehen Benda und andere Theoretiker von der These aus, daß unter den Bedingungen der Aktien- und anderer Kapitalgesellschaften das Eigentum von seiner Funktion getrennt ist. Daraus wird geschlußfolgert, daß die Eigentümer von Aktien und ähnlichen Wertpapieren angeblich in die Rolle von Gläubigern gedrängt werden, so daß die im Interesse der „Gesellschaft" vorgenommenen Eingriffe des Staates in die von den Managern ausgeübten Dispositionsbefugnisse nicht auf das private, individuelle Interesse der Eigentümer stoßen. Nach der Darstellung der bürgerlichen Rechtswissenschaft verfolgen die Manager bei der Disposition und der Entscheidung über das Kapital nämlich nicht in erster Linie das Ziel, Höchstprofite zu erzielen. Deshalb seien ihre Interessen leicht mit dem gesellschaftlichen in Einklang zu bringen, das die staatlichen Organe durchzusetzen versuchten. Es geht bei dieser Auffassung um die aus dem Arsenal der theoretischen Konzeption von der „Transformation" des Eigentums durch Rechtsformen der Kapitalgesellschaften übernommene Argumentation, deren Verwendung der bürgerlichen Rechtswissenschaft auch im Zusammenhang mit der Erklärung der staatlichen Eingriffe im System des modernen staatsmonopolistischen Kapitalismus geeignet scheint.[22] Sie ermöglicht, die Kontinuität und scheinbar logische Verknüpfung aller „Erkenntnisse" aus der „Analyse" der ökonomischen und juristischen Erscheinung des Kapitalismus der Gegenwart darzustellen. In Wirklichkeit widerspiegelt die von den bürgerlichen „Theoretikern" geschilderte Harmonie zwischen den Interessen des Staates und denen der leitenden Strukturen monopolistischer Großunternehmen im Zusammenhang mit staatlichen Eingriffen in die private Wirtschaft nur einen der Grundzüge des heutigen staatsmonopolistischen Kapitalismus, und das in verdrehter Form. Es geht bei diesem Grundzug um die Vereinigung, das Zusammenwachsen und das Verschmelzen großer Monopole mit dem imperialistischen Staat und das Zusammenwachsen staatlicher Organe mit den leitenden Strukturen privater Monopole. In diesem Sinn muß man auch die Worte der bürgerlichen Theoretiker verstehen, die über die Einheit von Staat und Wirtschaft und über die Annäherung der Interessen reden, die durch staatliche Eingriffe in die Wirtschaft verkörpert werden. G. Rinck sagt dazu z. B.: „Dabei stehen Staat und Wirtschaft einander als Subjekt und Objekt gegenüber oder auch als zwei agierende Größen . . . Auf einer höheren Ebene bilden nämlich Staat und Wirtschaft eine

21 E. Benda, Industrielle Herrschaft und sozialer Staat, Göttingen 1966, S. 332.
22 Vgl. dazu Kapitel 2.

Einheit, eine politische Einheit."[23] Welche politische Einheit Rinck unter den Bedingungen der wirtschaftlichen Struktur des modernen staatsmonopolistischen Kapitalismus, wo private Monopole überwiegen, im Sinn hat, braucht nicht besonders erklärt zu werden.

Der Prozeß der Realisierung des privaten monopolistischen Eigentums unter den Bedingungen des staatsmonopolistischen Kapitalismus läßt deutlich genug erkennen, welches Ziel die ökonomische Tätigkeit des Staates hat bzw. zu wessen Nutzen der Staat in die Dispositionsbefugnisse der Eigentümer bzw. Manager eingreift. In der bürgerlichen juristischen Literatur geht man allgemein von der Feststellung aus, daß nicht die einzelnen Privatunternehmen, sondern daß der Staat für die Optimierung der wirtschaftlichen Prozesse verantwortlich sei und daß er deshalb Kraft und Sorge für die Prosperität der Privatunternehmen aufwenden müsse. Um diese Seite der Sache auch verfassungsrechtlich zu belegen, entnimmt H. P. Ipsen dem Grundgesetz einen „Verfassungsauftrag der staatlichen Wachstumsvorsorge" und verweist darauf, daß der Staat die Verantwortung für das Funktionieren der Wirtschaft in ihrer Gesamtheit trage.[24] Ähnlich argumentiert auch Benda. Nach seiner Ansicht ist der gegenwärtige Staat verpflichtet, „mit allen überhaupt zur Verfügung stehenden Mitteln" den Gefahren „einer schweren wirtschaftlichen Krise"[25] zu begegnen. Noch deutlicher charakterisiert H. Wagner die Rolle des Staates im Verhältnis zu den Privatunternehmen, wenn er konstatiert: „Die Situation der Wirtschaftssubjekte muß aber heute zunehmend vom Staat gewährleistet werden."[26] Auf dieser Basis wird dann die Schlußfolgerung gezogen, daß der Staat, da er die „Interessen der Gesellschaft" repräsentiert, „aus sozialen und wirtschaftspolitischen Gründen" den Unternehmen, besonders den großen, systematisch Hilfe und Unterstützung zu gewähren hat. E. Benda sagt dazu: „Immerhin werden die großen Unternehmen oft auf solche Hilfe hoffen können."[27] Er folgert aus seiner Betrachtung, daß Eingriffe des Staates in die Wirtschaft nicht nur den Unternehmen Vorteil bringen, sondern daß sie auch den Interessen der Arbeiter entsprächen, weil auf diese Weise deren Arbeitsplätze gesichert werden.

Letztlich laufen alle Maßnahmen des bürgerlichen Staates, mit denen in den Bereich der „Disposition über die Produktionsmittel" eingegriffen wird, im Prinzip auf eine allseitige Hilfe und Unterstützung für die Monopole, auf eine Festigung ihrer ökonomischen und damit auch ihrer politischen Machtposition hinaus.

23 G. Rinck, Begriff und Prinzipien des Wirtschaftsrechts, Frankfurt a. M.-Berlin (West) 1971, S. 170.

24 H. P. Ipsen, Rechtsfragen der Wirtschaftsplanung, in: Planung II, Baden-Baden 1966, S. 87.

25 E. Benda, Die aktuellen Ziele der Wirtschaftspolitik und die tragenden Grundsatze der Wirtschaftsverfassung, in: Neue Juristische Wochenschrift (NJW), 19/1967, S. 849.

26 H. Wagner, Öffentlicher Haushalt und Wirtschaft, in: Veröffentlichungen der Vereinigung der deutschen Staatsrechtlehrer (VVdStRL), 27/1969, S. 81.

27 E. Benda, Industrielle Herrschaft und sozialer Staat, a. a. O., S. 323.

Aus dieser Sicht ist es leicht, eine Identität der Interessen der Monopole mit dem „Allgemeininteresse", das vom imperialistischen Staat vertreten wird, zu erreichen. Identität besteht in bezug auf die Interessen der herrschenden Monopolbourgeoisie an Expansion des Kapitals, an Maximalprofit und an der Bewahrung ihrer politischen Herrschaft. Durch die Maßnahmen des imperialistischen Staates wird das Gedeihen der Monopole gefördert, wird ihre ökonomische Position gestärkt und werden so auch die Bedingungen für die Erzielung von Monopolprofiten verbessert. An all diesen Maßnahmen kann die Arbeiterklasse unter den Bedingungen des Staatsmonopolismus kein wirkliches Interesse haben. Statt dessen ist die Arbeiterklasse daran interessiert, die Positionen des Monopolkapitalimus zu schwächen, was im Rahmen des Kapitalismus nur schrittweise und im scharfen Klassenkampf mit den Monopolen zu erzwingen ist. Die bürgerlichen Thesen von einem angeblichen Interesse der Arbeiter an der Unterstützung der Monopole haben zum Ziel, die Arbeiterklasse vom antimonopolistischen Kampf abzulenken, da dieser im Endergebnis zur Liquidierung der Monopole und des ganzen staatsmonopolistischen Kapitalismus führt.

Im System der Maßnahmen des imperialistischen Staates, die die „zerstörerischen Tendenzen des Eigentums" eliminieren sollen, schreibt die bürgerliche Rechtswissenschaft der Planung und Programmierung eine Schlüsselstellung zu. Dementsprechend widmet die bürgerliche rechtswissenschaftliche Literatur der letzten Jahre gerade diesen Fragen eine erhöhte Aufmerksamkeit. Die gegenwärtige Etappe der Entwicklung der kapitalistischen Wirtschaft wird als Übergang von der „okkasionellen Wirtschaftslenkung in eine umfassende Wirtschaftsplanung" proklamiert.[28]

Nach und nach begannen auch die Neoliberalen, die Verfechter der Marktwirtschaft, die bis vor kurzem jegliche Form der Planung ablehnten,[29] die Planung anzuerkennen. Mit ihren theoretischen Konstruktionen versuchen sie, die Planung mit der Idee der Marktwirtschaft zu vereinbaren. Rinck sagt dazu: „Wirtschaftsplanung und Marktwirtschaft sind keine Gegensätze."[30]

Nach Kaiser hat der Plan als Institut der Rechtsordnung die freiheitliche Gesellschaftsordnung nicht zu beeinträchtigen, sondern zu gewährleisten, so wie das Institut der Enteignung das Grundrecht des Eigentums nicht gefährdet, sondern eine Bedingung für seine Gewährleistung ist.[31] Damit keine Mißverständnisse darüber entstehen, wie die Paraphrase von Planung und Enteignung zu

28 P. Badura, Wirtschaftsverfassung und Wirtschaftsverwaltung, a. a. O., S. 117.

29 Hierfür sei L. Erhard genannt, der meinte, daß Planifikation und Marktwirtschaft unvereinbar seien. Heute bezeichnet man diesen Ausspruch als Mißverständnis.

30 G. Rinck, Begriff und Prinzipien des Wirtschaftsrechts, a. a. O., S. 76. – Die wirtschaftliche Planung im Kapitalismus hat nichts mit der sozialistischen Wirtschaftsplanung gemein. Charakter, Wesen, Ziele und Formen beider sind diametral entgegengesetzt.

31 Vgl. J. H. Kaiser, Der Plan als ein Institut des Rechtsstaats und der Marktwirtschaft, in: Planung II, a. a. O., S. 13.

verstehen ist, fährt Kaiser fort: „Beide (d. h. Planung und Enteignung) sind keineswegs identisch, und wo Planung in Enteignung resultiert, greift der Eigentumsschutz in vollem Umfang ein."[32] Diese Erklärung macht die Grenzen sichtbar, in denen sich die Planung unter den Bedingungen des Privateigentums bewegen kann. Auf der gleichen Ebene wie Kaiser bewegt sich auch Forsthoff, der den Plan zwar als Eingriff in die individuelle Freiheit und in das Eigentum betrachtet, ihm aber die Aufgabe zuschreibt, Grenzen und Bedingungen für die individuelle Freiheit und das Eigentum festzusetzen.[33] Mit Planungsmitteln kann in das Eigentum und die Unternehmerfreiheit also dergestalt „eingegriffen" werden, daß beide erhalten bleiben und gefestigt werden, frei nach dem Grundsatz „Planung ohne Planwirtschaft".

Einige Autoren gehen in ihrer Charakteristik des Wesens der Planung im Kapitalismus der Gegenwart noch weiter. Sie tragen – mehr oder minder – selbst dazu bei, deren eigentliches Wesen aufzudecken. Waterkamp beispielsweise sagt, daß in den kapitalistischen Ländern „die planende Bürokratie ... auf staatlicher und privatwirtschaftlicher Ebene in steigendem Maße den gesellschaftlichen Charakter der Produktion und Reproduktion zu organisieren hat, um die private Aneignung der Produktionsergebnisse beim gegenwärtigen Stand der Produktivkräfte überhaupt noch zu ermöglichen"[34]. Diese Argumentation ist deshalb so bemerkenswert, weil sie der wirklichen Zielstellung und dem wirklichen Wesen der Planung unter staatsmonopolistischen Bedingungen der Gegenwart nahekommt.

Dem sozial-ökonomischen Wesen und dem Ziel der bürgerlichen Planung entspricht auch der Charakter der Rechtsformen, mit denen der imperialistische Staat den privaten Sektor der Wirtschaft reguliert. Der Erläuterung des Charakters der Rechtsformen der Planung widmet die bürgerliche Rechtswissenschaft erhebliche Aufmerksamkeit. Trotz unterschiedlicher Meinungen in dieser Frage stimmt die bürgerliche Rechtswissenschaft darin überein, daß die „hoheitlichen Planifikationsakte" des Staates außerhalb des staatlichen Sektors in der Regel rechtlich nicht verbindlich sind. Fehlende Rechtsverbindlichkeit für privatkapitalistische Betriebe ist ein grundlegender, charakteristischer Zug staatlicher Planungsmaßnahmen. Bei diesbezüglichen Rechtsakten geht es um die Regulierung des kapitalistischen Marktes durch Bestimmung grundlegender Ziele der Wirtschaftspolitik und der Reihenfolge, mit der sie erreicht werden sollen. Bestimmte Zielstellungen sind für den staatlichen Wirtschaftssektor verbindlich.

Obwohl unter bürgerlichen Theoretikern keine einheitliche Meinung herrscht, was Fragen der Art und Weise und des Umfangs der rechtlichen und ökono-

32 Ebenda, S. 14.

33 Vgl. E. Forsthoff, Über Mittel und Methoden moderner Planung, in: Planung III, Baden-Baden 1968, S. 23.

34 R. Waterkamp, Interventionsstaat und Planung, Raumordnung, Regional- und Strukturpolitik, Köln 1973, S. 31; vgl. auch E. Altvater/G. Neussüs, Bürokratische Herrschaft und gesellschaftliche Emanzipation, in: neue kritik, 51–52/1969, S. 20.

mischen Maßnahmen betrifft, mit denen der imperialistische Staat in die Wirtschaft eingreift, haben sie doch eine gemeinsame theoretische Basis. Die Gemeinsamkeit zeigt sich am offensichtlichsten in jenen theoretischen Konstruktionen, mit denen das staatliche Eingreifen in die Wirtschaftstätigkeit begründet wird. Trotz der Verschiedenheit sind alle Versionen vor allem auf die Apologie des staatsmonopolistischen Kapitalismus der Gegenwart und des Privateigentumssystems gerichtet. Sie verteidigen die grundlegenden rechtspolitischen Prinzipien, auf denen das gegenwärtige staatsmonopolistische System aufbaut. Bei allen Erwägungen über die „regulierende" oder die „planende" Aufgabe des imperialistischen Staates ist nach Meinung der bürgerlichen Theoretiker stets das Prinzip des Privateigentums zu bewahren. Darin kommt denn auch das Dilemma der bürgerlichen Wissenschaft bei der theoretischen Erfassung des staatlichen „Eingreifens" in die Wirtschaft zum Ausdruck; einerseits heben sie die Notwendigkeit der Regulierung und der Planung der kapitalistischen Wirtschaft hervor, andererseits fordern sie die Bewahrung des Privateigentums, das das grundlegende essentielle Hindernis einer planmäßigen Entwicklung des Produktionsprozesses und des Verteilungsprozesses ist.

Das Prinzip des Privateigentums wird gewöhnlich von positiv-rechtlichen Positionen aus als Institut, das Grundrechtscharakter trägt, verteidigt. „Eigentum (d. h. Privateigentum – J. L.)", schreibt Rinck, „ist als Institution garantiert, also auch seine grundsätzlich freie Nutzung. Totale Planwirtschaft ist damit unvereinbar, sie wäre grundgesetzwidrig". Und an anderer Stelle fährt er fort: „Eine Konzentration in der Hand des Staates ist sozialpolitisch falsch und mißbrauchsgefährdet."[35]

In einzelnen Fällen äußern Theoretiker auch ganz offen Befürchtungen vor einer möglichen Erweiterung des staatseigenen Sektors der kapitalistischen Wirtschaft. So schreiben Vaerting und Elmerich warnend: „Der Kapitalismus steht auf der privaten Wirtschaft. Jede Verstaatlichung verkürzt seine Existenzgrundlage."[36] Das sind reale Gründe, die bürgerliche Theoretiker dahin führen, in ihrer überwiegenden Mehrheit einen negativen Standpunkt zur bürgerlichen Nationalisierung einzunehmen, und das, obwohl die staatlichen Regulierungen und Eingriffe in die private Wirtschaft prinzipiell im Interesse der mächtigen Monopole erfolgen. Diese Haltung ergibt sich aus der Tatsache, daß das Eigentum des bürgerlichen Staates als höchste Form der Vergesellschaftung im Kapitalismus immer eine potentielle Gefahr für die herrschende monopolistische Bourgeoisie darstellt. Die Existenz des Staatseigentums beweist, daß das Privateigentum, die individuelle und private Initiative, nicht die einzige und rationellste Form und Möglichkeit des Wirtschaftens ist. Außerdem ist der Sektor des Staatseigentums unter bestimmten günstigen Bedingungen von den Arbeitern

35 G. Rinck, Wirtschaftsrecht, Köln-Berlin (West)-Bonn-München 1974, S. 46.

36 Zit. in: A. Winckler, Die Stellung der bürgerlichen Staats- und Rechtslehre zur staatsmonopolistischen Regulierung der westdeutschen Wirtschaft, in: Staat und Recht, 7/1967, S. 1106.

im antimonopolistischen Kampf, im wirtschaftlichen Kampf um ihre Rechte und im Kampf gegen das gesamte staatsmonopolistische System leichter zu nutzen als der private Sektor.[37] In Übereinstimmung mit dieser Position und im Interesse der Erhaltung des bestehenden Eigentumsystems, in dem das private monopolistische Eigentum überwiegt, interpretieren die Vertreter der Rechtswissenschaft und -praxis die Vorschriften, die formell eine Nationalisierung zulassen, sehr restriktiv.[38] Das planende und regulierende Eingreifen des Staates in die Sphäre des Privateigentums hat nach der überwiegenden Meinung bürgerlicher Theoretiker grundsätzlich nur im Rahmen des Privateigentum-Prinzips zu erfolgen. Dementsprechend hat auch der Bundesgesetzgeber bis in die Gegenwart von der Bestimmung des Art. 15 des Grundgesetzes, der die Möglichkeit einer Nationalisierung einräumt, noch keinen Gebrauch gemacht. Im Gegenteil. Es kam zu genau entgegengesetzten Entwicklungen. Solche Mammutunternehmen wie die Volkswagenwerke, die Preussag und die Veba wurden durch Gesetz privatisiert. Offensichtlich geschah das zum Nutzen der privaten Monopole. Daher ist auch nicht verwunderlich, daß Rechtswissenschaft und -praxis dieses Vorgehen des Gesetzgebers befürworten.[39] Allerdings bedeutet das nicht, daß die Monopolbourgeoisie unter bestimmten historischen Bedingungen und aufgrund unterschiedlicher Ursachen von Zeit zu Zeit nicht auch daran interessiert sein kann, daß einzelne Zweige der Wirtschaft verstaatlicht werden. Dies insbesondere unter dem Motto: Die Verluste werden sozialisiert, die Gewinne bleiben privat.[40] Im Sinne der genannten Grundsätze befürworten einige bürgerliche Theoretiker auch gegenwärtig die Überführung bestimmter Unternehmen oder Wirtschaftszweige in die Hände des Staates.[41] In kapitalistischen Ländern, in denen der Sektor des Staatseigentums verhältnismäßig klein ist, wird im Rahmen der „Reformierung" des Kapitalismus eine ausgedehnte Verstaatlichung verlangt. So gliedert auch Galbraith unter den Bedingungen in den USA die Forderung nach „Sozialisierung" in das System seiner zahlreichen Reformvorschläge ein. Er schlägt vor, den Wohnungsbau, das Gesundheitswesen, das Verkehrswesen und einige Mammutmonopole der Rüstungsindustrie zu verstaatlichen.[42] Ohne daß wir uns mit dem gesamten Projekt der „Reformen" und den im Rahmen dieses Projekts vorgeschlagenen Maßnahmen ausführlich beschäftigen, sind die Motive einer solchen „Sozialisierung" in den USA dennoch erkennbar. Es ist auf den ersten Blick sichtbar, daß derartige Verstaatlichungen den Interessen der

37 Vgl. G. B. Ardajev, Nacionalizacia v Avstrii, Moskva 1960, S. 50 ff.; (dazu die Rezension von J. Lazar, in: Právny obzor, 8/1961, S. 508).

38 Es geht um die Interpretation des Art. 15 GG (vgl. BVerfGE 12, S. 354 f.).

39 Das Bundesverfassungsgericht hat dieses Verfahren des Gesetzgebers gebilligt (vgl. BVerfGE 12, S. 354).

40 Vgl. Sozialisierung der Verluste?, München 1972, S. 7.

41 Vgl. R. Waterkamp, Interventionsstaat und Planung, Raumordnung, Regional- und Strukturpolitik, a. a. O., S. 11.

42 J. K. Galbraith, Wirtschaft für Staat und Gesellschaft, a. a. O., S. 313, 326.

größten Monopole nicht widersprächen, weil sie entweder sogenannte nichtrentable Zweige (Verkehrswesen, Gesundheitswesen, Wohnungsbau) oder Zweige beträfen, in denen eine zentrale staatliche Leitung im Interesse des Militär-Industrie-Komplexes nötig ist. Dasselbe könnte man von solchen Zweigen sagen, in denen für die Entwicklung und die Erprobung neuer Massenvernichtungswaffen solche riesenhaften Mittel erforderlich werden, die selbst die Möglichkeit einzelner privater Monopole überschreiten.

In der bürgerlichen Wissenschaft wird überwiegend die These vertreten, daß die Lenkung der Wirtschaft die „Freiheit" der Unternehmen und des Marktes nicht beschränken oder eleminieren dürfe. Der Staat habe durch seine Tätigkeit ein „Gleichgewicht" zwischen den konkurrierenden Wirtschaftssubjekten zu schaffen. Um das zu erreichen, müßten unangemessene Konzentrationen in der Wirtschaft beseitigt oder verhindert werden. Vielfach wird deshalb die Meinung geäußert, daß vor allem die sog. Antitrust-(bzw. Antikartell-)Gesetzgebung diese Aufgabe erfülle. Alle Versionen dieser Theorien münden schließlich und endlich in die These, daß die staatliche Lenkung und die Planung der Wirtschaft dem Interesse der gesamten Gesellschaft diene, so auch dem Interesse der Arbeiterklasse, mit der Konsequenz, daß die proletarische Revolution gegenstandslos geworden sei.[43]

Die Funktion der behandelten theoretischen Konstruktionen besteht schließlich darin, die sozialistische Planwirtschaft, die auf dem sozialistischen gesellschaftlichen Eigentum beruht, zu bekämpfen. Die Argumentation der bürgerlichen Wissenschaft, die die sozialistische Planwirtschaft diffamiert, bewegt sich auf zwei Ebenen: Einerseits werden die traditionellen groben und unverdeckten Angriffe auf die sozialistische Wirtschaftsplanung fortgesetzt, die als „zentralistische Planwirtschaft", „Zentralverwaltungswirtschaft" oder „Kommandowirtschaft" bezeichnet und prinzipiell abgelehnt wird. Andererseits deuten bürgerliche Theoretiker unter dem Einfluß der Konvergenztheorie die Möglichkeit einer Annäherung zwischen der zentralistischen Planungswirtschaft und „der staatlich-gelenkten Verkehrswirtschaft" an, und zwar unter der Voraussetzung, daß die sozialistische Planung auf „direktive" Elemente verzichtet. Die bürgerliche Wissenschaft benutzt beide Formen bei ihren Angriffen auf die sozialistische Wirtschaftsplanung und das sozialistische Eigentumssystem, einzeln oder kombiniert,[44] je nach der Situation und den Erfordernissen des ideologischen Kampfes zwischen beiden Gesellschaftssystemen.

Die „Zentralverwaltungswirtschaft" greifen sie deshalb an, weil diese angeblich die Interessen des einzelnen dem gesamtgesellschaftlichen Interesse nur „durch Gewaltanwendung und dauernde Kontrolle" unterordnet, weil die Errichtung der „Wirtschaftsbürokratie" die Einschränkung oder die Zerstörung der Freiheit des einzelnen und der Unternehmerinitiative zur Folge habe und zum Verlust

43 Vg. A. Giolitti, Riforme e revolizione, Torino 1957, S.27/28.

44 Vgl. B. Anders/J. Becher, Kritik bürgerlicher „Alternativen" zur sozialistischen Planwirtschaft, in: Staat und Recht, 3/1977, S. 266/267.

der „Leistungskraft" in der Wirtschaft führe.[45] So wird ein Modell der sozialistischen Wirtschaft konstruiert, das in Wirklichkeit nicht existiert. Das sozialistische Wirtschaftssystem wird als ökonomisches System mit ausschließlich administrativem Charakter ausgegeben, in dem die Direktiven des Staates herrschen, ein materielles Interesse und eine materielle Verantwortung und ähnliches nicht existieren usw. Die „Kritik" an den allgemeinen Grundlagen des sozialistischen Wirtschaftssystems, insbesondere am sozialistischen Eigentum, erfaßt das Wesen des realen Sozialismus nicht, sondern trifft letztlich nur das von bürgerlichen Theoretikern selbst konstruierte Sozialismusbild.[46]

Im Gegensatz zur sozialistischen Wirtschaftsplanung heben die bürgerlichen Theoretiker „die staatlich gelenkte Verkehrswirtschaft" hervor und idealisieren sie. Sie habe angeblich nicht die Mängel der „Zentralverwaltungswirtschaft" und vereine in sich die Vorzüge der Marktwirtschaft mit denen der Planung. Mit ihr ändere sich angeblich das Wesen des Kapitalismus an sich. Ein Beispiel dieser Beschönigung des gegenwärtigen Kapitalismus in der BRD liefert der folgende Gedankengang Rincks: „Die Wirtschaftsverfassung der Bundesrepublik unternimmt bewußt, einen Mittelweg zu gehen zwischen der Freiheit des wirtschaftenden Bürgers und der Sozialgestaltung durch den Staat, also einen Weg zwischen Kommunismus und Kapitalismus."[47] Die Veränderungen im Wirtschaftssystem der BRD treten nach Auffassung Rincks als Ergebnis der Anwendung der Prinzipien des imperialistischen Wirtschaftsrechts ein, d. h. der Prinzipien des Privateigentums, des Wettbewerbs sowie der Planung und der Lenkung der Wirtschaft. Doch damit wiederholt dieser Spitzenvertreter des imperialistischen Wirtschaftsrechts nur die alte bürgerliche und reformistische These eines „dritten Weges". Einem solchen Weg fehlt jedoch jede reale Grundlage; er dient allein der Anpreisung des staatsmonopolistischen Herrschaftssystems in der BRD, und es wird gleichzeitig behauptet, daß auf Seiten der kapitalistischen Gesellschaftsordnung bereits grundlegende Voraussetzungen für eine Annäherung beider Gesellschaftssysteme bestünden. Nunmehr läge es am sozialistischen System, entsprechende adäquate Voraussetzungen zu schaffen.

Folgt man diesen Intentionen bürgerlicher Ideologen, so müßte die Entwicklung der beiden sich antagonistisch gegenüberstehenden Gesellschaftsordnungen in eine neue jenseits von Kapitalismus und Sozialismus münden.

Unter dem Einfluß der Konvergenztheorie akzentuiert sich in den letzten Jahren in der bürgerlichen Literatur immer mehr der Gedanke, daß in beiden Systemen der Wirtschaft nach ähnlichen Prinzipien geplant wird und daß ähnliche Ziele verfolgt werden. Hierbei wird von der fehlerhaften Prämisse ausgegangen, daß die Planung unabhängig von der jeweiligen Gesellschaftsord-

45 Vgl. H. H. Bader, Staat, Wirtschaft, Gesellschaft, Hamburg-Heidelberg 1976, S. 166/167; W. Friedmann, Recht und sozialer Wandel, Frankfurt a. M. 1969, S. 296; Begriff und Prinzipien des Wirtschaftsrechts, Frankfurt a. M. 1971, S. 170.

46 Vgl. Z. Hába/M. Křížek, Sozialismus a vlastnictvi, Praha 1975, S. 250 f.

47 G. Rinck, Begriff und Prinzipien des Wirtschaftsrechts, a. a. O., S. 183.

nung durch den hohen Stand der technischen und wissenschaftlichen Entwicklung bedingt sei. Waterkamp behauptet in diesem Zusammenhang: „Es gibt Formen der Wirtschaftsplanung und Wirtschaftslenkung, die zur Steuerung der komplizierten Prozesse einer hochentwickelten Volkswirtschaft notwendig sind, unabhängig von dem Gesellschaftssystem."[48] Er meint schlußfolgern zu können, daß für die Realisierung der Absichten der Planung in beiden Systemen die gleichen Hindernisse überwunden werden müssen: „Eine zukunftsorientierte Politik hat dabei in jedem System die Planungsfeindlichkeit eines Teils der Bevölkerung und die naiven Planungsvorstellungen zumeist in der Bürokratie selbst zu überwinden."[49]

Den Gedanken der Konvergenz im Zusammenhang mit der Anwendung der Prinzipien der Planung hebt auch Galbraith hervor. Er schrieb: „Darüber sind beide (Systeme – J. L.) längst hinausgewachsen. Was jedoch die Planungsprinzipien betrifft, ist eine deutliche Konvergenz nicht zu verkennen."[50] Wie wir sehen, ignoriert die bürgerliche Wissenschaft absichtlich den grundlegenden Unterschied zwischen beiden Gesellschaftssystemen, der sich aus den unterschiedlichen Klassen- und Eigentumsverhältnissen ergibt.[51] Die verschiedenen konvergenztheoretischen Auffassungen sollen vor allem bei der Arbeiterklasse der kapitalistischen Länder die Vorstellung erwecken, daß es überflüssig sei, gegen das gegenwärtige staatsmonopolistische System zu kämpfen, weil unter den Bedingungen der wissenschaftlich-technischen Revolution in der kapitalistischen wie in der sozialistischen Gesellschaft mittels der Planung die selben Probleme zu lösen seien und beide Systeme auf dieser Grundlage zu einer Annäherung gelangen würden.

Die Kritik der Eigentumstheorie vom „lenkenden" und „regulierenden" Kapitalismus stellt keine allzu hohen Ansprüche: Es gibt nicht nur zahlreiche wissenschaftliche Argumente, sondern der Kritik stehen die gesellschaftlichen und ökonomischen Gegebenheiten in den imperialistischen Ländern mit all ihren Gebrechen zur Verfügung.

Im Zusammenhang mit der hier behandelten Konzeption gilt es die Äußerung Lenins zu beachten, „daß sich wohl kaum eine andere Frage finden wird, die von den Vertretern der bürgerlichen Wissenschaft, Philosophie, Jurisprudenz, politischen Ökonomie und Publizistik absichtlich und unabsichtlich so verwirrt worden ist, wie die Frage des Staates"[52].

Die Klassiker des Marxismus-Leninismus haben bereits überzeugend nachgewiesen, daß es unter kapitalistischen Privateigentumsverhältnissen unmöglich ist, die spontane Wirkung der Gesetze des Kapitalismus durch irgendwelche

48 R. Waterkamp, Interventionsstaat und Planung, Raumordnung, Regional- und Strukturpolitik, a. a. O., S. 27.

49 Ebenda.

50 J. K. Galbraith, Die moderne Industriegesellschaft, München-Zürich 1968, S. 128.

51 Vgl. H. Kolbe/K. H. Röder, Staat und Klassenkampf, a. a. O., S. 180.

52 W. I. Lenin, Über den Staat, in: Werke, Bd. 29, Berlin 1961, S. 462.

staatliche Eingriffe in die Wirtschaft, vor allem durch Planungsakte, zu überwinden. Schon Engels wies darauf hin, daß die Wirtschaftstätigkeit des Staates den Grundwiderspruch zwischen dem erreichten Stand der Entwicklung der Produktivkräfte und dem Privateigentum an den Produktionsmitteln nur verschärft.[53] Und auch Lenin wies die Behauptung, der geplante bzw. gelenkte Kapitalismus verkörpere eine neue historische Qualität als reformistische Erfindung zurück. Insbesondere lehnte er Roosevelts reformistische Konzeption der staatlichen Kontrolle über die Trusts ab und bezeichnete sie als Agitation, die nur mit dem Ziel geführt werde, sich mit dieser Reform von der revolutionären Perspektive der Enteignung der Kapitalisten abzuwenden.[54]

Durch Planung, Regulierung und Programmierung kann, wenn das Privateigentum als Grundlage der ökonomischen und Machtstruktur des Imperialismus nicht beseitigt wird, der grundlegende Widerspruch zwischen dem gesellschaftlichen Charakter der Produktion und der privatkapitalistischen Aneignung nicht überwunden werden. Der sowjetische Rechtstheoretiker Tumanow sagt dazu treffend: „Die bürgerliche Programmierung als ein Element des staatsmonopolistischen Kapitalismus und die auf seiner Grundlage erwachsene ökonomische Funktion des gegenwärtigen imperialistischen Staates gründet sich nicht auf gesellschaftliches Eigentum. Sie geht nicht über einen ‚flexiblen Dirigismus' hinaus; sie erstreckt sich nicht einmal auf den grundlegenden Widerspruch des kapitalistischen Systems, den Widerspruch zwischen gesellschaftlicher Produktion und privater Aneignung."[55] Eine planmäßige proportionale und stabile Entwicklung der Wirtschaft und der ganzen Gesellschaft ist nur unter den Bedingungen des sozialistischen Eigentums an den Produktionsmitteln und der politischen Macht der Arbeiterklasse möglich.[56]

Planung, Regulierung und Programmierung im Kapitalismus als Ausdruck objektiver Integrationstendenzen, als ein durch die starke Entwicklung der Produktivkräfte hervorgerufenes Bedürfnis, bewegen sich im Rahmen des Grundwiderspruchs dieser Gesellschaft. Gleichzeitig zeugen diese Tendenzen und Bedürfnisse davon, daß die materiellen Voraussetzungen für den Sozialismus objektiv herangereift sind.[57]

Ein ausschlaggebender Faktor für den Kapitalismus der Gegenwart ist nach wie vor das durch das Privateigentum verkörperte materielle Interesse der monopolistischen Bourgeoisie. Sie bemüht sich deshalb mit allen Mitteln, die materielle Grundlage ihrer ökonomischen und politischen Machtpositionen zu festigen. Gerade unter den gegenwärtig sich ändernden äußeren und inneren

53 Vgl. F. Engels, Die Entwicklung des Sozialismus von der Utopie zur Wissenschaft, in: MEW, Bd. 19, Berlin 1973, S. 221.

54 Vgl. W. I. Lenin, Ergebnis und Bedeutung der Präsidentschaftswahlen in Amerika, in: Werke, Bd. 18, Berlin 1962, S. 396/397.

55 W. A. Tumanow, Bürgerliche Rechtsideologie, Berlin 1975, S. 74.

56 Vgl. Volkswirtschaftsplanung, Berlin 1974; Sowjetisches Wirtschaftsrecht, Berlin 1975, besonders 4. Kap.; Planungsrecht, Heft 4, Berlin 1975.

57 Vgl. W. A. Tumanow, Bürgerliche Rechtsideologie, a. a. O., S. 74.

Bedingungen geht es schon nicht mehr nur um die Rettung und die Festigung der Stellung einzelner Monopole, sondern um die Erhaltung des ganzen ökonomischen Systems des Imperialismus. In der Auseinandersetzung mit dem Sozialismus geht es um Bestand und Stabilität. Diesem entspricht auch das System von juristischen und außerjuristischen Maßnahmen des imperialistischen Staates, mit denen er als Repräsentant der monopolistischen Bourgeoisie in die wirtschaftlichen Prozesse eingreift. Die bürgerliche Wissenschaft bemüht sich, das Anliegen dieser Maßnahmen zu verschleiern und die wirklichen Ursachen des staatlichen Eingreifens in die abstrakte These der Verantwortung des Staates für die „gesamtwirtschaftliche Entwicklung" und der Durchsetzung „gesamtgesellschaftlicher Interessen der Wirtschaft" zu kleiden.

Aus den veränderten Bedingungen, in denen sich der gegenwärtige staatsmonopolistische Kapitalismus befindet, läßt sich gleichzeitig die Tatsache erklären, warum sich in den führenden imperialistischen Ländern in den letzten Jahrzehnten allmählich das System, der Umfang, der Inhalt und die Formen der staatlichen Eingriffe in die Wirtschaft änderten. So beschränkte sich in den Anfängen des staatsmonopolistischen Kapitalismus die Praxis der entwickelten imperialistischen Ländern auf kurzzeitige, meist krisenbedingte Eingriffe, die auf die Erhaltung und Förderung einzelner Monopole gerichtet waren. In den neuesten Etappen der allgemeinen Krise des Kapitalismus breitete sich die Sphäre der staatlichen Eingriffe allmählich auf weitere Bereiche der kapitalistischen Reproduktion aus. Es wird aktiv auf die Produktionsstruktur, auf den Umlauf und auf die Verteilung eingewirkt. Der imperialistische Staat führt neben den bisherigen weitere, wirksamere ökonomische und juristische Formen der Wirtschaftsregulierung ein und trifft insbesondere auf langfristige Maßnahmen. Außer durch das System der Subventionen, Steuern, Kredite, Abschöpfungen bemüht sich der imperialistische Staat auch mit Hilfe des Staatshaushalts, des staatlichen Sektors der Wirtschaft, der Prognostizierung und der Planifikation sowie verschiedener anderer staatsmonopolistischer Regulierungsformen, auf die Wirtschaft einzuwirken.[58] Diese Regulierungsformen werden in breitem Maße in der BRD benutzt. Der westdeutsche imperialistische Staat nutzt in der Gegenwart das ganze System der Rechtsinstrumente „der globalen Wirtschaftssteuerung"[59].

Viele der Maßnahmen des imperialistischen Staates werden in Form von Gesetzen getroffen. Deshalb bildete die Theorie der Gesetzgebung in Übereinstimmung mit dieser Praxis eine besondere Kategorie von sog. „Maßnahme-Gesetzen" heraus.[60] In der BRD fand die staatsmonopolistische Regulierung ihren konzentrierten juristischen Ausdruck im Gesetz zur Förderung der Stabilität

58 Vgl. G. Neumann/H. Rudolph, Zum Charakter und zu einigen Funktionen des imperialistischen Wirtschaftsrechts, in: Staat und Recht, 6/1976, S. 620/621; W. Kowalski, Staatsmonopolistische Regulierung, in: Einheit, 5/6, 1976, S. 662 f.

59 Einzelne rechtliche Mittel stellen ausführlich dar: G. Rinck, Wirtschaftsrecht, a. a. O., S. 79 f.; P. Badura, Wirtschaftsverfassung und Wirtschaftsverwaltung, a. a. O., S. 35 f.

60 Vgl. P. Badura, Wirtschaftsverfassung und Wirtschaftsverwaltung, a. a. O., S. 35.

und des Wachstums der Wirtschaft vom 8. Juni 1967 (BGBl. I, S. 582). Das Gesetz enthält ein vielfältiges Instrumentarium zur Wirtschaftsregulierung und wird als eines der modernsten Wirtschaftsgesetze imperialistischer Staaten angesehen. Es enthält verschiedene wirtschaftslenkende Maßnahmen, mit deren Hilfe angeblich das „gesamtwirtschaftliche Gleichgewicht" gesichert und namentlich Preisstabilität, ein höherer Beschäftigungsgrad, außenwirtschaftliches Gleichgewicht und Wirtschaftswachstum erreicht werden sollen. Mit Hilfe dieses Gesetzes wird also ein Ziel angesteuert, das auffallend mit der These der bürgerlichen Wissenschaft zusammenhängt, daß die Eingriffe des Staates die „selbstzerstörerischen Tendenzen der Eigentumsdynamik" zu unterbinden haben. Wenn die durch das Gesetz proklamierten Ziele erreicht werden sollen, müßten zuerst die Anarchie, die Spontaneität der kapitalistischen Produktionsweise beseitigt werden, die ihrem Wesen nach jedoch nur Folgen der Existenz des Privateigentums sind. Es soll also etwas erreicht werden, was unter den Bedingungen des bestehenden Systems des Privateigentums unmöglich erreicht werden kann. Abgesehen davon, daß das proklamierte Ziel illusorisch ist,[61] bietet das Gesetz doch einen geeigneten rechtlichen Rahmen für die verschiedenen offenen und versteckten materiellen Förderungen der Monopole. Das Gesetz ist u. a. die institutionelle Rechtsgrundlage für den direkten Anschluß der Monopole an die Lenkungs- und Planungstätigkeit des Staates auf „gesamtwirtschaftlicher Ebene". Mit seiner Hilfe wird das Zusammenwachsen der einflußreichsten Monopole mit den Organen des monopolistischen Staates beschleunigt.

Dem angeführten Ziel dient z. B. die sog. konzertierte Aktion, die eine der Schlüsselformen organisatorischer Art ist, um das Anliegen des Gesetzes praktisch zu realisieren. In § 3 wird die „konzertierte Aktion" als „ein gleichzeitiges aufeinander abgestimmtes Verhalten (konzertierte Aktion) der Gebietskörperschaften, Gewerkschaften und Unternehmensverbände" zur Erreichung der Ziele des genannten Gesetzes definiert. Im Rahmen der „konzertierten Aktion" stellt die Bundesregierung „Orientierungsdaten" zur Verfügung. Abgesehen davon, daß die Monopole sich in den Prozeß der Koordinierung und des Zusammenwirkens von Staat und Wirtschaft unmittelbar einzuschalten gedenken, wollen sie mit Hilfe dieses Instruments vor allem die Gewerkschaften dahingehend beeinflussen, ihre wirtschaftlichen Forderungen, insbesondere Lohnforderungen, zurückzustellen und von Streiks und anderen Kämpfen abzulassen. Manchmal

61 G. Neumann/H. Rudolph konstatieren zu Wesen und Ziel des Gesetzes, „daß es sich dabei letztlich um untaugliche Versuche am untauglichen Objekt handelt, bedarf angesichts der Realität in der BRD und den anderen imperialistischen Staaten heute kaum mehr eines Beweises. Zwar können staatsmonopolistische Regulierungsmaßnahmen partiell und zeitweilig krisendämpfend und verzögernd wirken; unter den Bedingungen kapitalistischen Privateigentums und antagonistischer Klassengegensätze können sie jedoch die weitere Zuspitzung der Widersprüche des Kapitalismus auf die Dauer nicht verhindern und die allgemeine Krise des Kapitalismus nicht aufheben" (Zum Charakter und zu einigen Funktionen des imperialistischen Wirtschaftsrechts, in: Staat und Recht, 6/1976, S. 620).

verheimlichen bürgerliche Theoretiker nicht einmal diese Absicht. So hält Forsthoff die „konzertierte Aktion" für ein „Mittel, um die Gewerkschaften disziplinieren zu können".[62] Kaiser bezeichnet „den Anspruch der Gewerkschaften, mittels der Waffe des Streiks Lohnpolitik zu betreiben, für einen Störungsfaktor in diesem System"[63]. In die gleiche Richtung zielt die Argumentation von Biedenkopf. Er wirft die Frage auf, ob die Arbeitskampfmaßnahmen der Gewerkschaften dann noch sozialadäquat seien, wenn sie gegen die Diskussionsergebnisse der „konzertierten Aktion" verstoßen.[64] Es besteht kein Zweifel darüber, daß die Vertreter der Monopole in Verbindung mit der staatlichen Bürokratie im Rahmen der „konzertierten Aktion" eine dominierende Stellung haben. Die bürgerliche Wissenschaft gab diese Form der Zusammenarbeit wie auch weitere spezifische Organisationsformen des Zusammenwirkens von Staatsorganen (Beiräte, Fachausschüsse und Kommissionen) und Monopolverbänden im Widerspruch zur Wirklichkeit als Äußerung der „Demokratisierung der Wirtschaftslenkung und Wirtschaftsprogrammierung" aus. Die Monopolverbände üben in der geschilderten Art und Weise faktisch einen starken Einfluß auf die staatliche Wirtschaftslenkung aus, ohne daß sich für sie aus den gegebenen Zusagen und Absprachen im Rahmen dieser Organisationsformen irgendwelche Rechtspflichten ergeben. Die Zusagen und die Absprachen sind nach allgemeiner Meinung bürgerlicher Rechtswissenschaftler rechtlich nicht verbindlich.[65] Das ist für die Monopolverbände von besonderem Vorteil, weil es ihnen ermöglicht, die staatliche Lenkung zu beeinflussen und dennoch keine Verantwortung für die Realisierung der getroffenen Festlegungen zu übernehmen.

Die herrschenden Monopole nutzen die sich für sie aus den rechtlichen Formen der Planung ergebenden Vorteile als Instrument dafür aus, zusätzliche Möglichkeiten der Umverteilung des Nationaleinkommens zu finden.[66] Ein typisches rechtliches Instrument, mit dessen Hilfe die angeführten Ziele erreicht werden, ist der sog. Planungsvertrag. Diesen Vertrag öffentlichrechtlichen Typs schließen Staat bzw. Staatsorgane und Monopolunternehmen bzw. Monopolgruppen mit der Absicht ab, bestimmte Ziele der Wirtschaftspolitik zu erreichen (z. B. eines Investitionsprogramms), wie sie durch den imperialistischen Staat festgelegt sind. Der Abschluß derartiger Verträge ist nötig, weil die in den Plänen festgelegten Zielstellungen für den privaten Sektor nicht verbindlich sind. Der Staat dagegen wird gegenüber den Privatunternehmen hinsichtlich der Realisierung der geplanten Ziele als rechtlich verpflichtet und verantwortlich betrach-

62 E. Forsthoff, Der Staat der Industriegesellschaft, München 1971, S. 119/120.

63 J. H. Kaiser, Planung und Politik der Planung in Wirtschaft und Gesellschaft, Baden-Baden 1965, S. 26.

64 Vgl. K. H. Biedenkopf, Rechtsfragen der Konzertierten Aktion, in: Der Betriebsberater, 25/1968, S. 1008.

65 Vgl. P. Badura, Wirtschaftsverfassung und Wirtschaftsverwaltung, a. a. O., S. 65.

66 Vgl. G. Neumann/H. Rudolph, Zum Charakter und zu einigen Funktionen des imperialistischen Wirtschaftsrechts, in: Staat und Recht, 6/1976, S. 624.

tet. Auf dieser Grundlage ist auch die theoretische Konstruktion des „Planungsvertrags" aufgebaut. Deshalb folgt aus der Nichterfüllung oder Änderung der geplanten Voraussetzungen durch den Staat (nach der bürgerlichen Wissenschaft und Praxis) ein sog. Plangewährleistungsanspruch des „planbetroffenen Unternehmens, das sich vertrauensvoll auf die normierte Planung eingelassen hatte". Das bedeutet, daß sich aus vertraglichen oder quasivertraglichen Beziehungen des Staates zu den Wirtschaftsunternehmen unter Umständen bestimmte einseitige Planentschädigungsansprüche privater Monopole gegenüber dem Staat ableiten.

Der Zweck der vertraglichen Kooperation zwischen dem Kapital und der staalichen Bürokratie ist offensichtlich: Die Monopole versuchen, auf diesem Wege weitere zusätzliche Mittel aus dem Staatsvermögen zu erlangen, das sich in beträchtlichem Maße aus den Leistungen der Steuerzahler zusammensetzt. Faktisch stehen die geschilderten juristischen Möglichkeiten keineswegs allen privaten Unternehmern, sondern nur den größten und mächtigsten Monopolen zur Verfügung. So konstatiert H. D. Fangmann, daß „die Exklusivität des Vertrages ... nur den wenigen Kapitalgesellschaften" entspricht, da der Planungsvertrag „konzeptionell nicht auf jeden Kapitalisten zugeschnitten ist, wie es noch der Tauschvertrag des Konkurrenzkapitalismus war". An anderer Stelle führt er an, daß sich „der Plangewährleistungsanspruch als Instrument des Großkapitals" erweist. „Nicht einmal die noch vorhandene Gruppe von mittleren und kleinen Unternehmern könnte sich nach dieser Konstruktion mit Erfolg auf Plangewährleistung berufen."[67] Damit sind der Charakter, das Wesen und die Funktion solcher juristischer Mittel ausreichend gekennzeichnet, wie es Planungsvertrag und Plangewährleistungsanspruch sind. Besonders ausgiebig dienen den materiellen Interessen der Monopole solche Mittel der „Regulierung und Lenkung" der Wirtschaft wie das Steuersystem und der Staatshaushalt. Mit Hilfe des Steuersystems werden den Monopolen verschiedene Steuervorteile gewährt, z. B. bei Unternehmungsumwandlungen und Fusionen. Die Monopole nutzen auch solche Arten von Steuern wie die Mehrwertsteuer für ihre Interessen aus.[68] Der Stärkung der Eigentumspositionen der herrschenden Monopole und der Aufrechterhaltung des ökonomischen Systems des staatsmonopolistischen Kapitalismus dienen weiterhin der Staatshaushalt und der staatliche Sektor der Wirtschaft. Mit deren Hilfe erfolgt die Umverteilung des Nationaleinkommens. Vom Staatshaushalt werden erhebliche Teile (in der BRD ist es etwa ein Drittel des Budgets) für direkte oder indirekte Subventionen und andere Vorteile für den privaten Sektor und vor allem für die Monopole bereitgestellt (Kredite, Vorausfinanzierungen u. a.). Dabei darf man nicht vergessen, daß diese Finanzquellen auch aus den Steuern der Lohnarbeiter stammen.

67 H. D. Fangmann, Staatliche Wirtschaftsplanung und Staatsrechtsideologie, in: Kritische Justiz, 1/1972, S. 13.

68 Vgl. G. Becker, Die westdeutsche Mehrwertsteuerregelung – ein Instrument zur Sicherung der Monopolinteressen, in: Staat und Recht, 9/1970, S. 1468 ff.

Private Monopole nutzen den staatlichen Sektor allseitig aus. Verstaatlichte Wirtschaftszweige und gesellschaftliche Einrichtungen erfüllen in der Regel gegenüber dem privaten Sektor Aufgaben, indem sie für ihn zu vorteilhaften ökonomischen Bedingungen notwendige Ergänzungs- und Hilfeleistungen erbringen. So nutzen private Monopole z. B. die Zweige Eisenbahnverkehr, Energetik, staatliches Bildungssystem u. a. aus, die mit Mitteln aus dem Staatshaushalt ausgestattet sind.[69]

Bei der Gesamteinschätzung dieses Problemkreises darf allerdings nicht vergessen werden, daß auch in jenen imperialistischen Ländern, in denen der Staat durch Verstaatlichungen bedeutendere Eigentumspositionen erworben hat, das Eigentum privater Monopole eindeutig überwiegt.

Aus dem bisher Gesagten folgt, daß der imperialistische Staat mit seiner Planung, Regulierung und Programmierung nicht im Interesse des Wohlstands aller Bürger tätig ist, sondern im Interesse der Kapitalisten bzw. der herrschenden Monopolgruppen; zugunsten der Ausgebeuteten wirkt er nur in Ausnahmefällen, und zwar dann, wenn die Arbeiterklasse durch Streiks oder andere Kampfaktionen bestimmte Zugeständnisse erzwingt. Die Worte Lenins, daß Voraussetzung für die Realisierung der Leitung der Volkswirtschaft im Interesse der gesamten Gesellschaft die Liquidierung des Privateigentums an den Produktionsmitteln und seine revolutionäre Ersetzung durch das sozialistische Eigentum ist,[70] sind – wie sich zeigt – nach wie vor höchst aktuell.

Die Eigentumskonzeption vom „lenkenden" und „regulierenden" Kapitalismus wird am überzeugendsten durch die gesellschaftlich-ökonomische Realität des Kapitalismus der Gegenwart selbst widerlegt; im System des „planenden" Kapitalismus kommt es nämlich wiederholt zu schweren Wirtschaftskrisen. Gegenwärtig verzahnen sich allgemeine und zyklische Krise des Kapitalismus, was von einem starken Produktionsrückgang, von Inflation und Massenarbeitslosigkeit begleitet ist.[71] Jedoch auch in Perioden relativer Prosperität des Kapitalismus bleiben soziale Armut und ein beachtlicher Grad an Arbeitslosigkeit der werktätigen Massen bestehen. Diese ständigen Gebrechen der kapitalistischen Gesellschaft sind eindeutiger Beweis dafür, daß die Behauptungen bürgerlicher Theoretiker über einen „lenkenden", „planenden" oder „krisenlosen" Kapitalismus der realen Grundlage entbehren.[72] Auf dem IX. Parteitag der SED wurde dazu sehr treffend gesagt: „Unter dem Eindruck dieser Entwicklung sind alle Propheten einer dauernden Prosperität des Kapitalismus verstummt. Ihre Theorien von der ‚Wohlstandsgesellschaft', vom ‚reformierbaren Kapitalismus' sind an der rauhen Wirklichkeit zerbrochen. Alle Modelle einer krisenfreien kapitalistischen Gesell-

69 Vgl. V. E. Guliev, Sovremennoe imperialističeskoe gosudarstvo, a. a. O., S. 138.
70 Vgl. W. I. Lenin, Die drohende Katastrophe und wie man sie bekämpfen soll, in: Werke, Bd. 25, Berlin 1960, S. 284.
71 Vgl. Allgemeine Krise des Kapitalismus, Berlin 1976, S. 9 ff.
72 H. Kolbe, Der Traum vom „reformierten Kapitalismus", in: horizont, 41/1976.

schaft haben sich als Fehlkonstruktionen erwiesen. Lenins Analyse dagegen ist heute mehr denn je richtig: Der Imperialismus ist sterbender, parasitärer, faulender Kapitalismus."[73]

3. Die Rolle der Antikartell-(Antitrust-)gesetzgebung

Zum System der rechtlichen Mittel der Wirtschafts„regulierung" durch den imperialistischen Staat gehört die sog. Antikartellgesetzgebung (oft auch Antitrustgesetzgebung genannt). Die bürgerliche Rechts- und Wirtschaftswissenschaft konstruiert auf der Grundlage dieser Gesetzgebung des staatsmonopolistischen Kapitalismus zahlreiche ökonomische und rechtspolitische, „Argumente", die die gegenwärtige imperialistische Propaganda in großem Maße zur Beschönigung des modernen Kapitalismus nutzt.[74] Viele dieser Konstruktionen hängen unmittelbar mit der Problematik des Eigentums zusammen bzw. berühren sie zumindest.

Die bürgerliche Wissenschaft und die Propaganda mühen sich, die sog. Kartellgesetzgebung als rechtliches Mittel auszugeben, das den Prozeß der Monopolisierung der Wirtschaft aufhalten oder verlangsamen helfen soll. Angeblich werde so die Konzentration und die Zentralisation des Kapitals in der kapitalistischen Gesellschaft verhindert.[75] Die Antitrustpolitik und -gesetzgebung sei „eine drastische Beschneidung der Eigentumsfreiheit" der Monopole.[76] In breiterem gesellschaftlichem Kontext wird diese Gesetzgebung als Ausdruck sowohl wirtschaftlicher als auch politischer Demokratie gewertet.[77] Die bürgerlichen Theoretiker gehen hierbei von einem unwissenschaftlichen und fehlerhaften Begriff der „Konzentration" aus. Konzentration wird nicht im Zusammenhang mit der Akkumulation des Kapitals gesehen und nicht als Resultat des Wirkens der kapitalistischen Eigentumsverhältnisse verstanden, sondern abstrakt „als Ballung ökonomischer Größen" aufgefaßt.[78] Vielfach wird deshalb von „Konzentration der Verfügungsgewalt"[79], von „Ballung wirtschaftlicher Macht"[80] u. ä. gesprochen.

Der bürgerliche ökonomische und juristische Begriff der „Konzentration" läßt

73 Bericht des Zentralkomitees der Sozialistischen Einheitspartei Deutschlands an den IX. Parteitag der SED, in: Protokoll der Verhandlungen des IX. Parteitages der Sozialistischen Einheitspartei Deutschlands. Im Palast der Republik in Berlin, 18. bis 22. Mai 1976, Bd. 1: 1. bis 3. Beratungstag, Berlin 1976, S. 48.

74 Vogl. C. A. Židkov, Zakonodaltel'stvo o kapitalističeskich monopoljach, Moskva 1968, S. 7.

75 Vgl. J. van Cise, Federal antitrust laws, Washington 1962, S. 65; G. Rinck, Wirtschaftsrecht, a. a. O., S. 211.

76 E. Küng, Eigentum und Eigentumspolitik, Zürich-Tübingen 1964, S. 165.

77 Vgl. E. Günther, in: Kartelle und Monopole im modernen Recht, Bd. I, Karlsruhe 1961, S. 79.

78 H. Arndt, in: Die Konzentration in der Wirtschaft, Bd. I, Berlin(West) 1971, S. 7.

79 K. H. Biedenkopf, Die Konzentration als Rechtsproblem, in: Die Konzentration in der Wirtschaft, a. a. O., S. 515 ff.

80 Dieser Terminus wird z. B. in offiziellen Dokumenten der Bundesregierung ge-

den direkten Zusammenhang mit den Eigentumsverhältnissen außer acht. Es ist offensichtlich, daß die bürgerliche Wissenschaft bei der Analyse dieser Erscheinung von der These vom Bedeutungsverlust des Eigentums durch neue Rechtsformen der Unternehmen ausgeht. Und deshalb entsteht die Konzentration „ökonomischer Größen" oder der „Verfügungsgewalt" nach ihren Vorstellungen unabhängig von der Eigentumsordnung. Das gestattet ihnen, die wahren Gründe der Konzentration und der Zentralisation des Kapitals zu verschleiern[81] und eine kritische Haltung gegenüber der Konzentration einzunehmen, weil eine solche partielle Kritik der Konzentration ihrer Auffassung nach nicht mit einer Verurteilung der kapitalistischen Ordnung im allgemeinen und der kapitalistischen Eigentumsverhältnisse im besonderen gleichgesetzt werden kann.[82]

In Wirklichkeit geht es ihnen in erster Linie um den Schutz des Eigentums der Monopole. Das ist nicht nur aus den Gründen, die zur Annahme der sog. Antikartellgesetze führten, ersichtlich, sondern auch aus dem Charakter, dem Wesen und der Funktion dieser Gesetze. Bei der Beurteilung dieser Problematik muß man sich vor Augen führen, daß die Entwicklung des heutigen imperialistischen Staates, der ein äußerst komplizierter Mechanismus ist, unter dem Einfluß äußerer und innerer Faktoren keineswegs geradlinig verläuft, sondern durch zahlreiche Widersprüchlichkeiten gekennzeichnet ist. Der Imperialismus ist gezwungen, immer mehr zu manövrieren, um sich den neuen Bedingungen anzupassen. Zu den Erscheinungen, in denen sich die widersprüchliche Entwicklung des gegenwärtigen staatsmonopolistischen Kapitalismus ziemlich intensiv widerspiegelt, gehört auch die sog. Antikartellgesetzgebung. Ihr Entstehen und ihre Existenz sind durch eine ganze Reihe politisch-ideologischer und ökonomischer Faktoren bedingt, die innerhalb des staatsmonopolistischen Systems, aber auch von außen auf dieses System wirken.

Die These von der Möglichkeit, die Macht der Monopole mit Hilfe der sog. Antikartellgesetzgebung einzuschränken, nutzen die bürgerliche Wissenschaft und Propaganda vor allem dazu, den Anschein zu erwecken, als sei der imperialistische Staat Träger des sozialen Fortschritts, als könne er den Charakter der ökonomischen Verhältnisse ändern und die wirtschaftliche und gesellschaftliche Entwicklung des Landes im Sinne irgendeiner abstrakten und klassenunabhängigen sozialen Gerechtigkeit lenken. So versuchen die imperialistischen Ideologen, bei den breiten Volksmassen Illusionen zu wecken.

Mit der sog. Antikartellgesetzgebung versucht die herrschende Klasse der antimonopolistischen Bewegung, die zweifellos eine der wichtigsten sozial-politischen Erscheinungen der gegenwärtigen kapitalistischen Gesellschaft ist, entgegenzutreten. Aktivste Kraft der antimonopolistischen Bewegung sind die Ar-

braucht (vgl. z. B. Bundestags-Drucksache VI/950, S. 3, Bundestags-Drucksache IV/2320, S. 90).

81 Als Ursachen der Konzentration in der Wirtschaft bezeichnen sie im allgemeinen den technischen Fortschritt, das natürliche Wachstum und auch das Steuersystem.

82 Für die Träger der konzentrierten wirtschaftlichen oder Verfügungsmacht halten sie die Manager bzw. die Technostruktur.

beiterklasse und die anderen Werktätigen, weil sie die Macht der Monopole am stärksten zu spüren bekommen. Denn mit der Konzentration und der Zentralisation des Eigentums und der Macht in den Händen der Monopole gehen eine verschärfte Ausbeutung der Werktätigen wie auch eine Eigentums- und Klassenpolarisierung einher. Die Macht der Monopole richtet sich gleichzeitig auch gegen andere Schichten der kapitalistischen Gesellschaft, einschießlich die kleine und mittlere Bourgeoisie. Deshalb rekrutieren sich auch aus deren Reihen Anhänger antimonopolistischer Maßnahmen. Die „Antimonopol-Politik" des imperialistischen Staates zielt deshalb darauf, die unterschiedlichen Klassenkräfte in der antimonopolistischen Bewegung miteinander in Widerspruch zu bringen und diese Bewegung zu zerschlagen. Es geht dem Staat um die Abspaltung der nichtmonopolistischen Bourgeoisie von dieser Bewegung und um die Überführung des antimonopolistischen Kampfes der Werktätigen auf die Plattform des bürgerlichen Reformismus.

Die sog. Antikartellgesetzgebung bringt dem Imperialismus eine Reihe politisch-ideologischer Vorteile. Sie ermöglicht es der herrschenden Klasse, ihr Interesse an der Festigung der Macht der Monopole und der Finanzoligarchie durch Vortäuschung einer „antimonopolistischen" Haltung zu maskieren. Wenn die herrschende Klasse der sog. Antikartellgesetzgebung zustimmt, dann in dem Bewußtsein, daß diese Maßnahmen weder die Macht der Monopole bedrohen noch die Konzentration des Eigentums und der Macht aufhalten.

Die Antikartellgesetzgebung hat neben der politisch-ideologischen Seite auch eine ökonomische Grundlage, sozial-ökonomischen Wurzeln, worin sich die inneren ökonomischen Widersprüche des Kapitalismus besonders offenbaren. Die fortschreitende Konzentration der Produktion und des Kapitals sowie die Anhäufung der Macht in den Händen einer immer kleiner werdenden Zahl von Monopolen führt schrittweise zur Deformierung des kapitalistischen Marktes und zur Liquidierung der „freien Konkurrenz". Die Praxis der Monopole bedroht die Wirkung der regulierenden Faktoren des Marktes, was die Voraussetzung für ein normales Funktionieren der kapitalistischen Wirtschaft ist, in ihrer Substanz. Die Unfähigkeit des kapitalistischen Marktes, die Marktbeziehungen auch weiterhin zu regulieren, führt zu einer Bedrohung der Warenproduktion selbst.

Ein gewisser Teil der herrschenden Klasse ist sich dieser Tatsache bewußt und ist deshalb bemüht, im Interesse der Erhaltung und der Festigung des gesamten staatsmonopolistischen Systems mit Hilfe der sog. Kartellgesetzgebung die verderblichen Folgen der Konzentration des Kapitals und der Tätigkeit der Monopole abzuschwächen und die elementaren Bedingungen für das Funktionieren des Marktes zu erhalten. In diesem Sinne ist die sog. Antikartellgesetzgebung eine spezifische Form staatlicher Regulierung der Wirtschaft im staatsmonopolistischen Kapitalismus.[83]

83 Vgl. G. Neumann/H. Rudolph, Zum Charakter und zu einigen Funktionen des imperialistischen Wirtschaftsrechts, a. a. O., S. 622.

In der sog. Antikartellgesetzgebung kommt das Bestreben des imperialistischen Staates zum Ausdruck, die Anarchie und die Disproportion in der Entwicklung der kapitalistischen Wirtschaft zu mildern, die dem kapitalistischen System immanente Erscheinungen sind und auf den Widerspruch zwischen dem gesellschaftlichen Charakter der Produktion und der privaten Aneignung beruhen. Der imperialistische Staat sucht damit nach einem Ausweg aus den antagonistischen Widersprüchen. Einerseits will er die Konkurrenz als unverzichtbare Bedingung der Marktbeziehungen erhalten, andererseits will er sie „lenkend" beeinflussen. Eine derartige Regulierung steht den Interessen der Monopole nicht entgegen. Sie stimmt vielmehr durchaus mit den Grundanliegen des gesamten Monopolkapitalismus überein. Die Tätigkeit der Monopole selbst ist nämlich ohne eine zumindest minimale privatkapitalistische Konkurrenz und ohne privatkapitalistischen Markt undenkbar.

Selbstverständlich kann das Eingreifen des Staates unter den Bedingungen des staatsmonopolistischen Kapitalismus nicht zur Lösung der Widerspüche des kapitalistischen Marktes und auch nicht zur Erneuerung der „freien Konkurrenz" führen. Die regulierenden Maßnahmen des imperialistischen Staates, die auf die Erhaltung einer „minimalen" Konkurrenz abzielen, bewirken keine Verschlechterung der Position der Monopole. Die Vorteile der Konkurrenz kommen vor allem den stärksten Monopolen zugute. Sie haben im Konkurrenzkampf wesentlich bessere Möglichkeiten als die kleinen und mittleren Unternehmen. Die Antikartellgesetzgebung unterstützt somit tatsächlich die Konzentration des Kapitals und die Monopolisierung der Wirtschaft. Sie stärkt die Position der großen kapitalistischen Gesellschaften im Verhältnis zu den kleinen und mittleren Unternehmen.

Nicht zuletzt ist diese Gesetzgebung auch ein geeignetes rechtliches Instrument im Kampf gegen neuentstehende konkurrierende Monopole, und in einigen kapitalistischen Ländern wird sie unter bestimmten Entwicklungsbedingungen auch im Kampf gegen das ausländische Kapital genutzt.

Die sog. Antikartellgesetzgebung greift des öfteren auch in die Vertragsfreiheit der Unternehmen ein, ohne allerdings die Monopole zu schädigen. Das Großkapital, das auf dem Markt die entscheidenden Positionen einnimmt, hat ausreichende Freiheit, mit Hilfe der geeignetsten Vertragstypen Maximalgewinn zu erzielen. Dagegen wirken sich die Antikartellgesetze häufig gegen die kleinen und mittleren Betriebe aus. Diese haben keinen Raum für das komplizierte Manövrieren auf dem Markt, und die die Vertragsfreiheit einschränkenden Bestimmungen der Gesetze sind für sie eine Last. So dient auch die Begrenzung der Vertragsfreiheit letztlich den Interessen des Monopolkapitals.

Geburtsstätte der Antitrust-(Antikartell-)gesetzgebung sind die Vereinigten Staaten von Nordamerika am Ende des 19. Jahrhunderts. Lange Zeit wurde diese Gesetzgebung für eine rein amerikanische Erscheinung gehalten. In den europäischen Ländern kam es erst viel später zur Annahme sog. Antimonopolgesetze, und eine deutliche Entfaltung dieser Rechtsform der staatsmonopolistischen Regulierung läßt sich hier eigentlich erst nach dem zweiten Weltkrieg registrieren. Entsprechend widmeten die sozialistische, vor allem die sowjetische Rechtswissenschaft und die politische Ökonomie der amerikanischen als der ältesten und am stärksten ausgearbeiteten Antitrustgesetzgebung die größte Aufmerksamkeit und unterzogen sie einer eingehenden kritischen Analyse.[84]

Die Rechtsgrundlage der amerikanischen Antitrustregulierung sind solche bekannten Gesetze wie: Sherman Act vom 2. Juli 1890 und Clayton Act vom 15. Oktober 1914; sie wurden im Laufe der Entwicklung in Einzelheiten novelliert und durch zahlreiche gesetzliche Bestimmungen ergänzt.[85] Trotz Veränderungen und Ergänzungen ist die Grundtendenz der amerikanischen Antitrustgesetzgebung dieselbe geblieben. Hauptgrundsatz ist das sog. Verbotsprinzip, das besagt, daß jegliche Zusammenschlüsse von Unternehmen und alle Absprachen, die der Konkurrenz auf dem Markt schaden, verboten sind. Bereits entstandene Monopole müssen aufgelöst werden, und das selbst in dem Falle, daß sie ihre Stellung auf dem Markt nicht mißbrauchen (vgl. sect. 1. Sherman Act, sect. 7 Clayton Act). Die amerikanische Antitrustgesetzgebung geht somit in ihren Forderungen sehr weit und wird deshalb als die strengste unter denen der verschiedenen kapitalistischen Länder angesehen.

Wie sieht nun aber die Wirklichkeit nach fast schon 90 Jahren Geltung solcher strengen antimonopolistischen Maßnahmen aus? Ohne auf Einzelheiten und den historischen Verlauf des praktischen Wirkens des Antitrustmechanismus sowie einzelner Gesetzesbestimmungen näher eingehen zu wollen, ist auf den ersten Blick die völlige Wirkungslosigkeit dieser juristischen Mittel des „Kampfes gegen die Monopole" erkennbar. In keinem anderen Land hat die Monopolisierung der Wirtschaft, die von der Konzentration und der Zentralisation des Kapitals begleitet ist, einen so hohen Grad erreicht wie in den USA.[86]

Auch die strengste Antitrustgesetzgebung ist außerstande, den objektiven Prozeß der Konzentration und der Zentralisation des Kapitals aufzuhalten. Wird eine Form verboten, so entsteht eine neue Form der Tätigkeit der Monopole. So nutzte das Monopolkapital in den USA nach dem Verbot der Trusts in großem Maße das System der Holding-Gesellschaften und andere Formen der Kapitalvereinigung. Das Monopolkapital findet mit Hilfe des Staatsapparats (der Regie-

84 Vgl. A. V. Venediktov, Amerikanskoe zakonodaltel'stvo o trestach i praktika ege primenenia, in: Revoljucija prava, Moskva, 9/1929; V. P. Mozolin, Krupnye korporacii i antitrestovskoe zakonodatel'stvo v SŠA, in: Vestnik Moskovskogo gosudarstvennogo Universiteta, Serija „Pravo", 1965, 4; O. A. Židkov, Zakonodatel'stvo o kapitalističeskych monopoljach, a. a. O.; J. B. Kočevrin, Malyj biznes v SŠA, Moskva 1965; J. D. Ivanov/V. P. Šatrov, Antitrestovskoe zakonodatel'sto i naučno-techničeskij progress, in: Vorprosy izopretatel'stva, 9/1974, S. 46–49; G. Freytag, Das Konkurrenzrecht/Kartellrecht Westdeutschlands, der EWG und der USA, Potsdam-Babelsberg, 1971, u. a.

85 Vgl. O. A. Židkov, Zakonodatel'stvo o kapitalističeskich monopoljach, a. a. O., S. 69 ff.

86 Vgl. J. J. Beglov, SŠA: Sobstvennost'i vlast', Moskva 1971, S. 44 ff.

rung und der Gerichte), der die Antitrustgesetze interpretiert und anwendet, immer einen Weg, seine materiellen Interessen durchzusetzen. Im Zusammenhang mit dem Staatsapparat umgehen die Monopole das Gesetz oder setzen sich über die Gesetze hinweg.

Der fortschrittliche amerikanische Ökonom V. Perlo sagt dazu: „Dank der antimonopolistischen Bewegung des 19. Jahrhunderts stehen die Monopole außerhalb des Gesetzes, und in offiziellen Erklärungen wird ihnen gegenüber eine negative Haltung eingenommen. Andere kapitalistische Länder helfen den Monopolen offen. Unsere Regierung (die amerikanische, J. L.) macht das heimlich und verdeckt."[87] Auch in der kritischen bürgerlichen Literatur wird hin und wieder auf die Widersprüchlichkeit der Antitrustgesetzgebung und auf ihre Unwirksamkeit in bezug auf die Tätigkeit der größten Monopole verwiesen. In diesem Zusammenhang ist es interessant, die Entwicklung der Ansichten von Galbraith zu dieser Problematik zu verfolgen. Seine Auffassungen haben sich in den letzten drei Jahrzehnten augenscheinlich unter dem Einfluß des sichtbaren Anwachsens des Widerspruchs zwischen den Zielen, die in den Antitrustgesetzen proklamiert wurden, und der tatsächlichen Entwicklung der amerikanischen Wirtschaft herausgebildet. Galbraith äußerte in den fünfziger Jahren die Ansicht, daß die Antitrustgesetzgebung mit gleichem Erfolg die Macht der Monopole entweder verkleinert oder vergrößert.[88] Schon in den sechziger Jahren spricht er in seinem Werk über die „Industriegesellschaft" davon, daß große Kapitalgesellschaften, die auf ihren Märkten eine große Macht konzentrieren, gegenüber den Antitrustgesetzen immun sind. Und in den siebziger Jahren muß er eingestehen, daß die Antitrustgesetzgebung, die in den USA fast 100 Jahre lang gilt, den Prozeß der Konzentration nicht im geringsten aufgehalten hat.[89]

Eine treffende marxistische Charakteristik der Funktion der Antitrustgesetzgebung gibt der sowjetische Rechtstheoretiker O. A. Židkov. Auf der Grundlage einer genauen Analyse der entsprechenden Rechtsnormen, der Antitrust-Politik der amerikanischen Regierung und der Praxis der Gerichte gelangt er zu folgender Schlußfolgerung: „Ungeachtet der Antitrustgesetze und der Antitrustpolitik der amerikanischen Regierung und Gerichte erreicht die Herrschaft der Monopole in den USA immer verblüffendere Ausmaße. 200 der größten Gesellschaften des Landes (die Gesamtzahl beträgt 200 000) kontrollieren gegenwärtig 60 Prozent des Nationalreichtums in der Industrie. Diese Gesellschaften fürchten sich nicht vor dem ‚kriegerischen' Antitrustgerede der Beamten des Justizministeriums. Sie sind ganz eng mit dem Staatsapparat verknüpft und nutzen die Antitrustgesetze erfolgreich als Schild, das sie vor den Blicken der amerikanischen Gesellschaft verbirgt."[90]

Nach den Äußerungen der bürgerlichen Rechtswissenschaft beruht das System

87 Zit. in: V. E. Guliev, Sovremennoe imperialističeskoe gosudarstva, a. a. O., S. 136.
88 Vgl. J. K. Galbraith, American Capitalism, Boston 1956, S. 149.
89 Vgl. J. K. Galbraith, Wirtschaft für Staat und Gesellschaft, a. a. O., S. 247.
90 O. A. Židkov, Zakonodatel'stvo o kapitalističeskich monopoljach, a. a. O., S. 119.

der europäischen Antitrust- bzw. Antikartellgesetzgebung im Unterschied zum amerikanischen, wo das Prinzip des formellen Verbots von Monopolen gilt, vor allem auf dem sog. Mißbrauchsprinzip, das auf die Eliminierung lediglich der „negativen Seiten" der Kartelle und der Monopole gerichtet ist. Auf dem europäischen Kontinent verdient die westdeutsche Antikartellgesetzgebung besondere Beachtung. Sie ist nach Meinung bürgerlicher Theoretiker ein gewisser Kompromiß zwischen beiden Prinzipien. Deshalb zeichnet sie sich auch durch eine ganze Reihe von Besonderheiten aus, die eine Widerspiegelung der konkreten historischen Bedingungen sind, unter denen sich die Herrschaft des Monopolkapitals in der BRD entfaltete und entfaltet.

Die Antikartellpolitik des westdeutschen imperialistischen Staates nach dem zweiten Weltkrieg wurde theoretisch vor allem durch die sozial-ökonomische Doktrin der Neoliberalen mit ihrer Konzeption von der „sozialen oder freien Marktwirtschaft" beeinflußt.[91] Auf deren Prinzipien baute sich das Wirtschaftssystem der BRD auf und funktioniert, wie die Neoliberalen bei jeder Gelegenheit immer wieder behaupten, angeblich bis in die Gegenwart.

Zu den grundlegenden und charakteristischen Prinzipien des Neoliberalismus gehört die Absicherung des freien wirtschaftlichen Wettbewerbs zwischen den kapitalistischen Unternehmen und die gleichzeitige Ausschaltung all jener Elemente, die eine freie Konkurrenz innerhalb des Wirtschaftssystems stören könnten. Der Staat habe überall dort einzugreifen, wo es zu einer Bedrohung der freien Konkurrenz komme. Nach W. Eucken muß der Staat mit seiner Politik die Möglichkeit einer „vollständigen Konkurrenz" gewährleisten, die Märkte offenhalten und somit die Entstehung von Monopolen verhindern. Wenn es nicht möglich ist, die Entstehung von Monopolen zu verhindern, müsse ein „staatliches Monopolaufsichtsamt" gegründet werden.[92] Ein anderer Neoliberaler, W. Röpke, bezeichnet die ökonomische Konzentration als „eigentliche Sozialkrankheit unserer Zeit"[93], was sich letztlich gegen Monopole und Monopoleigentum wendet[94]. Die Ausschaltung der Konzentration in der Wirtschaft erachtet F. Böhm als Voraussetzung für die Bewahrung der sozialen Gerechtigkeit und der Freiheit der Bürger.[95]

Die Lehre der Neoliberalen ist, wie V. E. Guliev richtig sagt, politisch heuchlerisch und theoretisch völlig unvertretbar – sie ist ein weiter, täuschender Mantel für den staatsmonopolistischen Kapitalismus.[96]

Auf den Widerspruch zwischen der neoliberalistischen Konzeption und der

91 Unter den westdeutschen Neoliberalen ist die sog. Freiburger Schule maßgebend. Zu ihr gehören: W. Eucken, W. Röpke, A. Rüstow, F. Böhm, L. Erhard, A. Müller-Armack u. a.

92 W. Eucken, Grundsätze der Wirtschaftspolitik, Tübingen 1955, S. 245, 336.

93 Vgl. W. Röpke, Jenseits von Angebot und Nachfrage, Erlenbach-Zürich 1958, S. 48.

94 Vgl. W. Röpke, Civitas Humana, Erlenbach-Zürich 1948, S. 14.

95 Vgl. Kartelle und Monopole im modernen Recht, Bd. I, Karlsruhe 1961, S. 6, 11.

96 Vgl. V. E. Guliev, Sovremennoe imperialističeskoe gosudarstvo, a. a. O., S. 133.

ökonomischen und politischen Wirklichkeit in der BRD wird nicht nur in der sozialistischen,[97] sondern auch in der bürgerlichen Literatur verwiesen[98]. Neben allgemeingültigen Gründen, die die herrschende Monopolbourgeoisie zwingen, ihre Ziele „antimonopolistisch" zu drapieren, hatten die Neoliberalen in der BRD für ihre Haltung weitere spezifische Motive.

Nach dem zweiten Weltkrieg gab es in den westlichen Besatzungszonen Deutschlands bzw. in der BRD eine starke antimonopolistische Massenbewegung der Werktätigen. Die Monopole waren durch ihre Mitschuld am Weltkrieg in den Augen der Werktätigen völlig diskreditiert. In dieser Situation war es auch nicht möglich, sich öffentlich für den Schutz des Monopolkapitals einzusetzen. Schließlich sollten nach den Abkommen der alliierten Mächte alle Kartelle auf deutschem Boden liquidiert werden. Im Einklang damit wurden 1947 Gesetze über die Entflechtung der Monopole durch die Alliierten angenommen und Kartelle grundsätzlich verboten. Diese Gesetze der Alliierten wurden in Westdeutschland allerdings niemals realisiert.

Unter diesen Bedingungen wählten die Neoliberalen solche Modalitäten des Schutzes der Interessen des Großkapitals, die die antimonopolistische Bewegung berücksichtigten und sich dieser Bewegung scheinbar annäherten mit der Absicht, die Monopole noch wirksamer schützen zu können. Deshalb ist der Antimonopolismus der neoliberalistischen Lehre nur ein Verschleierungsmanöver und steht in vollkommenem Widerspruch zu ihrer tatsächlichen Zielstellung. Dies beweist die gesamte bisherige Entwicklung der westdeutschen Wirtschaft. Obwohl die Neoliberalen unmittelbar Einfluß auf die Politik der herrschenden Kreise nahmen und obwohl sich gleich nach der Vernichtung des Faschismus auf der Grundlage des Potsdamer Abkommens durchaus Bedingungen für eine Einschränkung der Macht der Monopole bzw. für deren Liquidierung überhaupt ergaben, unternahmen die Neoliberalen weder in der Regierung noch auf anderer Ebene irgendwelche Schritte, die Monopole zu beseitigen. Im Gegenteil, sie ergriffen Maßnahmen, die später die Monopolisierung der gesamten Wirtschaft der BRD beschleunigten.

Kernstück der Antikartellgesetzgebung der BRD ist das „Gesetz gegen Wettbewerbsbeschränkungen" vom 27. Juli 1957. Abgesehen vom reaktionären Charakter seines Inhalts ist an ihm bemerkenswert, daß es die alliierten Entflechtungsgesetze aus dem Jahre 1947 ablöste, die jegliche Kartelle ausnahmslos verboten. Das „Gesetz gegen Wettbewerbsbeschränkungen" ist Ausdruck einer „gemäßigten" Haltung gegenüber den Monopolen. Diese Haltung wird von der bürgerlichen Rechtswissenschaft als Mittelweg zwischen der amerikanischen und der westeuropäischen Methode interpretiert.

97 Vgl. O. Reinhold, Freie Marktwirtschaft?, Berlin 1960, S. 10 ff.; R. Naumann, Theorie und Praxis des Neoliberalismus, Berlin 1957, S. 114 ff.; V. Kotov, Zapadogermanskij neoliberalizm, Moskva 1961, S. 92 f.

98 Vgl. O. Klug. Volkskapitalismus durch Streuung des Eigentums, Stuttgart 1962, S. 24.

Bereits im Verlaufe der langjährigen Vorbereitungen des Gesetzes „neoliberalistischer" Prägung wurde sichtbar, daß es auf die Erhaltung einer Konkurrenz abzielte, die es dem Großkapital ermöglichte, seine dominierende Stellung in der nationalen Wirtschaft und auf dem Weltmarkt zu festigen. Vertreter des Finanzkapitals nahmen aktiven Anteil an seiner Vorbereitung; das bestätigte L. Erhard, als er sagte, daß wichtige Bestimmungen des Gesetzentwurfs in interessierten Wirtschaftskreisen, besonders von Vertretern des Verbands der Deutschen Industrie, beraten wurden.[99]

Im Zusammenhang mit der Annahme des Gesetzes fehlte es nicht an demagogischen Bemühungen zu verbergen, daß es das Ziel des Gesetzes sei, die Konkurrenz auf dem Markt zu gewährleisten und so allen Beteiligten „wirtschaftliche und persönliche Freiheit" zu garantieren.[100] Diese „Freiheit" allerdings besitzen nur die Mammutmonopole, deren Stellung im Wirtschaftssystem der BRD und auf dem Weltmarkt es ihnen ermöglicht, hohe Preise zu diktieren und breite Schichten der Bevölkerung allseitig auszubeuten. Das Gesetz selbst nahm in keiner Weise zu den eigentlichen Formen der Konzentration des Kapitals, zu den Konzernen und zu den direkten Fusionen des Kapitals Stellung.

Das neue Gesetz ist bisher viermal geändert worden. Die erste Änderung im Jahre 1965[101] brachte keine grundsätzlichen Neuerungen; unter anderem wurde in Ergänzung zum Kartellregister noch ein besonderes, spezialisiertes Register – das öffentliche Preisbindungsregister – eingeführt. Diese neue Registrierungsprozedur schuf die Möglichkeit, vor allem kleine und mittlere Unternehmen – nicht aber die großen Monopole – in ihrer Bewegungsfreiheit zu begrenzen und einzuschränken.

Zu bedeutenderen Veränderungen kam es im Zusammenhang mit dem zweiten Änderungsgesetz von 1973,[102] das „eine vorbeugende Fusionskontrolle" mit sich brachte. Diese ist Ausdruck intensiverer Eingriffe des imperialistischen Staates in die Wirtschaft und seines Bemühens, die erheblich deformierten Marktbeziehungen zu regulieren. Das Bedürfnis nach einer solchen Regelung wurde teils durch die stark angewachsene Konzentration von Kapital und Produktion hervorgerufen, teils war es die Reaktion auf die ersten krisenhaften Erschütterungen, die sich dann später, im Jahre 1974, als tiefste der zyklischen Wirtschaftskrisen nach dem zweiten Weltkrieg erweisen sollten.

Proklamiertes Ziel der Autoren des Regierungsentwurfs zum Änderungsgesetz (der Regierungskoalition SPD/FDP) war es, die wirtschaftliche Konzentration, die sich in den letzten Jahren „besorgniserregend verstärkt" habe,[103] zu bremsen

99 Vgl. L. Erhard, Wohlstand für alle, Düsseldorf 1957, S. 171.

100 H. Hirner, Die gesellschaftsrechtlichen Wettbewerbsverbote und das Gesetz gegen Wettbewerbsbeschränkungen, München 1963, S. 16.

101 Gesetz zur Änderung des Gesetzes gegen Wettbewerbsbeschränkungen vom 15. 9. 1965, BGBL. I, S. 1363.

102 Zweites Gesetz zur Änderung des Gesetzes gegen Wettbewerbsbeschränkungen vom 1. 8. 1973, BGBL. I, S. 917.

103 Deutscher Bundestag, Drucksache 7/986, S. 15.

und aufzuhalten. Um die Annahme des neuen Gesetzesentwurfs zu rechtfertigen und ihn zu begründen, entlieh man sich demagogische Argumente aus dem Arsenal der Neoliberalen. „In gesellschaftspolitischer Sicht", wird in der Regierungsbegründung des Entwurfs gesagt, „zerstören übermäßige Ballungen wirtschaftlicher Macht die Grundlage unserer freiheitlichen Ordnung. Politische Demokratie und Marktwirtschaft sind ohne Dezentralisierung der Macht nicht denkbar."[104] Im klaren war man sich allerdings der Schwierigkeiten, auf die eine Durchsetzung des Gesetzes in der gesellschaftlichen Realität der BRD stoßen würde. Es wurde denn auch in einer Bundestagsdebatte zu dem Gesetzentwurf festgestellt, daß es unmöglich sein werde, die Ziele des proklamierten Gesetzes zu verwirklichen: „Auf bereits vermachteten Märkten kann die Fusionskontrolle einen funktionsfähigen Wettbewerb nicht wieder herstellen."[105]

Die dritte Novelle[106] hatte untergeordnete Bedeutung und *in concreto* hatte sie die Ausdehnung der Fusionskontrolle auf das Pressewesen zum Gegenstand. Es ist nur selbstverständlich, daß diese Novelle keineswegs den fortschreitenden Konzentrations- und den Zentralisationsprozeß auf dem Gebiet der Massenmedien beeinflußt hat.

Eine weitere „Vervollkommnung" des Kartellgesetzes brachte die vierte Novelle.[107] Es geht auch hier – ähnlich wie bei den bisherigen Novellen – um eine rechtliche Anpassung an die veränderten gesellschaftlichen Bedingungen. Sie nimmt Bezug auf die wiederum verstärkte Monopolisierung der Wirtschaft in den letzten Jahren einerseits; andererseits ist sie Ausdruck des komplizierten Manövrierens, zu dem die herrschende Klasse unter den neuen Klassen- und sozialen Verhältnissen in der BRD gezwungen wird. Vom Inhalt her sieht die vierte Novelle nur geringfügige Korrekturen vor, die das Wesen des Kartellgesetzes grundsätzlich nicht ändern.[108]

Eine Analyse des Kartellgesetzes und besonders der bisherigen Erfahrungen seiner Realisierung verdeutlicht, daß das Gesetz trotz aller demagogischen Losungen nicht im geringsten den gesetzmäßigen Prozeß der Monopolisierung der Wirtschaft der BRD aufhält oder einschränkt. In Gegenteil, es ist eine rechtliche Grundlage, die die monopolistische Bourgeoisie durchaus für die Durchsetzung ihrer Interessen nutzen kann. Und die Realisierung dieser Interessen ist mit der Konzentration und der Zentralisation des Kapitals verbunden.

Vor allem erfaßt das Kartellgesetz bei weitem nicht alle rechtlichen und außerrechtlichen Formen forschreitender Konzentration der kapitalistischen Wirt-

104 Ebenda, S. 14. 105 Ebenda, S. 11.

106 Drittes Gesetz zur Änderung des Gesetzes gegen Wettbewerbsbeschränkungen vom 28. 6. 1976, BGBL. I, S. 1697.

107 Viertes Gesetz zur Änderung des Gesetzes gegen Wettbewerbsbeschränkungen vom 24. 4. 1980, BGBl. I, S. 458.

108 Zur Analyse und Kritik der 4. Novelle vgl. I. Jarowinski, Vierte Novelle zum Kartellgesetz der BRD – Anspruch und Realitäten, in: IPW-Berichte, 6/1978, S. 61 ff.; G. Jarzombek/A. Dost, BRD-Kartellrecht als Mittel der Monopolisierung und Illusionierung in: Neue Justiz, 7/1980, S. 312 f.

schaft. Im wesentlichen erstreckt sich das Gesetz auf den Bereich der Kartelle und legt eine allgemeine Fusionskontrolle der Unternehmen und Gesellschaften fest. Auf solch wichtigen Formen der vertikalen Integration wie Konzerne, Kooperation marktbeherrschender Unternehmen (Monopole oder Oligopole, die durch „Wachstum aus eigener Kraft entstehen") und eine ganze Reihe weiterer Möglichkeiten, die in letzter Konsequenz zur Konzentration führen, geht das Gesetz kaum ein.

Paragraph 1 des Gesetzes verbietet alle Kartellverträge und Kartellbeschlüsse, jedoch hat dieses Verbot nur deklaratorischen Charakter, da es in den nachfolgenden Paragraphen (§§ 2–8) durch eine Reihe von Ausnahmen vollständig wieder aufgehoben wird. *In concreto* geht es vor allem um die folgenden Ausnahmen: 1. Kartelle, die die einheitliche Anwendung allgemeiner Geschäfts-, Lieferungs- und Zahlungsbedingungen zum Gegenstand haben (§ 2 – Konditionskartelle); 2. Kartelle über Rabatte bei der Lieferung von Waren, die gegenüber den Lieferanten die gleiche Leistung bei der Abnahme von Waren erbringen (§ 3 – Rabattkartelle); 3. Strukturkrisenkartelle, die im Fall der Krise eine Anpassung der Kapazität an den Bedarf herbeiführen (§ 4); 4. Kartelle, die zum Zwecke der Rationalisierung (§ 5 – Rationalisierungskartelle), der Spezialisierung (§ 5a – Spezialisierungskartelle) und sonstiger zwischenbetrieblicher Zusammenarbeit (§ 5b) entstehen; 5. Kartelle, die der Sicherung und der Förderung der Ausfuhr dienen (§ 6 – Ausfuhrkartelle)[109]; 6. Kartelle, die für Einfuhren in die BRD gebildet werden (§ 7 – Einfuhrkartelle); 7. Alle übrigen Arten von Kartellen, die der Bundeswirtschaftsminister zuläßt, wenn „die Beschränkung des Wettbewerbs aus überwiegenden Gründen der Gesamtwirtschaft und des Gemeinwohls notwendig ist" (§ 8 – Sonderkartelle).[109]

Dies bedeutet, daß es eigentlich keine Gruppe von Kartellen gibt, deren Entstehung verboten ist. Alle diese Kartellverträge und -beschlüsse, die in § 1 als unwirksam bezeichnet werden, lassen sich leicht unter die nachfolgenden Paragraphen des Gesetzes, also unter die Ausnahmen, subsumieren. Selbst wenn Unternehmen bei der Bildung von Kartellen ausdrücklich gegen das Gesetz verstoßen wollten, fiele ihnen dies sehr schwer. Durch Nutzung der gesetzlichen Maßnahmen beherrschen die größten Kartelle den gesamten Markt in der BRD und bestimmen dort die Preise.[110]

Der Präsident des Bundeskartellamtes mußte angesichts dieser Ausnahmen des Gesetzes bekennen: „Das viel gescholtene Verbotsprinzip des deutschen Kartellgesetzes ist eine Fiktion."[111] Noch deutlicher drückte sich der westdeutsche Spezialist für Fragen des Kartellrechts, Emmerich, aus: „Kartelle sind an sich

109 Nach der 4. Novelle zum Kartellgesetz können nunmehr allerdings Exportkartelle verboten werden.

110 Vgl. L. B. Chodov, Gosudarstvennoe vmešatel'stvo v ėkonomiku BRD v interesach monopolij, Moskva 1966, S. 158.

111 E. Günther, Das Kartell- und Monopolrecht in der Bundesrepublik Deutschland, in: Kartell- und Monopolrecht, Cartel and Anti-Trust, Law, Droit des Cartels et

wegen der von ihnen in aller Regel ausgehenden schädlichen Wirkungen durch § 1 generell verboten. Tatsächlich steht jedoch dieses Verbot heute nur noch auf dem Papier, da der Gesetzgeber durch die §§ 2 bis 8 und 99 bis 104 inzwischen doch so viele Kartelle zugelassen hat, daß kaum mehr ein Fall denkbar ist, in dem nicht auf irgendeine Weise eine Legalisierung des Kartells möglich ist."[112]

Einen noch weitaus begrenzteren Charakter hat die vom Gesetz vorgesehene Kontrolle der Vertikalverbindungen, die sich in der Gegenwart immer mehr entfalten und die in der Monopolisierung der Wirtschaft eine größere Rolle spielen als offene Kartellvereinigungen. Konzerne und Syndikate nutzen gerade diese vertikalen Verbindungen in hohem Maße aus.

Das Kartellgesetz regelt eine sog. „Mißbrauchsaufsicht" der Kartellbehörde gegenüber „marktbeherrschenden Unternehmen". Dabei wird z. B. nach dem § 22 Abs. 1 GWB unter „marktbeherrschend" ein solches Unternehmen verstanden, das auf dem Markt „ohne Wettbewerber ist oder keinem wesentlichen Wettbewerb ausgesetzt ist oder eine im Verhältnis zu seinen Wettbewerben überragende Marktstellung hat." Das ermöglicht der Kartellbehörde nach eigenem Ermessen zu bestimmen, welche Stellung das Unternehmen aus territorialem oder materiellem Blickwinkel auf dem Markt einnimmt, auf dem der Konkurrenzkampf stattfindet, den Grad der Konkurrenz festzulegen usw. Obwohl die 4. Novelle den Begriff des „Machtmißbrauchs" durch einige Tatbestände konkretisiert (§ 22 Abs. 4), stellt bereits die Formulierung des „marktbeherrschenden Unternehmens" eine rechtliche Grundlage dafür dar, praktisch jede beliebige Machtstellung von Monopolunternehmen auf dem Markt zu tolerieren.

Einen ebenso illusorischen Charakter hat die sog. „Fusionskontrolle", die das Bundeskartellamt ausübt. Die Bestimmung des § 24 Abs. 1, die einen Zusammenschluß zweier oder mehrerer Unternehmen, durch den eine „marktbeherrschende Stellung entsteht oder verstärkt wird", nicht gestattet, wird durch zwei weitreichende Ausnahmen ausgehöhlt. Zunächst tritt eine solche Ausnahme dann in Kraft, wenn die beteiligten Unternehmen nachweisen können, daß durch den Zusammenschluß Verbesserungen der Wettbewerbsbedingungen eintreten, die die Nachteile der Marktbeherrschung überwiegen (§ 24 Abs. 1). Damit enthält das Gesetz schon in seiner Diktion einen logischen Widerspruch, den die Monopole selbstverständlich zu ihren Gunsten ausnutzen.

Man kann sich nämlich nur schwer – und dies auch vom Standpunkt der bürgerlichen Wissenschaft aus – einen Fall vorstellen, bei dem eine bestimmte Fusion gleichzeitig zur Marktbeherrschung wie zu einer Verbesserung der Wettbewerbsbedingungen führt, da beides einander ausschließt. Diese Unklarheit und Widersprüchlichkeit in der Formulierung der Ausnahme schafft lediglich weitere Voraussetzungen für die extensive Auslegung des Gesetzes und damit für die Legalisierung jeglicher Fusion, an der die Monopole Interesse haben.

des Monopoles, Referate einer internationalen Tagung 25.–27. 10. 1973, Zürich 1973, S. 72.

112 V. Emmerich, Wettbewerbsrecht, Eine Einführung, München 1976, S. 54.

In weit größerem Ausmaß entsprach die zweite Ausnahme den Interessen der Monopole. Sie ist praktisch ohne Begrenzung gültig. Die Bestimmung des § 24 Abs. 3 ermächtigt den Bundeswirtschaftsminister, seine Zustimmung zu einer Fusion dann zu geben, wenn die Wettbewerbsbeschränkungen von gesamtwirtschaftlichen Vorteilen des Zusammenschlusses aufgewogen werden oder der Zusammenschluß durch ein überragendes Interesse der Allgemeinheit gerechtfertigt ist. Daraus ergibt sich, daß dem Zusammenschluß von Unternehmen und der Bildung von Mammutmonopolen kein rechtliches Hindernis im Wege steht.

Das sind nur einige prinzipielle Bestimmungen, aus denen hervorgeht, daß das Gesetz nicht einmal ein formal-rechtliches Hindernis für die fortschreitende Monopolisierung ist. Daran ändert auch die 4. Novelle nichts, da sie die prinzipiellen Bestimmungen des Gesetzes nicht berührt. Schon zum Entwurf äußerte die großbürgerliche „Frankfurter Allgemeine" treffend, daß die 4. Novelle nur kleine Korrekturen bringt, „die ein paar Unebenheiten ausbügeln ... Was übrig bleibt, sind Feinarbeiten an einem Gesetz, das sich insgesamt bewährt hat"[113].

Die Praxis des Bundeskartellamtes, die sich auf das Antikartellgesetz stützt, schränkt diese Tendenz zur Konzentration keineswegs ein. In erster Linie geht das Bundeskartellamt bei der Beurteilung von Fusionen von Marktanteilen aus. Vertikale Zusammenschlüsse und die Bildung von Konglomeraten verlaufen ohne jede Kontrolle. Bei ihnen handelt es sich aber gerade um die Formen, durch die gegenwärtig die größten Monopolgiganten entstehen.

Auch in solchen Ausnahmefällen, in denen Bedingungen für ein Verbot bestimmter Fusionen gegeben waren, kam das Bundeskartellamt den Monopolen nicht selten in dem Sinne entgegen, daß es gewöhnlich von einem Verbot Abstand nahm und statt dessen „eine glaubwürdige Zusage" der beteiligten Unternehmen, andere Maßnahmen zur Verbesserung der Marktstruktur zu treffen, akzeptierte. Diese weitverbreitete übliche Praxis bestätigte auch das Kammergericht.[114] Selbstverständlich kontrolliert niemand die tatsächliche Einhaltung derartiger „Zusagen" der beteiligten Unternehmen und es kann sie auch niemand kontrollieren, da sie rechtlich nicht verbindlich sind. Hierin kommt die enge Zusammenarbeit des Staatsapparats mit den Monopolen bei der Durchsetzung von deren materiellen Interessen zum Ausdruck.

Angesichts dieser Tatsachen sind zuweilen bürgerliche Theoretiker gezwungen, sich kritisch über die Praxis des Bundeskartellamtes zu äußern. Emmerich sagt dazu: „Die bisherigen Erfahrungen mit der Fusionskontrolle sind zutiefst enttäuschend. Das BKartA hat trotz der Anmeldung und Prüfung von vielen hundert Fällen nur in ganz wenigen Fällen und auch dann nicht erfolgreich interveniert. Selbst Zusammenschlüsse von Großunternehmen wie Thyssen und Rheinstahl wurden nicht beanstandet."[115]

113 Frankfurter Allgemeine, 15. 6. 1977.

114 Beschluß des Kammergerichts vom 12. Januar 1976 im Falle Bayer/Metzeler, Zweiter Abschnitt, Ziffer II/16.

115 V. Emmerich, Wettbewerbsrecht, a. a. O., S. 174.

In der Tat beschleunigte sich gerade unter den Bedingungen der Fusionskontrolle, die durch das Änderungsgesetz von 1973 eingeführt wurde, der Prozeß der Konzentration des Kapitals und vervielfachte sich die Anzahl der Fusionen. Sogar in der Stellungnahme der Bundesregierung zum Bericht des Bundeskartellamtes vom 20. Juni 1979 wird zugegeben, daß sich „der schon in den Vorjahren zu beobachtende konzentrative Trend auch im Jahre 1978 fortgesetzt hat", wobei festgestellt wird, daß „die Zusammenschlußaktivitäten nach wie vor im wesentlichen von Großunternehmen bestimmt werden"[116]. Während im Jahre 1973 die Zahl der angezeigten Unternehmenszusammenschlüsse 43 betrug, erreichte sie im Jahre 1978 eine Rekordzahl von 558. Es ist interessant zu beobachten, wie das Bundeskartellamt auf die Rekordzahlen seit der Einführung der Fusionskontrolle reagierte. Vom 1. August 1973 bis 31. Dezember 1978 gab es praktisch nur 6 rechtskräftige Untersagungen von Zusammenschlüssen, wobei insgesamt 23 Untersagungen von seiten des Bundeskartellamtes ausgesprochen wurden.[117] Also auch in jenen Fällen, in denen ein Fusionsverbot ausgesprochen wurde, realisierte man die Verbote nur selten. Entweder wurde vom Bundeswirtschaftsminister eine Ministererlaubnis (wenigstens „Teilerlaubnis") erteilt, oder es wurde beim Kammergericht bzw. beim Bundesgerichtshof Beschwerde bzw. Berufung eingelegt. Bei den Fällen, die das gültige Fusionsverbot betrafen, handelt es sich vorwiegend um einige ökonomisch recht unbedeutende Unternehmen, die nicht genügend Interesse zeigten (z. B. legten sie weder beim Kammergericht Beschwerde ein, noch beantragten sie beim Wirtschaftsminister eine Erlaubnis, oder haben diese zurückgenommen). Im Gegensatz dazu durchliefen alle großen Monopole die Kontrolle (wenn sie überhaupt kontrollpflichtig sind) ohne jegliche Probleme.[118]

Der sprunghafte Anstieg der Anzahl an Fusionen in den letzten Jahren hängt unmittelbar mit den Krisenerscheinungen in der BRD und der übrigen kapitalistischen Welt zusammen. Die Wirtschaftskrise beschleunigt den Prozeß der Konzentration und der Zentralisation der Produktion und des Kapitals auch weiterhin. Das drückt sich nicht nur im Anwachsen der Fusionsrate aus, sondern auch im rapiden Anstieg der Anzahl jener Betriebe (besonders kleinerer und mittlerer), die dem Konkurrenzkampf nicht standhalten und von den großen Monopolen vereinnahmt werden. Während die Anzahl der liquidierten Unternehmen im Jahre 1958 in der BRD 3535 betrug, stieg sie im Jahre 1978 auf 8722

116 Bericht des Bundeskartellamtes über seine Tätigkeit im Jahre 1978 sowie über Lage und Entwicklung auf seinem Aufgabengebiet (§ 50 GWB), Deutscher Bundestag, Drucksache 8/2980, 20. 6. 1979, S. I.

117 Vgl. ebenda, S. 15, 115, 116.

118 Vgl. ebenda, S. 116; vgl. auch F. Lanzenberger, Die bisherigen Erfahrungen mit der Konzentrationskontrolle nach der Kartellgesetznovelle, in: Konzentration, Marktbeherrschung und Mißbrauch. Eine internationale Diskussion, Köln 1976, S. 96–97.

an; allerdings wurde 1977 eine Rekordzahl Unternehmen durch Konkurse betroffen: 9562.[119]

Auf analogen Prinzipien wie die innerstaatliche Antitrust- oder Antikartellgesetzgebung sind grundsätzlich auch die rechtlichen Regelungen angelegt, die in internationalen Abkommen Anwendung finden und die eine Widerspiegelung der kapitalistischen ökonomischen Integration und der rasch fortschreitenden Internationalisierung des kapitalistischen Marktes sind. Es geht auch hier um die gleichen Ziele wie im innerstaatlichen Bereich, und zwar insofern, als die Antitrustbestimmungen in internationalen Abkommen den bürgerlichen Theoretikern als Vorwand zu der demagogischen Behauptung dienen, daß auch internationale Monopole unter einer „effektiven" Kontrolle stünden. Als besonders strenges Kontrollinstrument erachtet die bürgerliche Wissenschaft die Verträge über die Gründung der Europäischen Gemeinschaft für Kohle und Stahl (EGKS) und zur Gründung der Europäischen Wirtschaftsgemeinschaft (EWG).

Der EGKS-Vertrag vom 18. April 1952 (BGBl. II, S. 445) wird als ein Kontrollsystem über die Tätigkeit der Unternehmen aufgefaßt, die den „normalen Wettbewerb" nicht einhalten, und über Fusionen im Falle einer sog. „beherrschenden Stellung" der Unternehmen (Art. 65, 66).

In Art. 65 Abs. 1 werden Kartelle im allgemeinen verboten, wobei entsprechend Abs. 2 desselben Artikels die Hohe Behörde (das Organ des EGKS, das aus 9 Mitgliedern besteht) das Recht hat, Kartell-Vereinbarungen zuzustimmen, wenn diese gleichzeitig auch zu gewissen „günstigen Folgen" führen (wie z. B. zur Verbesserung der Produktion, der Verteilung u. ä.). Zur Kompetenz der Hohen Behörde gehört auch, vorherige Zustimmungen zu Fusionen im Sinne von Art. 66 Abs. 1 zu erteilen. Die Voraussetzungen für solche Einwilligungen sind nach dieser Bestimmung dann gegeben, wenn die Fusion dem Unternehmen nicht die Möglichkeit schafft, die Preise auf einem bedeutenden Teil des Marktes selbst zu bestimmen, die Produktion oder die Verteilung zu kontrollieren, einen wirklichen Wettbewerb zu verhindern und eine künstliche Vorzugsstellung auf dem Markt zu schaffen. Falls entgegengesetzte Bedingungen eintreten, kann die Hohe Behörde die Fusion für „ungesetzlich" erklären. Ebenso kann sie über die Trennung unzulässigerweise zusammengeschlossener Unternehmen entscheiden und weitere bedingte und unbedingte Maßnahmen mit dem Ziel, eine „normale Konkurrenz" zu sichern, ergreifen.

In der Praxis interpretiert und wendet die Hohe Behörde die entsprechenden Bestimmungen des Vertrags so an, daß der Prozeß der Herausbildung noch gewaltigerer monopolistischer Gruppierungen in der Kohle- und Stahlindustrie und beim Absatz unterstützt wird. In diesen Wirtschaftszweigen erlangen meist Monopole der BRD eine dominierende Stellung. So erteilte die Hohe Behörde dem Unternehmen Thyssen die Genehmigung, sich mit der Gesellschaft Rheinstahl zu vereinigen, wodurch der größte Konzern in der Stahlproduktion West-

119 Wirtschaft und Statistik. Hrsg. Statistisches Bundesamt Wiesbaden-Stuttgart-Mainz, 2/1979, S. 85.

europas entstand. Dieser Konzern nimmt auf seinem Gebiet eine absolute Monopolstellung ein.[120] Auf diese Weise realisiert sich in den Vorstellungen der Hohen Behörde das Prinzip des „normalen Wettbewerbs".

Analoge Bestimmungen enthalten die Artikel 85 und 86 des Vertrags zur Gründung der EWG vom 25. März 1957 (BGBl. II, S. 753). Diese Bestimmungen wurden als Maßnahmen interpretiert, die die „Probleme der Monopole" zu lösen vermögen und „gleiche Chancen" für alle Unternehmen der EWG-Staaten schaffen. Sie verbieten Unternehmensabsprachen und die „mißbräuchliche Ausnutzung einer beherrschenden Stellung, die den Handel und den Wettbewerb innerhalb des gemeinsamen Marktes" beeinträchtige. Praktisch angewendet werden die erwähnten Bestimmungen durch die EWG-Kommission, die diese offen zum Nutzen der Monopole appliziert. Die EWG-Kommission macht sehr oft von ihrem Recht Gebrauch, sog. Negativtests oder Freistellungserklärungen zu erteilen. Damit legalisiert sie faktisch jedwede Vereinigungen und Absprachen von Unternehmen.[121]

Die Organe der EWG und der EGKS als Repräsentanten der internationalen Form des staatsmonopolistischen Kapitalismus nutzen ihre Stellung dazu aus, die Bestimmungen der betreffenden internationalen Verträge (besonders die verschiedenen Ausnahmeregelungen) so anzuwenden, daß sie die Positionen der westeuropäischen Monopole festigen. In dieser Haltung drückt sich auch das Bemühen aus, die Konkurrenzfähigkeit des westeuropäischen Monopolkapitals auf dem Weltmarkt im Kampf mit den gewaltigen amerikanischen und in den letzten Jahren auch japanischen Monopolen zu verbessern.[122]

120 Infolge der Fusion nahm der Thyssen-Konzern im Jahre 1975 mit einem Umsatz von 8,8 Mrd. Dollar den zweiten Platz in der Welt ein, gleich nach der japanischen Gesellschaft Nippon Steel (vgl. R. Metzner, Kapitalkonzentration in der BRD 1975, in: IPW-Berichte, 11/1976, S. 39).

121 Beispiele eines solchen Verfahrens der EWG-Kommission bietet J. Dötsch, Bürgerliches Recht und staatsmonopolistische Regulierung, in: IPW-Berichte, 11/1976, S. 33.

122 Vgl. O. A. Židkov, Zakonodatel'stvo o kapitalističeskich monopoljach, a. a. O., S. 172.

KAPITEL V

Eigentumslehre des „demokratischen Sozialismus"

1. Charakteristische Grundzüge der ökonomisch-ideologischen Doktrin des „demokratischen Sozialismus"

Zum System der imperialistischen Eigentumstheorien zählt auch die reformistische Eigentumskonzeption, die Bestandteil der Lehre des sog. demokratischen Sozialismus ist.[1]

Der sog. demokratische Sozialismus ist eine ideologisch-gesellschaftliche Doktrin, die eine besondere Rolle bei der Apologie des gegenwärtigen staatsmonopolistischen Systems und in den Plänen der ideologischen Diversion gegenüber den sozialistischen Staaten spielt. Mit Hilfe der Idee der „Transformation" des Kapitalismus in eine neue Gesellschaftsordnung (Sozialismus) will der „demokratische Sozialismus" gegenüber der Lehre des Marxismus-Leninismus von der Notwendigkeit der sozialistischen Revolution eine Alternative bieten. Diese neue Gesellschaftsordnung lasse sich nach dieser Doktrin durch Reformen, d. h. durch allmähliche „Verbesserung", „Modernisierung" und „Transformation" der bestehenden kapitalistischen Gesellschaftsordnung erreichen, ohne daß deren Grundlagen zerstört werden müßten.

Die Repräsentanten des „demokratischen Sozialismus" hüllen ihre Lehre in eine scheinsozialistische Phraseologie und geben ihn für den sog. dritten Weg zwischen Kommunismus und Kapitalismus aus. Ihre Bemühungen zielen darauf, im Bewußtsein der Werktätigen in den eigenen wie in den sozialistischen Ländern die Erfolge des realen Sozialismus zu diskreditieren. Die Doktrin des sog. demokratischen Sozialismus ist keinesfalls gegen den Kapitalismus gerichtet; sie ist ausgesprochen antimarxistisch und antikommunistisch ausgerichtet.[2] So

1 Der sog. demokratische Sozialismus umfaßt eine breite Skala von Ansichten, die im Laufe der historischen Entwicklung in Abwendung von den Lehren des wissenschaftlichen Sozialismus entstanden sind. In den kapitalistischen Ländern existieren verschiedene Varianten des sog. demokratischen Sozialismus. Den Gegenstand unserer Analyse bildet ein Modell des sog. demokratischen Sozialismus, das die rechtsgerichteten Führungen der SPD, SPÖ und der Labour-Party in Großbritannien vertreten. Diese Führungen haben in allen grundlegenden Fragen die Position des wissenschaftlichen Sozialismus verlassen und identifizieren sich mit dem heutigen staatsmonopolistischen Kapitalismus (vgl. „Demokratischer Sozialismus" – Schein und Wirklichkeit, Berlin 1975, S. 8–10).

2 In den Führungen der Mehrzahl der sozialdemokratischen und sozialistischen in

meint der führende Vertreter der Sozialistischen Partei Österreichs und der Sozialistischen Internationale Bruno Kreisky, daß die Sozialdemokratie „zum unmittelbaren Gegenpol des Kommunismus werden" müsse und besonders geeignet sei, in „den Osten hineinzuwirken".[3] Dem sog. demokratischen Sozialismus liegt keine einheitliche und in sich geschlossene theoretische Konzeption zugrunde. Er faßt vielmehr auf eklektische Weise zahlreiche, äußerst heterogene Ansichten und Ideen zusammen, die von Revisionisten, Reformisten, Theoretikern der Großbourgeoisie und Neoliberalen in Vergangenheit und Gegenwart geäußert wurden.

Die theoretische Basis der Rechtssozialisten stimmt gegenwärtig mit den Hauptströmungen der bürgerlichen Theorie überein. Der sog. demokratische Sozialismus wurde nach und nach zu einer spezifischen Variante der bürgerlichen Ideologie.[4] Die Theoretiker des „demokratischen Sozialismus" verbindet mit den bürgerlichen Theoretikern die Vorstellung, daß die antagonistischen Widersprüche des Kapitalismus durch die Entwicklung der Produktivkräfte und damit durch die Entwicklung des Kapitalismus selbst überwunden würden. Sie sind der Auffassung, daß der Kapitalismus auch ohne soziale Revolution und ohne Schaffung gesellschaftlichen Eigentums an den Produktionsmitteln bereits eine beträchtliche „Transformation" in Richtung einer „neuen" Gesellschaftsordnung durchlaufen habe. Diese Vorstellung über die „Transformation" des Kapitalismus ist ein verzerrtes, verfälschtes Bild des Hinüberwachsens des monopolistischen in den staatsmonopolistischen Kapitalismus, was den Klasseninteressen der herrschenden Monopolbourgeoisie durchaus entspricht.[5] Die grundlegenden Argumente für ihre Behauptungen leiten die Vertreter des „demokratischen Sozialismus" aus angeblichen qualitativen Veränderungen ab, die sich infolge des technischen Fortschritts in allen grundlegenden Instituten der imperialistischen Gesellschaftsordnung, vor allem im Eigentum, in der Eigentums- und Klassenstruktur der Gesellschaft, in den Aufgaben des Staates und des Rechts, im Bewußtsein der Menschen usw. vollziehen.

der Sozialistischen Internationale verbundenen Parteien überwiegt bis jetzt die antikommunistische Linie. Jedoch zeigten sich in den letzten Jahren in einigen westeuropäischen sozialistischen Parteien infolge der Veränderung des Verhältnisses der Klassenkräfte in der Welt gewisse positive Tendenzen in den Fragen der Beziehungen zu den sozialistischen Ländern und des Verhältnisses zu den Kommunisten der eigenen Länder (vgl. hierzu D. Dimitrow, Zur Evolution der Theorie und der Politik der Sozialistischen Internationale, in: Probleme des Friedens und des Sozialismus, 9/1975, S. 1230 ff.; B. Ponomarjow, Internationale Situation und revolutionärer Prozeß, in: Probleme des Friedens und des Sozialismus, 6/1974).

3 Die Sozialdemokraten als Gegenpol zum Kommunismus. Kreisky über die Ost-West-Beziehungen, in: Frankfurter Allgemeine Zeitung, 20. 2. 1973.

4 Vgl. K. H. Röder, Die Formel von der „sozialen Demokratie". Staat und Demokratie in der Ideologie des Sozialreformismus, Berlin 1975, S. 13.

5 Vgl. Ideologie des Sozialdemokratismus in der Gegenwart, Berlin 1971, S. 73 f.

Mit allen diesen Veränderungen verbinde sich – so wird behauptet – die Entstehung und das Wachsen der sozialistischen Elemente innerhalb der kapitalistischen Gesellschaft, die sich so durch allmähliche Evolution automatisch in eine Gesellschaft eines anderen (nicht kapitalistischen) Typs umwandle. Die Intensität des Prozesses der „Transformation" sei von der Realisierung zahlreicher Reformen abhängig, die nach den Vorstellungen ihrer Verfechter alle Widersprüche, „Fehlergebnisse" und Mängel der Marktwirtschaft auf dem Wege zur neuen Gesellschaftsordnung beseitigen sollen. Als die wichtigsten Mittel, mit deren Hilfe der Prozeß der „Transformation" betrieben werden soll, werden der imperialistische Staat und sein Recht angesehen.[6]

2. Eigentumsformen und deren „Transformation" im System der „gemischten Wirtschaft"

Die Vorstellungen der Vertreter des „demokratischen Sozialismus" über das System des Eigentums sind aus ihrer Einschätzung der ökonomischen Basis des staatsmonopolistischen Kapitalismus abgeleitet. Ihrer Ansicht nach besteht das ökonomische System aus einer „gemischten Wirtschaft", die nach und nach ihren kapitalistischen Charakter verliere und allmählich sozialistische Züge annehme.

Unter der sog. gemischten Wirtschaft versteht man im „SPD-Orientierungsrahmen '85" eine solche wirtschaftliche Ordnung, „in der sowohl autonome Marktmechanismen als auch staatliche Planung und Lenkung ihren Platz" haben.[7] Die Aufgabe des Staates bestünde dabei darin, daß er „die wirtschaftlichen, die sozialen und die politischen Existenzbedingungen der privaten Unternehmungen" schafft und erhält.[8] Daraus wird ersichtlich, welche Wirtschaftsordnung die Vertreter des sog. demokratischen Sozialismus in Form der „gemischten Wirtschaft" postulieren. Zweifellos handelt es sich in den entwickelten kapitalistischen Staaten um den staatsmonopolistischen Kapitalismus, der sich durch einen umfangreichen staatlichen Interventionismus auszeichnet, der seinerseits vollkommen den Bedürfnissen der kapitalistischen Privatmonopole untergeordnet ist.[9]

Die Synthese von Marktmechanismus und Staatsplanung ist vom Standpunkt der Eigentumsstruktur „der gemischten Wirtschaft" auf der Kombination von Staats- und Privateigentum aufgebaut, d. h. diese Wirtschaftsordnung ist durch teilweise „privat-rechtliche und teilweise öffentlich-rechtliche Formen des Eigen-

6 Vgl. K. H. Röder, Die Formel von der „sozialen Demokratie", a. a. O., S. 12.

7 Der ökonomisch-politische Orientierungsrahmen der SPD für die Jahre 1975–85, in: Vorwärts, 16. 1. 1975, Beilage A. 2.6.1. Das Programm wurde im November 1975 auf dem Parteitag in Mannheim angenommen.

8 Ebenda, A. 2.4.4.

9 Analyse und Kommentar zum zweiten Entwurf des SPD-Parteivorstandes eines ökonomisch-politischen Orientierungsrahmens für die Jahre 1975–1985 (JMSF), Frankfurt a. M. 1975, S. 45 f.

tums" gekennzeichnet. Nach Ansicht der Vertreter des „demokratischen Sozialismus" in der BRD gehören zur „öffentlich-rechtlichen" Form des Eigentums vor allem 1. das Eigentum des Bundes, 2. das der Gemeinden und Gemeindeverbände und 3. das der Länder. Zur „privatrechtlichen" Form des Eigentums gehören danach 1. die kollektiven Unternehmen in der privatrechtlichen Form der Kapitalgesellschaften, 2. die Privatunternehmen in der privatrechtlichen Form des individuellen Eigentums, 3. die gemischten Unternehmen, an denen sich das private Kapital und das Kapital des Staates beteiligen. Diese Vielfalt an „Eigentums- und Unternehmensformen"[10] in beiden wirtschaftlichen Sektoren mache es angeblich möglich, daß die Konkurrenz auf dem Markt und die staatliche Planung der Wirtschaft in optimalem Maße wirksam werden könne, und zwar nach dem Prinzip: „Konkurrenz soweit wie möglich, Planung soweit wie notwendig."[11]

Verschiedene Wirtschaftssektoren und zahlreiche Eigentums- und Unternehmensformen würden außerdem in dem Sinne aufeinander einwirken, daß sie angeblich wirksame, einseitige Marktbeherrschung durch Privatmonopole und Oligopole verhindernde „Gegengewichte" bilden. Der Staatssektor des Eigentums und die wirtschaftliche Tätigkeit des imperialistischen Staates seien eine wirksame Gegenmacht gegenüber den Privatmonopolen. Eine bestimmte „positive Rolle" wird hierbei auch den kleinen und mittleren Unternehmen zugeschrieben, in denen im Unterschied zu den Privatmonopolen „die einzelwirtschaftliche Verfügung über die Produktionsmittel" durch die individuellen Eigentümer zur Geltung käme.

Diese das Wirtschaftssystem des staatsmonopolistischen Kapitalismus idealisierende Gedankenfolge ermöglicht es den Theoretikern des „demokratischen Sozialismus", zum Eigentumssystem des staatsmonopolistischen Kapitalismus im Prinzip positiv Stellung zu nehmen und namentlich das kapitalistische Privateigentum, das die Basis dieses Systems bildet, zu verteidigen.

Nach Meinung der Mehrzahl der Theoretiker des „demokratischen Sozialismus" kommt es in der sog. gemischten Wirtschaft durch den Einfluß des wissenschaftlichen und des technischen Fortschritts und der regulierenden Tätigkeit des Staates nach und nach mittels der einzelnen Eigentumsformen zu einer „Transformation" des ganzen Eigentumssystems des gegenwärtigen Kapitalismus. Dadurch verliere dieses System die kapitalistischen Elemente und es erfolge so eine gewisse „Selbstliquidierung" des Kapitalismus.[12]

10 Vgl. H. Deist, Wirtschaft von Morgen, Berlin(West)-Hannover 1974, S. 30/31.

11 Dieses Prinzip ist ein Bestandteil des Programms der SPD (vgl. Protokoll der Verhandlungen des Außerordentlichen Parteitages der Sozialdemokratischen Partei Deutschlands vom 13. bis 15. November 1959 in Bad Godesberg, Bonn 1959, S. 18–19).

12 Mit dem Gedanken, daß es unter dem Einfluß des technischen Fortschritts zur allmählichen Selbstliquidierung des Kapitalismus und zu einem evolutionären Übergang zum Sozialismus kommt, befaßte sich theoretisch schon in den vierziger Jahren J. Schumpeter in seinem Werk: Capitalism, Socialism and Democracy, New York 1942.

Als Träger sozialistischer Elemente werden an erster Stelle der Staatssektor des Eigentums und der Staatsinterventionismus angesehen. Aufgrund dieser Gedankenfolge kommen die Vertreter des „demokratischen Sozialismus" zu dem Ergebnis, daß zwischen staatlichem Eigentum im Kapitalismus und im Sozialismus „keine wesentlichen Unterschiede bestehen".[13]

Das Anwachsen des Staatseigentums in der Etappe des staatsmonopolistischen Kapitalismus regt die Theoretiker des „demokratischen Sozialismus" zu der Behauptung an, daß sich die Natur des Staatseigentums verändere und daß es angeblich zu einem nichtkapitalistischen Eigentum, ja sogar zu sozialistischem Eigentum werde: „Der Staat ersetzt einfach die Kapitalisten. Ob diese Ersetzung durch Gewalt, wie in Rußland, durch Strukturreformen, wie in England, oder durch staatliche Investitionen, wie in den Vereinigten Staaten von Amerika, erfolgt, ist eine Frage der Form, deren Wahl von örtlichen Bedingungen abhängt. Ein wichtiger Faktor ist die Ersetzung des Privateigentums durch das öffentliche Eigentum selbst."[14]

Der Sektor des Staatseigentums ist unter den Bedingungen des staatsmonopolistischen Kapitalismus im Vergleich zur vorangegangenen Etappe kapitalistischer Entwicklung wesentlich gewachsen. In den hochentwickelten imperialistischen Ländern ist der Staatssektor an der gesamten Wirtschaft mit 20 bis 30 Prozent und hin und wieder auch mit mehr beteiligt (z. B. in Österreich). Zugenommen hat auch der Staatsinterventionismus. Das bedeutet jedoch in keiner Weise, daß sich dadurch innerhalb der kapitalistischen Wirtschaft ein sozialistischer Wirtschaftssektor gebildet habe, wie das von reformistischer Seite behauptet wird. Die kapitalistische Verstaatlichung hat einen ganz anderen Charakter als die sozialistische; sie ist der Ausdruck, die Form, in der sich auf dieser Entwicklungsstufe die Vorherrschaft der monopolistischen Bourgeoisie zeigt. Die Charakterisierung des Staatseigentums im Kapitalismus als angeblich „nicht kapitalistisch" ist das Ergebnis unwissenschaftlichen, idealistischen und formal-juristischen Herangehens an die Bewertung des Eigentums. Sie konzentrieren sich dabei auf Veränderungen in den rechtlichen Formen des Eigentums bzw. auf die durch Verstaatlichung eines Teils der Produktionsmittel durch den bürgerlichen Staat erfolgten Änderungen im Subjekt des Eigentums, was es ihnen ermöglicht, Illusionen zu wecken.

Die Bestimmung des Charakters und des Typs des Eigentums (kapitalistisch oder nicht kapitalistisch) kann jedoch nicht von der rechtlichen Form oder von den Elementen des rechtlichen Verhältnisses her abgeleitet werden. Bereits Karl

Die heutigen Theoretiker des „demokratischen Sozialismus" knüpfen in mancher Beziehung an seine Lehre an, besonders was die „Selbstliquidierung" des kapitalistischen Eigentums angeht.

13 Vgl. z. B. U. Lohmar, Eigentum und Sozialisierung, in: Die neue Gesellschaft, 9/1972, S. 515.

14 G. Beurgin/P. Rimbert, Der Sozialismus, Paris 1962, S. 62, zit. in: Ideologie des Sozialdemokratismus in der Gegenwart, a. a. O., S. 82.

Marx hat darauf aufmerksam gemacht, daß sich das Wesen und der Charakter des Eigentums nur aus seinem ökonomischen und Klasseninhalt her erklären lassen. Diese sind im Sozialismus und im Kapitalismus von unterschiedlicher Qualität. Konkret wird der Charakter des Staatseigentums durch den Charakter jener Produktionsweise bestimmt, in der es existiert.[15] Das heißt, daß in unserem Falle aus rechtlicher Sicht das Eigentum durch die Verstaatlichung zwar vom Privateigentümer auf den bürgerlichen Staat übergeht und so eine kollektive Form erlangt, daß es aber dennoch Bestandteil der kapitalistischen Produktionsweise und der kapitalistischen Produktionsverhältnisse bleibt. Das ist die eine Seite des Problems.

Auf der anderen Seite ist von entscheidender Bedeutung, welchen Charakter das Subjekt hat, auf das das Eigentumsrecht übergeht, und in wessen Interesse die Eigentümerbefugnisse realisiert werden. Das neue Eigentumssubjekt – der kapitalistische Staat – ist das Machtinstrument in Händen der herrschenden Klasse, der Kapitalisten, mit dessen Hilfe die überwiegende Mehrheit der Gesellschaft unterdrückt wird. Nach Engels ist „der moderne Staat, wie auch seine Form, eine wesentlich kapitalistische Maschine, Staat der Kapitalisten, der ideelle Gesamtkapitalist". „Je mehr Produktivkräfte er in sein Eigentum übernimmt", und dieser Gedanke ist vom Standpunkt unserer Untersuchung von besonderer Bedeutung, „desto mehr wird er wirklicher Gesamtkapitalist, desto mehr Staatsbürger beutet er aus".[16] Das Eigentum der verstaatlichten Produktionsmittel bleibt in der von den Kapitalisten kontrollierten und beherrschten Sphäre. Vom Standpunkt des Charakters und des Typs dieses Eigentums aus ist es überhaupt nicht wichtig, wer im Rahmen der herrschenden Klasse von Kapitalisten das Subjekt des Eigentums von Produktionsmitteln im rechtlichen Sinne ist, ob es sich um einen einzelnen, um eine Gruppe oder um die ganze, im bürgerlichen Staat organisierte Klasse von Kapitalisten handelt. Der Typ des Eigentums wird dadurch nicht beeinflußt; in jedem Fall bleibt das Eigentum kapitalistisches Eigentum, das auf der Ausbeutung der Lohnarbeit beruht, es ändert sich nur seine konkrete Form.

Die durch den kapitalistischen Staat vollzogene Verstaatlichung kann von ihrem Wesen her auf keinen Fall mit der Nationalisierung nach der revolutionären Machtübernahme durch die Arbeiterklasse identifiziert werden. Engels hat in diesem Zusammenhang betont, daß, „solange die besitzenden Klassen am Ruder bleiben, jede Verstaatlichung nicht eine Abschaffung, sondern nur eine Formveränderung der Ausbeutung ist"[17]. Eine grundlegende Voraussetzung dafür, daß man die Nationalisierung als sozialistisch qualifizieren kann, ist, daß die unmittelbaren Produzenten, die im Staat der Diktatur des Proletariats orga-

15 Vgl. Politische Ökonomie des heutigen Monopolkapitalismus, Berlin 1972, S. 236.

16 F. Engels, Die Entwicklung des Sozialismus von der Utopie zur Wissenschaft, in: MEW, Bd. 19, Berlin 1973, S. 222.

17 F. Engels, Brief an Max Oppenheim vom 24. März 1891, in: MEW, Bd. 38, Berlin 1968, S. 64.

nisiert sind, zu Eigentümern der Produktionsmittel werden. Es kommt also auf das Klassenwesen des Staates an, der Träger des Eigentums ist. Deshalb kann gar keine Rede davon sein, daß durch teilweise Verstaatlichungen unter staatsmonopolistischen Bedingungen irgendwelche sozialistische Elemente entstehen, die diese Gesellschaftsordnung qualitativ zu verändern vermögen, wie das von rechtssozialistischer Seite behauptet wird.

Unter kapitalistischen Bedingungen wirtschaften die verstaatlichten Unternehmen nach kapitalistischen Prinzipien. Die Beziehungen zwischen Kapital und Lohnarbeit bleiben unangetastet. Sie funktionieren weiter zu dem Zweck, Mehrwert zu erzielen; dieser Mehrwert ist nichtbezahlte Arbeit des Arbeiters. Die konkreten Eigentümerbefugnisse, die durch Nutzung der und durch Verfügung über die Objekte des Staatseigentums realisiert werden, üben die Vertreter der Staatsbürokratie in engem Zusammenwirken mit den Vertretern der einflußreichsten Privatmonopole aus, die in der Gesellschaft eine entscheidende Position innehaben. Der wesentliche Teil der Gewinne, der im Staatssektor erzielt wird, gelangt aus den Händen des bürgerlichen Staates durch Umverteilung und mit Hilfe zahlreicher rechtlicher und außerrechtlicher Mittel in die Hände der größten Monopole.[18] Außerdem nutzen die Privatmonopole die Unternehmen des Staatssektors direkt zur Erhöhung ihrer Gewinne.[19]

Wenn der Staatssektor unter den Bedingungen des staatsmonopolistischen Kapitalismus auch vollkommen den materiellen Interessen der herrschenden Bourgeoisie untergeordnet ist, darf dennoch nicht außer acht gelassen werden, daß es sich bei ihm um die entwickeltste Form des kapitalistischen Eigentums handelt. Im Rahmen dieser Form des Eigentums werden die Klassenantagonismen zwischen der Arbeiterklasse und den Kapitalisten nicht abgeschwächt, sondern im Gegenteil noch weiter verstärkt. Es erhöht sich die Stufe der Vergesellschaftung der Produktion bei Aufrechterhaltung der privaten Aneignung ihrer Produkte durch eine immer kleiner werdende Schicht von Großkapitalisten. Unter diesen Bedingungen erreicht die Entwicklung der kapitalistischen Produktionsweise die Grenze ihrer Möglichkeiten. Es entstehen günstige und reale Voraussetzungen für einen baldigen revolutionären Übergang zum Sozialismus. In diesem Sinne kann mit Lenin gesagt werden, daß der staatsmonopolistische Kapitalismus mit seinem umfangreichen Staatssektor „die vollständige *materielle* Vorbereitung des Sozialismus, seine unmittelbare *Vorstufe* ist, denn auf der historischen Stufenleiter *gibt* es zwischen dieser Stufe und derjenigen, die Sozialismus heißt, *keinerlei Zwischenstufen mehr*"[20].

Der Übergang von der kapitalistischen zur sozialistischen Ordnung läßt sich nur durch die sozialistische Revolution erreichen. Von dieser Erkenntnis gehen die marxistisch-leninistischen Parteien bei der Beurteilung der Frage der Natio-

18 Vgl. Ideologie des Sozialdemokratismus in der Gegenwart, a. a. O., S. 83.

19 Vgl. „Demokratischer Sozialismus" – Schein und Wirklichkeit, a. a. O., S. 103.

20 W. I. Lenin, Die drohende Katastrophe und wie man sie bekämpfen soll, in: Werke, Bd. 25, Berlin 1960, S. 370.

nalisierung in den kapitalistischen Ländern aus. Die marxistischen Parteien unterstützen allgemein die Verstaatlichung der Produktionsmittel im Kapitalismus.[21] Diese zur Verstaatlichung positive Haltung läßt sich jedoch nicht von der Vorstellung leiten, daß es sich bei der Verstaatlichung um eine Art Übergang zum Sozialismus handelt. Sie geht vielmehr davon aus, daß die Verstaatlichung der Produktionsmittel im Kapitalismus günstigere Bedingungen für den Kampf gegen die Monopole und für den revolutionären Übergang zum Sozialismus schafft. Deshalb fordern die Kommunisten neben der Verstaatlichung der Monopole auch die Demokratisierung der Verwaltung des verstaatlichten Sektors.[22]

Die Haltung der Wortführer des „demokratischen Sozialismus" zur Nationalisierung und zu ihrer Bedeutung für die Arbeiterklasse hat sich in den letzten Jahren verändert. Im Unterschied zu den ersten Jahren nach dem zweiten Weltkrieg verschwand die Forderung nach einer generellen Verstaatlichung aus den Dokumenten der Sozialdemokratie. Die Überführung von Produktionsmitteln auf den Staat wird nur befürwortet, soweit sie „zweckmäßig und notwendig ist". Im „SPD-Orientierungsrahmen '85" heißt es wörtlich: „Durch Änderung des Eigentumstitel wird an dem Problem der mangelnden Übereinstimmung zwischen gesellschaftlichen Bedürfnissen und autonomen Entscheidungen der einzelnen Wirtschaftseinheiten nichts geändert."[23] Zu diesem Schluß gelangte die SPD aufgrund der These vom Bedeutungsverlust des Privateigentums, derzufolge die Frage des Eigentums, insbesondere die Forderung der generellen Enteignung der Kapitalisten, keine zentrale Frage der sozialistischen Bewegung mehr sei.

Die These von der Veränderung des Wesens des kapitalistischen Eigentums, die sich die Vertreter des „demokratischen Sozialismus" zu eigen gemacht haben und die sie proklamieren, ist keineswegs neu. Sie wurde von der bürgerlichen Ökonomie und Rechtswissenschaft bereits vor längerer Zeit ausgearbeitet.[24] Von der rechtssozialistischen Bewegung wurde sie übernommen und weiter bearbeitet bzw. den Bedürfnissen der Doktrin des „demokratischen Sozialismus" besonders angepaßt.[25]

Die objektive Tendenz der Trennung des Kapitaleigentums von seiner Funktion interpretieren die Vertreter des „demokratischen Sozialismus" ähnlich wie bürgerliche Theoretiker als „faktische Entmachtung der Kapitaleigentümer", als

21 F. Fürnberg, Die Verstaatlichung in der bürgerlichen Gesellschaft – Der Standort der Kommunisten, in: Probleme des Friedens und des Sozialismus, 7/1960, S. 27 ff.

22 „Demokratischer Sozialismus" – Schein und Wirklichkeit, a. a. O., S. 103.

23 Der Orientierungsrahmen der SPD 85, Punkt A. 2.6.3.

24 Vgl. Kapitel 2.

25 Vgl. hierzu K. Renner, Die neue Welt und der Sozialismus, Salzburg 1946, S. 21; J. Strachey, Contemporary Capitalism, London 1956, S. 10 ff.; C. A. R. Crossland, New Fabian Essays, London 1953, S. 53/54; H. Deist, Wirtschaft von Morgen, a. a. O., S. 23, 33/34; H. Ehrenberg/L. Storck, Durchbruch zum sozialen Rechtsstaat, Eigentum und Sozialdemokratie, Bonn 1969, S. 70.

Machtübergang an die Manager. So heißt es im Godesberger Programm: „In der Großwirtschaft ist die Verfügungsgewalt überwiegend Managern zugefallen, die ihrerseits wieder anonymen Mächten dienen. Damit hat das Privateigentum an den Produktionsmitteln hier weitgehend seine Verfügungsgewalt verloren."[26]

Alle Betrachtungen über die „Transformation" der Eigentumsformen in der „gemischten Wirtschaft" münden in eine eindeutige Bejahung des Privateigentums,[27] das ein „Recht auf Schutz und Unterstützung" habe. „Demokratie (gemeint ist der Kapitalismus, J. L.) und Privateigentum", meint I. Fetscher, „erscheinen als miteinander verbunden."[28] G. Bartsch meint, daß Unheilstifter nicht das Privateigentum an den Produktionsmitteln sei, sondern das niedrige Niveau der Produktivkräfte. Zur klassenlosen Gesellschaft führe nicht die Umwandlung von Eigentumsverhältnissen, sondern eine unbeschränkte Entwicklung von Produktionsfähigkeiten der Menschen und die Möglichkeiten der Technik. Dies hätten die Marxisten nicht erkannt, so daß sie weiter die Beseitigung des Privateigentums fordern würden.[29] Ihre Apologie des Privateigentums begründen die Vertreter des „demokratischen Sozialismus" oft mit der demagogischen These, daß das Privateigentum an Produktionsmitteln eine Bedingung der individuellen Freiheit sei, und umgekehrt, daß im realen Sozialismus, wo das Privateigentum durch das sozialistische gesellschaftliche Eigentum ersetzt wurde, keine Freiheit des einzelnen existieren könne. „Wo es Privateigentum an Produktionsmitteln gibt", sagt Fetscher, „ist . . . eine Vielzahl ökonomischer und politischer Kräfte vorhanden, die der Bevölkerung, wenn auch in beschränktem Rahmen, Freiheit der Arbeitsplatzwahl, der politischen Mitbestimmung usw. ermöglichen."[30]

Ohne auf die Kategorie „Freiheit" hier näher eingehen zu wollen, ist es auf den ersten Blick klar, daß eine solche Betrachtungsweise einer exakten wissenschaftlichen Analyse nicht standhält. Tatsächlich ist die Freiheit des einzelnen und der Klassen in der Gesellschaft durch die Eigentumsbeziehungen determiniert. Eine Untersuchung der Zusammenhänge zwischen Eigentum und Freiheit beweist, wie bereits Marx und Engels im „Manifest der Kommunistischen Partei" nachwiesen, wer in der kapitalistischen Welt Freiheit besitzt, worin sie besteht und wozu sie verwendet wird. Die Realisierung der eigentlichen Verhältnisse des Privateigentums an den Produktionsmitteln in der kapitalistischen Gesellschaft führt gesetzmäßig dazu, daß auf der einen Seite die Bourgeoisie als

26 Protokoll der Verhandlungen des Außerordentlichen Parteitages der Sozialdemokratischen Partei Deutschlands vom 13. bis 15. November 1959 in Bad Godesberg, a. a. O., S. 16.

27 Vgl. z. B. H. Ehrenberg/L. Storck, Durchbruch zum sozialen Rechtsstaat, a. a. O., S. 9, 59.

28 I. Fetscher, Demokratie zwischen Sozialdemokratie und Sozialismus, Stuttgart-Berlin(West)-Köln-Mainz 1973, S. 18.

29 Vgl. Die neue Gesellschaft, 4/1969, S. 330.

30 J. Fetscher, Demokratie zwischen Sozialdemokratie und Sozialismus, a. a. O., S. 77.

die Klasse der Eigentümer und der Träger der Macht existiert, die über die Freiheit verfügt, die Lohnarbeit auszubeuten, und auf der anderen Seite die Klasse der Lohnarbeiter, die die Freiheit hat, ihre Arbeitskraft den Kapitalisten als Ware zum Kauf anzubieten.[31]

Diese Beziehung zwischen Bourgeoisie und Proletariat reproduziert sich eben deswegen, weil Privateigentum an den Produktionsmitteln existiert. Freiheit bedeutet somit in der auf Privateigentum gegründeten Gesellschaft für die Ausbeuter etwas anderes als für die Ausgebeuteten. Wie Lenin sagte, bedeutet Freiheit für die Bourgeoisie die Freiheit, „Profite zu machen, die Freiheit für einige wenige, sich zu bereichern, die Freiheit des Warenumsatzes"[32].

Wer das Privateigentum an den Produktionsmitteln mit dem Vorwand individueller Freiheit verteidigt, der verficht im Ergebnis die Freiheit der Träger dieses Eigentums, d. h. der Bourgeoisie. Über eine Freiheit solcher Art und solchen Charakters verfügen die arbeitenden Klassen nicht. Sie sind vom Eigentum an den Produktionsmitteln vollkommen ausgeschlossen. Bürgerlichen und reformistischen Theoretikern, die unter kapitalistischen Eigentumsbedingungen die Freiheit für alle proklamieren, hat Lenin bereits treffend geantwortet: „Ihr habt vergessen, daß eure Freiheit in einer Verfassung geschrieben steht, die das *Privateigentum legalisiert.* Das eben ist der springende Punkt."[33] Ähnlich sieht es mit der Anwendung eines solchen Rechtsprinzips aus wie des Prinzips der Gleichheit in der bürgerlichen Gesellschaft. Unter den Bedingungen der Existenz des Privateigentums ist auch dieses Prinzip völlig illusorisch.[34]

Auch wenn man der Logik der Rechtssozialisten folgen würde, daß das Privateigentum die individuelle Freiheit sichere, läßt sich nachweisen, daß es für die Mehrheit der Bevölkerung keine wirkliche Freiheit gibt, denn sie sind keine Privateigentümer von Produktionsmitteln. Vertreter des „demokratischen Sozialismus" verwenden bei ihrer Verteidigung des Privateigentums schließlich noch die These von der sozialen Funktion des Privateigentums. „Der demokratische Sozialismus geht", wie Fetscher erklärt, „davon aus, daß es notwendig und in der Regel auch möglich ist, die Sozialbildung des Eigentums durch entsprechende gesetzliche Bestimmungen sicherzustellen. Derartige Gesetze ... wer-

31 „Demokratischer Sozialismus" – Schein und Wirklichkeit, a. a. O., S. 112.

32 W. I. Lenin, Rede auf dem I. Gesamtrussischen Kongreß der Mitarbeiter des Bildungswesens und der sozialistischen Kultur, 31. Juli 1919, in: Werke, Bd. 29, Berlin 1961, S. 525.

33 W. I. Lenin, I. Gesamtrussischer Kongreß für außerschulische Bildung, 6.–19. Mai 1919, ebenda, S. 341.

34 Vgl. H. Klenner, Gleichheitsprobleme aus marxistischer Sicht, Auszug aus dem Vortrag, in: Mitteilungen der ÖVDJ, Juni 1975, S. 13. – Vgl. hierzu G. Stuby, Der Eigentumsbegriff des Grundgesetzes und seine normativen Anforderungen für die Gegenwart, in: Demokratie und Recht, 2/1974, S. 157. Nach Z. Siebke besitzen in der BRD 1,7 Prozent der Bevölkerung 73,5 Prozent des „Produktivvermögens".

den das Eigentumsrecht ... immer weiter einschränken, aber sie heben es nicht auf."[35]

Die Überlegungen spiegeln die Tatsache wider, daß sich unter den Bedingungen des staatsmonopolistischen Kapitalismus die Rolle des Staates im Verhältnis zur kapitalistischen Wirtschaft verändert hat. Die Rechtssozialisten, die Vertreter eines intensiven Staatsinterventionismus sind, gehen von der Vorstellung aus, daß der imperialistische Staat durch die mit Hilfe des Rechts verwirklichten Eingriffe in die Wirtschaft imstande ist, das Privateigentum zu „fesseln", die Berechtigungen der Eigentümer „einzuschränken" und durch sein Wirken alle Widersprüche und negativen Seiten, die sich aus dem Privateigentum ergeben, zu beseitigen. Mit derartigen Eingriffen sollen Privatunternehmen „zur Respektierung des Gemeinwohls veranlaßt werden"[36] und soll das Privateigentum in den Dienst der Allgemeinheit gestellt werden. Mit den ständig intensiver werdenden staatlichen Eingriffen in die Wirtschaft und in das Eigentum komme es angeblich zur Beseitigung des grundlegenden Widerspruchs des Kapitalismus, zur „Ersetzung der individuellen durch gesellschaftliche Aneignung der gesellschaftlich produzierten Güter und Leistungen"[37].

Tatsächlich jedoch haben die wachsende Rolle des imperialistischen Staates und seine Aktivitäten einen ganz anderen Charakter. Die staatlichen Eingriffe in die Sphäre des Privateigentums dienen nicht der Gesellschaft, sondern den Privateigentümern, die der Staat repräsentiert. Der imperialistische Staat vermag es nicht, mit seinen Eingriffen in die Wirtschaft die dem Kapitalismus eigentümlichen Widersprüche zu überwinden.[38] Der Grundwiderspruch zwischen dem gesellschaftlichen Charakter der Produktion und der privaten Aneignung geht aus der Existenz des Privateigentums und der kapitalistischen Produktionsweise selbst hervor.

Selbst mittels intensivster staatlicher Eingriffe in die Wirtschaft kann der imperialistische Staat den Charakter der Aneignung nicht aus einer individuellen in eine gesellschaftliche verwandeln. Es kann keine Rede von einer gesellschaftlichen Aneignung im Kapitalismus sein, nicht einmal im Rahmen des Staatseigentums. Auch hier werden die Ergebnisse der gemeinsamen Arbeit von den herrschenden Monopolen, die eng mit dem Staat verbunden sind, und nicht von der ganzen Gesellschaft angeeignet. Ganz zu schweigen von den anderen Formen des kapitalistischen Privateigentums.

Daß die große Mehrheit der Gesellschaft im Kapitalismus vom Eigentum an den Produktionsmitteln ausgeschlossen ist, ist so augenscheinlich, daß selbst die Theoretiker des „demokratischen Sozialismus" diese Tatsache nicht verschweigen können. Diesen Fakt beziehen sie deshalb manchmal in ihre Überlegungen

35 I. Fetscher, Demokratie zwischen Sozialdemokratie und Sozialismus, a. a. O., S. 146/147.

36 Ebenda, S. 147.

37 P. v. Oertzen, Theorie und Grundwerte, Referat gehalten auf dem Unterbezirksparteitag der SPD, Frankfurt a. M., 16./17. November 1973, S. 14.

38 Vgl. K. H. Röder, Die Formel von der „sozialen Demokratie", a. a. O., S. 40.

mit ein, um ihn unter den Bedingungen des „sozialen Rechtsstaats" und im Kontext der „sozialen Funktion" des Eigentums einen vollkommen neuen Sinn zu unterlegen. Auf dieser Basis gelangen sie zu einem Schluß, der das Prinzip des Privateigentums billigt. Die diesbezüglichen Überlegungen enthalten eine ganze Reihe von Widersprüchen, und es geschieht, daß durch Aufstellen einer „neuen" These andere Thesen indirekt verneint werden. Damit zeigen sie selbst die Ausweglosigkeit der Eigentumskonzeption des „demokratischen Sozialismus". So hob auf dem 4. Rechtspolitischen Kongreß der SPD vom 6. bis 8. Juni 1975 z. B. H. Simon als neuen Zug „der modernen Dienstleistungsgesellschaft" die folgende These hervor: „Da die große Mehrzahl der Staatsbürger nicht vom privaten Sachvermögen, sondern vom Arbeitsvertrag lebt, hängt deren Freiheit und Unabhängigkeit davon ab, wie Arbeitsplatz, Arbeitsvertrag und die Vorsorge für die Wechselfälle des Lebens rechtlich beurteilt und gesichert werden". Statt aus dieser Feststellung eine Antwort auf die Frage zu geben, wem das Eigentum an Produktionsmitteln in der heutigen „Dienstleistungsgesellschaft" gehört und wie demzufolge die gebotene Freiheit in Wirklichkeit beschaffen ist, weicht Simon aus, wobei er die Bedeutung des Eigentums bagatellisiert und den wirklichen Zustand der Eigentumsverhältnisse im gegenwärtigen Kapitalismus zu verhüllen sucht. Er beschreibt die Entwicklung „als Übergang von der durch Sacheigentum strukturierten Gesellschaft im bürgerlichen Rechtsstaat zu der durch Arbeit strukturierten Gesellschaft im demokratischen und sozialen Rechtsstaat."[39]

So sieht der gesetzmäßig verlaufende Prozeß der ständigen Verkleinerung des Kreises von Eigentümern an den Produktionsmitteln im gegenwärtigen Kapitalismus aus der Sicht des „demokratischen Sozialismus" aus. Mit der Behauptung, daß die überwiegende Mehrheit der Bevölkerung „heute ihre Sicherungen nicht aus dem Sacheigentum" empfange[40], wird die illusorische Vorstellung hervorgerufen, als ob dies in vorangegangenen Entwicklungsetappen des Kapitalismus einmal anders gewesen sei. Diese Erscheinung jedoch gehört zum Wesen des Kapitalismus. Der Unterschied gegenüber früheren Etappen besteht darin, daß der Prozeß der kapitalistischen Expropriation immer intensiver und der Anteil der Massen am gesellschaftlichen Reichtum immer geringer wird. Diese Tatsache ändert sich auch dann nicht, wenn das große kapitalistische Eigentum anonym bleibt, die Rechtsform von Kapitalgesellschaften angenommen hat und wenn das Eigentum an den Produktionsmitteln (Sacheigentum) durch das Eigentum an Aktien oder anderen Wertpapieren verdeckt wird.

Da die Mehrheit der Bevölkerung „ihre Sicherungen nicht aus dem Sacheigentum" sondern aus dem Arbeitsertrag und aus der Versicherung ableite, bieten die Theoretiker des „demokratischen Sozialismus eine rechtspolitische „Lösung"

39 H. Simon, Soziale Sicherung als neue Form freiheitsverbürgenden Eigentums, in: Freiheit in der sozialen Demokratie, Karlsruhe 1975, S. 163/164.

40 R. P. Callies, Rechtssoziologische Erwägungen zur Funktion des Eigentums, ebenda, S. 168.

an, die den Zustand des Nichteigentümer-Daseins wenigstens auf der rechtlichen Ebene beseitigen soll, ohne daß die sozialökonomischen Verhältnisse der Gesellschaft verändert werden. Auf dem 4. Rechtspolitischen Kongreß der SPD wurde der Gedanke vorgetragen, „die Rechte aus sozialer Sicherung als neue Formen freiheitsverbürgenden Eigentums" zu betrachten, d. h. diese Rechte in den Verfassungsbegriff des Eigentums einzureihen und sie im Sinne des Art. 14 GG eigentumsrechtlich zu schützen.[41] Es handelt sich dabei zweifellos um eine neue, raffinierte und reaktionäre Art der Irreführung der Werktätigen. Mit dieser Rechtskonstruktion soll die Vorstellung hervorgerufen werden, daß die bisherigen Nichteigentümer (d. h. die Mehrheit der Bevölkerung) zu Eigentümern würden und daß ihnen ihr Eigentum die Existenz sichere. Angeblich handele es sich um eine neue Form des Eigentums, die durch die neueste Entwicklung der „Dienstleistungsgesellschaft" hervorgebracht werde. Nach dieser Logik würde schließlich die ganze Gesellschaft aus Eigentümern bestehen. Die Kapitalisten seien weiter Eigentümer von Produktionsmitteln, und zwar entweder individuellen oder kollektiven Eigentums, und die Lohnarbeiter würden Subjekte der neuen Form des „Eigentums" sein, das ihre sozialen Rechte umfaßt.

Die Absichten, die sich hinter dieser theoretischen Konstruktion verbergen, deutete J. H. Vogel an; er sagte, daß die Einbeziehung der sozialen Rechte in den verfassungsrechtlichen Eigentumsbegriff „dem Gedanken der Freiheitssicherung durch Eigentum neue Glaubwürdigkeit verleihen und damit zu einer Entspannung und Belebung der jetzt einseitig auf das Produktiveigentum bezogene Eigentumsdiskussion führen" könne, und er führt weiter aus, daß ein solches Herangehen den Werktätigen „die Identifikation mit der Verfassungsordnung" vielleicht erleichtern und die „Integrationswirkung"[42] verstärken würde. So soll die Aufmerksamkeit von der Problematik des Eigentums an den Produktionsmitteln abgelenkt (da hier der Grundwiderspruch des Kapitalismus am deutlichsten zum Ausdruck kommt) und gleichzeitig dahingehend gewirkt werden, die Werktätigen in das kapitalistische System zu integrieren. Es handelt sich somit um alte Ziele, die in neue Mittel und Argumente gekleidet werden.

Abgesehen von dem ausgesprochen demagogischen Charakter der angeführten theoretischen Konstruktion ändert sich mit ihrer Anwendung im Prinzip nichts an der sozialen Stellung der Werktätigen im entwickelten Kapitalismus. Keine noch so scheinheilige Erweiterung des Begriffs des Eigentumsrechts auf die sozialen Rechte der Werktätigen, die diese in harten Klassenkämpfen errungen haben, ändert etwas an der Tatsache, daß die Werktätigen vom Eigentum an den Produktionsmitteln ausgeschlossen sind und nur über ihre Arbeitskraft ver-

41 Vgl. A. Gagel, Die Verschiedenheit der Rechte zur sozialen Sicherung und ihr verfassungsrechtlicher Schutz, ebenda, S. 173 ff.; M. Dietlein, Die verfassungsrechtlichen Grundlagen des Eigentums und ihre Bedeutung für die soziale Sicherung, ebenda, S. 181 ff.; H. Rohwer-Kahlmann, Soziale Sicherung – neue Formen freiheitsverbürgenden Eigentums?, ebenda, S. 193 ff.

42 J. H. Vogel, Kontinuität und Wandlungen der Eigentumsverfassung, Berlin (West)-New York 1976, S. 16.

fügen, die sie auf dem Arbeitsmarkt anbieten müssen. Ein elementares, grundlegendes soziales Menschenrecht ist das Recht auf Arbeit, das schließlich auch von den Theoretikern des „demokratischen Sozialismus" in die sozialen Rechte eingeordnet wird.[43] Ob dieses Recht aus formal-rechtlichen Gesichtspunkten außerhalb des Eigentumsbegriffs bleibt oder zum Bestandteil des Eigentumsbegriffs gemacht und so unter „Eigentumsschutz" gestellt wird, ist unter dem Aspekt realer Sicherung der Werktätigen grundsätzlich belanglos. Auf diese Weise kann im Kapitalismus keine soziale Sicherheit erreicht werden. Davon zeugt sehr deutlich die ganze bisherige, besonders aber auch die gegenwärtige durch Massenarbeitslosigkeit gekennzeichnete Entwicklung in den kapitalistischen Ländern.

3. Kontrolle wirtschaftlicher Macht, Mitbestimmungsrecht und „Eigentumsbildung"

Die theoretischen Betrachtungen der rechten Sozialdemokratie zum Bedeutungsverlust des Eigentums zielen darauf zu beweisen, daß die Eigentumsfrage nicht mehr die zentrale Frage der sozialistischen Bewegung ist und daß sie unter Bedingungen der „gemischten Wirtschaft" durch die Frage der Konzentration wirtschaftlicher Macht zu ersetzen sei. Zur Lösung dieser Frage müßten im Rahmen des Kapitalismus wirksame Mittel gefunden werden. Im „Orientierungsrahmen '85" der SPD heißt es in diesem Zusammenhang: „Die Kontrolle wirtschaftlicher Macht und der Verknüpfung zwischen wirtschaftlicher und politischer Macht mit dem Ziel der Verhinderung ökonomisch unerwünschter und demokratiegefährdender ‚Ballungen' bleibt ein Problem, unabhängig von der Eigentumsordnung."[44]

Auf diese Weise machen die Theoretiker des „demokratischen Sozialismus" das Eigentumsproblem des gegenwärtigen Kapitalismus zu einer sekundären Erscheinung. Sie leugnen den offensichtlichen Zusammenhang und die Bedingtheit von Eigentum und wirtschaftlicher bzw. politischer Macht und schaffen sich so Voraussetzungen für Reformen, die das Wesen der kapitalistischen Produktionsverhältnisse nicht antasten. Bei der von ihnen vorgeschlagenen Lösung soll es sich nicht um einen Eingriff in die bestehende wirtschaftliche Machtstruktur handeln; es geht vielmehr nur um „legitime demokratische Kontrolle wirtschaftlicher Verfügungsgewalt"[45].

Der wirkliche Charakter und das Wesen der vorgeschlagenen Kontrolle wirtschaftlicher Macht läßt sich am besten mit der Charakteristik ihrer Mittel und

43 Vgl. A. Gagel, Die Verschiedenheit der Rechte zu sozialen Sicherung und ihr verfassungsrechtlicher Schutz, in: Freiheit in der sozialen Demokratie, a. a. O., S. 175.

44 Orientierungsrahmen '85 der SPD, a. a. O., A. 2. 2.

45 Ebenda, A. 2.3.1.

Ziele erklären. H. Deist teilt die Mittel wirtschaftlicher Macht in vier Gruppen ein:

a) Schaffung von Elementen der Selbstregulierung und Selbstkontrolle durch den Arbeitsmarkt;
b) Einführung unternehmungsfremder Elemente in die Verwaltungsorgane der Großorganisation – von Vertretern der öffentlichen Interessen, der Verbraucher und der Arbeitnehmer. Eine besondere Stellung hat hier das Mitbestimmungsrecht der Arbeitnehmer;
c) Die Kontrolle durch die Öffentlichkeit; Publizität;
d) Die unmittelbare öffentliche Kontrolle durch staatliche Organe.[46]

Im System der auf diese Weise konzipierten Kontrolle spielen die Organe des bürgerlichen Staates bzw. die vom Staat geschaffenen Institutionen, deren Geltungsbereich von der bürgerlichen Gesetzgebung festgelegt wird, die Hauptrolle. Die bisherige Entwicklung des staatsmonopolistischen Kapitalismus bietet überzeugende Beweise, dafür, daß die Monopole derartige Kontrollen nicht fürchten, unabhängig davon, ob sie von sog. Fachaufsichtsorganen, Kartell- und Monopolaufsichtsorganen oder von besonderen Kontrollorganen usw. verwirklicht werden. Die Mitglieder dieser Organe sind oder werden auf verschiedene Weise an die monopolistischen Gruppen gebunden und haben kein wirkliches Interesse an einer demokratischen Kontrolle oder an der Einschränkung der Monopolmacht.

In der bisherigen Praxis haben diese Organe nie eine „unbefangene", „autonome" oder „gegenmonopolistische" Stellung eingenommen, nicht einmal in jenen imperialistischen Staaten, in denen die Sozialdemokratie regierende Partei war bzw. ist. Sie haben stets eine solche Tätigkeit entwickelt, die im Ergebnis nicht mit den Interessen der größten monopolistischen Gruppen kollidierten.

Einen wichtigen Bestandteil der Kontrolle der Verfügungsgewalt bildet nach den Vorstellungen der Rechtssozialisten das Mitbestimmungsrecht der Arbeiter.[47] Die Vertreter des „demokratischen Sozialismus" verstehen das Mitbestimmungsrecht im Sinne der Theorie sozialer Partnerschaft, als Mittel zur Schaffung eines Gleichgewichts zwischen Arbeit und Kapital, und sie versuchen dieses Recht in diesem Sinne durchzusetzen. Das erstrebte Gleichgewicht führe danach im Ergebnis zur Zusammenarbeit von Kapitalisten und Arbeitern. Das so begriffene und durchgesetzte Mitbestimmungsrecht soll den Arbeitern die Illusion verschaffen, daß durch die Teilnahme an den Aufsichts- und Unternehmerräten ein Teil der Eigentümerbefugnisse auf sie übergeht, daß sie die Ausübung der Verfügungsgewalt der Unternehmer beeinflussen würden und dadurch deren wirtschaftliche und politische Macht einschränken könnten. Es soll die Illusion erweckt werden, daß die Mitbestimmung im Ergebnis die Umwandlung des kapitalistischen Eigentums und des ganzen kapitalistischen Systems bewirken könne. Einer der führenden Theoretiker der SPÖ, G. Nenning, charakterisiert

46 Vgl. H. Deist, Wirtschaft von Morgen, a. a. O., S. 43, 72, 73.
47 Vgl. Der Orientierungsrahmen '85 der SPD, a. a. O., A. 1.10.

die Bedeutung des Mitbestimmungsrechts wie folgt: „Eigentum ist ein Bündel von Verfügungsgewalten. Bestimmte Stücke Verfügungsgewalten geraten durch die Mitbestimmung in andere Hände als jene des Unternehmers. Im Zeichen der sozial-demokratisch-kapitalistischen Zusammenarbeit gerät solche Verfügungsgewalt über Unternehmeneigentum meist in verläßlich loyale Hände: Gewerkschaftsfunktionäre und Betriebsräte sind in großer Mehrheit sozialdemokratisch."[48] Er schlußfolgerte, daß die Sozialdemokratie aufgrund des Mitbestimmungsrechts ihr ewiges Einerseits Andererseits weitertreiben kann: „Einerseits den Kapitalismus loyal verbessern und vollenden, andererseits den künftigen Sozialismus vorbereiten."[49] Aus der angeführten Betrachtung geht deutlich das Ziel hervor, das die Rechtssozialisten mit dem Mitbestimmungsrecht verbinden.

Das rechtssozialdemokratische Modell des Mitbestimmungsrechts geht mit dem imperialistischen System konform, und es unterstützt die Absicht der herrschenden Klasse, die Arbeiterklasse in das kapitalistische System zu integrieren, deren Klassenbewußtsein sowie revolutionären Kampfgeist zu schwächen. Über dieses Ziel des Mitbestimmungsrechts äußerte sich Vogel in aller Offenheit: „Die Mitbestimmung wird unsere Eigentumsverfassung nicht schwächen ... Ich bin überzeugt, daß Mitbestimmung eine Stärkung der Leistungsfähigkeit unserer Unternehmen auch in wirtschaftlich schwierigen Zeiten bedeuten wird. Der über sein Unternehmen informierte, in die Entscheidungsprozesse einbezogene Mitarbeiter wird sich mit seinem Unternehmen identifizieren können."[50]

Die reformistischen Vorstellungen über das Mitbestimmungsrecht kann man anhand des Mitbestimmungsgesetzes der BRD aus dem Jahre 1976 illustrieren, das unter der Regierung der sog. sozial-liberalen Koalition angenommen wurde.[51] Das Mitbestimmungsrecht wurde erst nach langjährigen Diskussionen im Bundestag auch mit der nahezu einhelligen Zustimmung der großbürgerlichen Parteien CDU/CSU verabschiedet (bei 22 Gegenstimmen). In der Konzeption dieses Gesetzes wurden allerdings keine wesentlichen Forderungen der Gewerkschaften, die vor der Billigung des Gesetzes auf dem 10. Ordentlichen Bundeskongreß des DGB[52] erhoben wurden, berücksichtigt. Vor allem sicherte das Gesetz nicht das echte Mitbestimmungsrecht der Arbeiter. Für die Zusammensetzung des Aufsichtsrats wird zwar gemäß § 7 Abs. 1 ein paritätisches Verhältnis zwischen den Vertretern der Arbeiter und Angestellten zu den Kapitalvertretern (je nach Anzahl der Beschäftigten 6:6, 8:8, 10:10) festgelegt, es handelt sich jedoch nur

48 G. Nenning, Rot und realistisch, Gesamtsozialistische Strategie und Sozialdemokratie, Wien 1973, S. 35/36.
49 Ebenda, S. 36.
50 J. H. Vogel, Kontinuität und Wandlungen der Eigentumsverfassung, a. a. O., S. 26.
51 Vgl. Gesetz über die Mitbestimmung der Arbeitnehmer vom 1. Juli 1976, BGBL. I, S. 1153.
52 Vgl. Mitbestimmung in Großunternehmen und Konzernen, 10. Ordentlicher Bundeskongreß des DGB, 25.–30. Mai, Beschlüsse in: Nachrichtenreihe 1, Frankfurt a. M. 1975, S. 24.

um eine scheinbare Parität.[53] So ist nach § 27 die Position des Vorsitzenden des Aufsichtsrates der Kapitalseite vorbehalten. Der Vorsitzende muß nämlich mit zwei Drittel Mehrheit der Mitglieder gewählt werden; wenn diese Mehrheit nicht erreicht wird, wird der Vorsitzende in der zweiten Runde nur von den „Aufsichtsratsmitgliedern der Anteilseigner" gewählt (§ 27 Abs. 2). Die Interessen des Kapitals sind im Aufsichtsrat auch durch die Stimmenregelung gesichert. Der Vorsitzende des Aufsichtsrats hat nach § 29 Abs. 2 im Fall von Stimmengleichheit zwei Stimmen.

Die zahlenmäßige Vertretung der „Arbeitnehmerseite" wird noch dadurch verschlechtert, daß zu ihrer Seite noch ein leitender Angestellter (Manager) gehört. Es besteht kein Zweifel, daß dieses Mitglied des Aufsichtsrats seine Tätigkeit im Interesse der Kapitalseite ausüben wird. Die Solidarität und die Einheit der Arbeiter und der Angestellten als einer Partei im Aufsichtsrat wird auch durch die Tatsache nicht gerade gefestigt, daß beide Gruppen getrennt nominiert werden und ihre Vertreter separat wählen. Eine Ausnahme bildet lediglich der Fall, daß ausdrücklich die gemeinsame Wahl beschlossen wird (§ 15 Abs. 3). Ein solches Wahlverfahren unterstützt die Einteilung von Arbeitern und Angestellten in verschiedene Interessengruppen und lähmt ihre gemeinsame Kampfkraft.

Selbst wenn die Arbeiter und die Angestellten im Aufsichtsrat die Mehrheit erreichen würden, könnten sie die Ausübung der Verfügungsgewalt nicht wesentlich beeinflussen, denn die Hauptentscheidungen über die Verwendung von Produktionsmitteln konzentrieren sich im Vorstand und in den Händen der Unternehmensleitung. Das sind die wirklichen Machtzentren auf der Unternehmensebene. Von diesem Standpunkt aus ist es ganz ohne Bedeutung, daß die Mitglieder des Aufsichtsrats ein Vorstandsmitglied für Personal- und Sozialfragen (§ 33) wählen. Abgesehen davon, daß es sich um die Wahl eines einzigen Vorstandsmitglieds handelt, besteht nur geringe Aussicht, daß hierfür ein Arbeiter oder Angestellter gewählt wird, der der Kapitalseite nicht genehm ist; für die Kapitalseite läßt sich leicht ein günstiges Ergebnis sichern, weil immer mit einfacher Mehrheit abgestimmt wird, wobei der Vorsitzende bei Stimmengleichheit über zwei Stimmen verfügt.

Allgemein kann gesagt werden, daß die Konzeption des Mitbestimmungsrechts keineswegs die Monopolmacht, die aus dem Eigentum an den Produktionsmitteln hervorgeht, beeinträchtigt. Selbst der DGB-Vorsitzende H. O. Vetter kam zu dem Schluß, daß das Gesetz den Namen Mitbestimmung nicht verdient und daß es um einen Schritt in die falsche Richtung gehe.[54] Nach den Vorstellungen

53 Vgl. U. Schäfer, Die Mitbestimmung ist auf der Strecke geblieben, in: Marxistische Blätter, 3/1976, S. 76.

54 Vgl. H. O. Vetter, Böcklers Erbe wahren und sein Vermächtnis erfüllen, in: Das Mitbestimmungsgespräch, 2/1976, S. 39. Kritisch zum Mitbestimmungsgesetz hat er sich auch bei anderen Gelegenheiten geäußert (vgl. Wir Gewerkschaften müssen eine Art Frühwarnsystem entwickeln, in: Frankfurter Rundschau, 23. 9. 1978; Mitbestimmung in der Krise – Krise der Mitbestimmung?, in: Gewerkschaftliche Monatshefte, 11/1977, S. 673–678).

der rechten Führer der Sozialdemokratie soll das Mitbestimmungsgesetz ein Instrument zur Stabilisierung imperialistischer Herrschaft sein. Es ist ein Versuch, die demokratische Forderung nach wirksameren Einfluß der Arbeiter auf Entscheidungen im Betrieb in systemkonforme Bahnen zu lenken. Von der Idee der vollkommenen „Vereinbarkeit" des Gesetzes mit dem kapitalistischen System in der BRD geht auch das Bundesverfassungsgericht bei der offiziellen Auslegung des Gesetzes aus. In seinem Urteil vom 1. März 1979 bestätigte das Bundesverfassungsgericht, daß das Mitbestimmungsgesetz den „Grundrechten" entspricht, wobei in der Begründung besonders nachdrücklich die Unantastbarkeit des Privateigentums als das „elementarste Grundgesetzrecht" unterstrichen wird.[55] Von diesem Standpunkt aus darf jedes Mitbestimmungsrecht der Arbeiter nicht das „unternehmerisch genutzte Eigentum" und „die unternehmerische Tätigkeit" einschränken, sonst sei es verfassungswidrig.[56] Solche Art Mitbestimmungsrecht bedeutet jedoch keine von den Arbeitern angestrebte effektive Kontrolle des Kapitals.

Die Kommunisten und alle fortschrittlichen und antimonopolistischen Kräfte kämpfen für die Einführung eines demokratischen und konsequenten Mitbestimmungsrechts der Arbeiter. Im Unterschied zur Auffassung der Rechtssozialisten aber verstehen sie die Frage des Mitbestimmungsrechtes komplex, als Bestandteil des gesamten wirtschaftlichen und politischen Kampfes der Arbeiterklasse gegen die Monopole und für die demokratische Umwandlung der politischen und der wirtschaftlichen Struktur des staatsmonopolistischen Kapitalismus.[57]

Selbst das im Kapitalismus errungene konsequenteste Mitbestimmungsrecht kann nicht die grundlegenden Widerspüche des Kapitalismus überwinden und das kapitalistische Ausbeutungssystem verändern, aber es kann zusammen mit weiteren im Klassenkampf erzwungenen Demokratisierungsmaßnahmen im Rahmen des kapitalistischen Systems die Ausgangsposition der Arbeiterklasse für den weiteren entschiedenen Kampf gegen das Kapital verbessern. Gerade aus diesen Gründen sehen die großen Monopolorganisationen selbst in jeder Art von Mitbestimmungsrecht schon eine potentielle Gefahr für ihre Herrschaftsinteressen. Daraus rühren gleichzeitig die Widersprüchlichkeit und die Differenziertheit der bürgerlichen Positionen zum Mitbestimmungsrecht her.

Das von den Rechtssozialisten ausgearbeitete System der „Kontrolle der Kon-

55 Eine marxistische Analyse des Urteils vgl. K. H. Röder, Das „Mitbestimmungs"-Urteil des Bundesverfassungsgerichtes der BRD – eine Entscheidung zugunsten des Monopolkapitals, in: Neue Justiz, 6/1979, S. 264–266.

56 Ebenda.

57 Vgl. Imperialistische Klassenpolitik unter Anpassungszwang, Berlin 1973, S. 108 ff.; J. Dötsch, Zum Inkrafttreten eines neuen Betriebsverfassungsgesetzes in der BRD, in: Staat und Recht 5/1972, S. 756 ff.; J. Dötsch/M. Premmßler, Zur Funktion und Praxis sog. Mitbestimmungsmodelle in der BRD, in: Neue Justiz, 16/1974, S. 492 f.; vgl. Arbeiterseminar 71, Eigentum, Mitbestimmung, Systemveränderung, Frankfurt a. M. 1971, S. 37 f.

zentration der Verfügungsgewalt" (dorthin gehört auch das Mitbestimmungsrecht) richtet sich tatsächlich nicht auf die Beeinträchtigung der Machtstruktur der Monopole. Die Ziele dieser Kontrolle sind in den Dokumenten der Sozialdemokratie und in entsprechenden theoretischen Werken nur sehr unklar formuliert. In diesem Zusammenhang tauchen oft ökonomische und rechtspolitische Ziele kleinbürgerlichen bzw. bürgerlich-liberalistischen Charakters auf, die weit von der Realität des staatsmonopolistischen Kapitalismus entfernt sind, einen ausgesprochen demagogischen Charakter haben und das Ziel verfolgen, die Arbeiterklasse in den kapitalistischen Ländern soweit wie möglich zu desorientieren.

In diesem Sinne wird im erwähnten „Orientierungsrahmen '85" der SPD der Einsatz „der einzelwirtschaftlichen Verfügung über die Produktionsmittel und die Marktkonkurrenz" gefordert.[58] Damit wird vollkommen die Tatsache ignoriert, daß im heutigen kapitalistischen Wirtschaftssystem das einzelne Kapital und der einzelne Kapitalist hauptsächlich durch große Aktiengesellschaften, Kollektivkapital und Kapitalistenvereinigungen, deren wirtschaftliche Imperien ganze Industriezweige umfassen und über die nationalen Grenzen hinausreichen, ersetzt wurden. Diese riesigen kapitalistischen Wirtschaftsorganisationen teilen die Märkte untereinander, sie vereinbaren Produktionsprogramme und üben ein gemeinsames Preisdiktat aus. Unter diesen Bedingungen ist die Realisierung der Absicht unvorstellbar, daß einzeln Wirtschaftende wieder über Produktionsmittel verfügen und daß eine freie Marktkonkurrenz möglich sei. Das würde die Liquidierung der Monopole und die Rückkehr zum Kapitalismus des 19. Jahrhunderts voraussetzen. Und das ist nicht möglich.[59]

In den Ansichten der Rechtssozialdemokraten über das Eigentum fehlt es nicht an Überlegungen über das Bedürfnis und die Möglichkeit einer „gerechteren" Verteilung des Einkommens und des Eigentums. „Gerechtere" Verteilung halten sie für eines der Grundziele des „demokratischen Sozialismus". Ihr theoretisches Herangehen an diese Frage unterscheidet sich ihrem Wesen nach jedoch nicht von bürgerlichen Konzeptionen. Sie geben auch keine wissenschaftliche Erklärung der Ursachen, die in der kapitalistischen Gesellschaft gesetzmäßig zu einer Einkommens- und Vermögensverteilung führen, die durch Vermögens- und Einkommenspolarisierung charakterisiert werden. Im Gegenteil, um die Wirklichkeit zu bemänteln, daß die Distribution direkt von den existierenden Produktions- und Eigentumsverhältnissen bedingt wird und von ihnen abhängig ist, versuchen sie, die ungleiche Verteilung des Einkommens aus der Vermögensungleichheit und umgekehrt die Vermögensungleichheit aus der Einkommensungleichheit zu erklären.[60] Sie geraten so in einen Kreis wortreicher, aber inhalt-

58 Orientierungsrahmen 85 der SPD, a. a. O., A. 1. 6.

59 Vgl. Analyse und Kommentar zum zweiten Entwurf des SPD-Parteivorstandes, eines ökonomisch-politischen Orientierungsrahmens für die Jahre 1975–85 a. a. O., S. 45.

60 Vgl. Orientierungsrahmen '85 der SPD, a. a. O., A. 23. 2.

loser Argumentation. Auf diese Weise fahren sie auch bei der Gestaltung konkreter Projekte fort, deren Einführung in die Praxis eine gerechte Einkommens- und Vermögensverteilung sichern soll. Ihr Prinzip ist, daß „niemandem etwas weggenommen werden darf, was ihm gehört", da er vom Eigentumsrecht geschützt wird.[61]

Sie schlagen *in concreto* vor, daß ein Teil des Zuwachsvermögens der Wirtschaft in sog. Zentralfonds abgeführt wird, an denen die Werktätigen aufgrund des Beteiligungssystems und mittels Wertpapieren partizipieren werden. Abgesehen vom Unterschied in der Form baut der Vorschlag auf denselben Prinzipien auf wie die bürgerlichen Versionen der „Eigentumsbildung und Eigentumsstreuung in Arbeiterhand". Alle diese Vorschläge sind von der Absicht motiviert, die Macht des Großkapitals noch mehr zu festigen, und sie können unter den Bedingungen des Kapitalismus nicht zum Ausgleich von Einkommen und Vermögen führen.[62]

Ansonsten gilt für die reformistischen Vorschläge im Prinzip dasselbe, was zur bürgerlichen Version der „Eigentumsbildung und Eigentumsstreuung in Arbeiterhand" gesagt wurde.

61 H. Ehrenberg/L. Storck, Durchbruch zum sozialen Rechtsstaat, a. a. O., S. 59.

62 Vgl. Stellungnahme der DKP zur sogenannten Vermögenspolitik, November 1973; M. Krüger, Eigentum und Konzentrationsprozeß, in: Marxistische Blätter, 5/1975, S. 49; Arbeiterseminar 71, Eigentum, Mitbestimmung, Systemveränderung, a. a. O., S. 24.

Schlußbemerkungen

In der vorliegenden Arbeit wurden keineswegs alle gegenwärtigen bürgerlichen und reformistischen Eigentumsanschauungen behandelt. Entsprechend ihrem Ziel sind nur die wichtigsten Eigentumstheorien des gegenwärtigen Kapitalismus analysiert und dabei besonders die in der BRD vertretenen sowie die diesbezügliche Gesetzgebung der BRD berücksichtigt worden.

Alle diese theoretischen Konzeptionen sind wissenschaftlich unhaltbar; sie mißachten die realen Gegebenheiten, setzen sich über die objektiven Gesetzmäßigkeiten der gesellschaftlichen Entwicklung hinweg und befinden sich gegenüber dem erreichten wissenschaftlichen Erkenntnisgrad, der durch den Marxismus-Leninismus repräsentiert wird, in tiefem Widerspruch. Die bürgerlichen und reformistischen Theoretiker ignorieren die Existenz der grundlegenden Widersprüche des Kapitalismus, die vorwiegend aus dem Widerspruch zwischen dem gesellschaftlichen Charakter der Produktion bei privater Aneignung herrühren. Sie lassen außer acht, daß dieser Widerspruch antagonistischer Natur ist, also unter den Bedingungen des Kapitalismus nicht gelöst werden kann. Erscheinungen wie Massenarbeitslosigkeit, soziale Unsicherheit, ökonomischer Rückgang, Inflation u. a. sind dafür vielfältige Beweise. Gleichzeitig schreitet die Vermögenspolarisierung in der kapitalistischen Gesellschaft weiter voran. Alles dies beweist überzeugend, daß der Kapitalismus überlebt ist und keine Entwicklungsperspektive mehr hat. „Jetzt sehen alle", sagte L. I. Breshnew auf dem XXV. Parteitag der KPdSU, „eine der Hauptmythen, die von den Reformisten und bürgerlichen Ideologen in die Welt gesetzt wurden, der Mythos, daß sich der heutige Kapitalismus von Krisen frei halten könne, ist widerlegt. Die Labilität des Kapitalismus wird immer augenfälliger. Die Versprechungen, den Kapitalismus zu ‚sanieren' und in seinem Rahmen eine ‚Wohlstandsgesellschaft' aufzubauen, haben vor aller Augen Schiffbruch erlitten." Und er fährt fort: „Die Kommunisten sind weit davon entfernt, einen ‚automatischen Zusammenbruch' des Kapitalismus zu prophezeien. Er verfügt noch über beträchtliche Reserven. Aber die Ereignisse der letzten Jahre bestätigen mit neuem Nachdruck, daß der Kapitalismus eine Gesellschaft ohne Zukunft ist."[1] Diese Worte gelten in besonderem Maße für die hier untersuchte Problematik. Die gewon-

1 XXIV. Parteitag der KPdSU, Rechenschaftsbericht des ZK der KPdSU und die

nenen Ergebnisse lassen erkennen, daß Vorschläge bürgerlicher und reformistischer Theoretiker, die von der Vorstellung ausgehen, daß es möglich wäre, innerhalb des bestehenden kapitalistischen Systems zu grundsätzlichen Veränderungen der Eigentums-, Macht- und Vermögensverhältnisse zugunsten der Werktätigen zu gelangen, wirklichkeitsfremd und unseriös sind. Solche Veränderungen sind nur im Gefolge der sozialistischen Revolution möglich, die die Arbeiterklasse unter Führung ihrer marxistisch-leninistischen Partei vollzieht.

nächsten Aufgaben der Partei in der Innen- und Außenpolitik, Berichterstatter: L. I. Breshnew, Berlin 1976, S. 36/37.

Personenregister

Literaturverzeichnis
(Auswahl)

Allgemeine Krise des Kapitalismus, Berlin 1976.

P. Badura, Wirtschaftsverfassung und Wirtschaftsverwaltung, Frankfurt a. M. 1971.
F. Baur, Lehrbuch des Sachenrechts, München 1975.
J. Becher, Eigentum im Zerrspiegel der bürgerlichen Ideologie, Berlin 1978.
J. J. Beglov, SŠA: Sobstvennost' i vlast' Moskva 1971.
E. Benda, Industrielle Herrschaft und sozialer Staat, Göttingen 1966.
A. A. Berle, Power without property, New York 1959.
–, The 20-th Century Capitalist Revolution, New York 1954.
A. J. Bregel, Kritika buržoaznych učenij ob ekonomičeskoj systeme sovremennogo kapitalizma, Moskva 1972.

R. O. Chalfina, Das persönliche Eigentum in der UdSSR, Moskau 1976.
V. Čižkovská, Vlastnická soustava evropských socialistických států, Praha 1975.
P. Colotka, Osobné vlastníctvo, Bratislava 1956.

H. Deist, Wirtschaft von Morgen, Berlin(West)-Hannover 1974.

H. Ehrenberg, Vermögenspolitik der siebziger Jahre, Stuttgart-Berlin(West)-Köln-Mainz 1971.
–/*L. Storck*, Durchbruch zum sozialen Rechtsstaat. Eigentum und Sozialdemokratie, Bonn 1969.
–/*P. Streichan*, Dokumente zur Vermögenspolitik, Bonn-Bad Godesberg 1974.
V. Emmerich, Wettbewerbsrecht. Eine Einführung, München 1976.
F. Engels, Herrn Eugen Dührings Umwälzung der Wissenschaft („Anti-Dühring"), in: Karl Marx/Friedrich Engels, Werke (im folgenden MEW), Bd. 20, Berlin 1972.
–, Notwendige und überflüssige Gesellschaftsklassen, in: MEW, Bd. 19, Berlin 1962.
–, Die Entwicklung des Sozialismus von der Utopie zur Wissenschaft, in: MEW, Bd. 19, a. a. O.
–, Brief an Karl Marx vom 18. September 1846, in: MEW, Bd. 27, Berlin 1963.
–, Brief an Max Oppenheim, in: MEW, Bd. 38, Berlin 1968.
G. Eörsi, Vývin vlastníckeho práva, II., Bratislava 1954.
I. Fetscher, Demokratie zwischen Sozialdemokratie und Sozialismus, Stuttgart-Berlin (West)-Köln-Mainz 1973

Freiheit in der sozialen Demokratie, Karlsruhe 1975.
W. *Friedmann*, Recht und soziale Wandlung, Frankfurt a. M. 1969.

J. K. *Galbraith*, Wirtschaft für Staat und Gesellschaft, München-Zürich 1974.
V. E. *Guliev*, Sovremennoe imperialističeskoe gosudarstvo, Moskva 1973.

Z. *Hába/M. Křížek*, Socialismus a vlastníctví, Praha 1975.
J. W. *Hedemann*, Grundzüge des Wirtschaftsrechts, Mannheim-Berlin-Leipzig 1922.
K. *Hesse*, Grundzüge des Verfassungsrechts der Bundesrepublik Deutschland, Karlsruhe 1975.

R. *Ihering*, Der Zweck im Recht, Leipzig 1893.
O. *Issing/W. Leisner*, „Kleineres Eigentum", Göttingen 1976.

Kartelle und Monopole im modernen Recht, Bd. I, Karlsruhe 1961.
H. *Klenner*, Rechtleere – Verurteilung der Reinen Rechtslehre, Berlin 1972.
O. *Klug*, Volkskapitalismus durch Streuung des Eigentums, Stuttgart 1962.
V. *Knapp*, Vlastníctví v lidové demokracii, Praha 1952.
K. *Kolbe/K.-H. Röder*, Staat und Klassenkampf, Berlin 1969.

K. *Larenz*, Allgemeiner Teil des deutschen bürgerlichen Rechts, München 1975.
J. *Lazar*, Teórie „ľudového vlastníctva" v službe obrany kapitalizmu, Bratislava 1968.
W. *Leisner*, Sozialbindung des Eigentums, Berlin(West) 1972.
W. I. *Lenin*, Der ökonomische Inhalt der Volkstümlerrichtung und die Kritik an ihr in dem Buch des Herrn Struve, in: Werke, Bd. 1, Berlin 1961.
–, Was sind die „Volksfreunde" und wie kämpfen sie gegen die Sozialdemokratie?, in: Werke, Bd. 1, a. a. O.
–, Aus dem Wirtschaftsleben Russlands, in: Werke, Bd. 6, Berlin 1956.
–, Ergebnis und Bedeutung der Präsidentschaftswahlen in Amerika, in: Werke, Bd. 18, Berlin 1962.
–, Der Imperialismus als höchstes Stadium des Kapitalismus, in: Werke, Bd. 22, Berlin 1960.
–, Die drohende Katastrophe und wie man sie bekämpfen soll, in: Werke, Bd. 25, Berlin 1960.
–, Die große Initiative, in: Werke, Bd. 29, Berlin 1961.
–, Über den Staat, in: Werke, Bd. 29, a. a. O.
–, Rede auf dem I. Gesamtrussischen Kongreß der Mitarbeiter des Bildungswesens und der sozialistischen Kultur, 31. Juli 1919, in: Werke, Bd. 29, a. a. O.
–, I. Gesamtrussischer Kongreß für außerschulische Bildung, 6.–19. Mai 1919, in: Werke, Bd. 29, a. a. O.
–, Philosophische Hefte, in: Werke, Bd. 38, Berlin 1964.
M. *Lutter*, Der Aktionär in der Marktwirtschaft, Berlin(West) 1973.

K. *Marx*, Das Kapital, 3 Bde., in: MEW, Bde. 23–25, Berlin 1962–1964.
–, Grundrisse der Kritik der politischen Ökonomie, Berlin 1953.
–, Einleitung zur Kritik der Politischen Ökonomie, in: MEW, Bd. 13, Berlin 1961.
–, Zur Kritik der Politischen Ökonomie, in: MEW, Bd. 13, a. a. O.
–, Das Elend der Philosophie, in: MEW, Bd. 4, Berlin 1959.

–/F. *Engels*, Manifest der Kommunistischen Partei, in: MEW, Bd. 4, a. a. O.
–/–, Die deutsche Ideologie, in: MEW, Bd. 3, Berlin 1958.
Marxistisch-leninistische allgemeine Theorie des Staates und des Rechtes, Bd. 2, Berlin 1974.
T. *Maunz*/G. *Düring*/R. *Herzog*, Grundgesetz. Kommentar, München 1974.
W. J. *Mückl*, Vermögenspolitische Konzepte in der Bundesrepublik Deutschland, Göttingen 1975.

F. *Negro*, Das Eigentum, München 1963.

Planung II, Baden-Baden 1966.
Planung III, Baden-Baden 1968.
Politische Ökonomie des heutigen Monopolkapitalismus, Berlin 1972.
M. *Posch*, Kapitalassoziationen, Berlin 1955.

G. *Rinck*, Begriff und Prinzipien des Wirtschaftsrechts, Frankfurt a. M.-Berlin(West) 1971.
–, Wirtschaftsrecht, Köln-Berlin(West)-Bonn-München 1974.
K.-H. *Röder*, Die Formel von der „sozialen Demokratie". Staat und Demokratie in der Ideologie des Sozialreformismus, Berlin 1975.

E. *Stein*, Staatsrecht, Tübingen 1975.
–, Vermögenspolitik und Grundrechte. Zur verfassungsrechtlichen Beurteilung der Modelle von SPD, FDP und CDU, Köln 1974.
D. *Suhr*, Eigentumsinstitut und Aktieneigentum, Hamburg 1966.

S. J. *Tjulpanow*/V. L. *Scheinis*, Aktuelle Probleme der politischen Ökonomie des heutigen Kapitalismus, Berlin 1975.
W. A. *Tumanow*, Bürgerliche Rechtsideologie, Berlin 1975.

A. V. *Venediktov*, Státní socialistické vlastníctví, Praha 1950.
H. J. *Vogel*, Kontinuität und Wandlungen der Eigentumsverfassung, Berlin(West)-New York 1976.

J. *Wasilkowski*, Pojęcie wlasności we wspólczesnym prawie polskim, Warszawa 1972.
R. *Waterkamp*, Interventionsstaat und Planung, Raumordnung, Regional- und Strukturpolitik, Köln 1973.
M. *Wolff*, Sachenrecht, München 1976.

A. O. *Židkov*, Zakonodateľstvo o kapitalističeskich monopoljach, Moskva 1968.

FSC
www.fsc.org
MIX
Papier | Fördert
gute Waldnutzung
FSC® C083411

Kolibri 360 GmbH
Ferdinand-Jühlke-Straße 7
99095 Erfurt, Deutschland
produktsicherheit@kolibri360.de